普通高等教育“十三五”规划教材

供应链管理

主　编　董　海
副主编　张天瑞　刘思炜

北　京
冶金工业出版社
2018

内容提要

本书以21世纪市场竞争全球化为主要特征，从供应链管理基本概述入手，系统介绍了供应链管理产生和发展的历史背景、供应链管理战略对企业发展的重要性。主要阐述了供应链管理的基本概念与理论，与传统管理模式的区别和联系，供应链管理的基本模式，供应链环境下的采购管理、运输管理、库存管理、生产计划与控制，物流与供应链管理，供应链合作伙伴集成等方面的内容。本书在每章后面附有对应环节的供应链案例分析和讨论，以便进一步加深对供应链的认识与理解。

本书可作为高等院校物流管理、物流工程、工业工程、工商管理、市场营销、电子商务等专业的教材，也可供生产企业管理人员和供应链管理人员学习参考。

图书在版编目(CIP)数据

供应链管理/董海主编. —北京：冶金工业出版社，2018.5

普通高等教育“十三五”规划教材

ISBN 978-7-5024-7787-5

Ⅰ.①供… Ⅱ.①董… Ⅲ.①供应链管理—高等学校—教材 Ⅳ.①F252.1

中国版本图书馆CIP数据核字（2018）第104696号

出版人 谭学余

地　　址 北京市东城区嵩祝院北巷39号 邮编 100009 电话 (010)64027926

网　　址 www.cnmip.com.cn 电子信箱 yjcbs@cnmip.com.cn

责任编辑 陈慰萍 李鑫雨 美术编辑 吕欣童 版式设计 孙跃红

责任校对 郑娟 责任印制 李玉山

ISBN 978-7-5024-7787-5

冶金工业出版社出版发行；各地新华书店经销；三河市双峰印刷装订有限公司印刷

2018年5月第1版，2018年5月第1次印刷

787mm×1092mm 1/16；13印张；310千字；195页

35.00元

冶金工业出版社 投稿电话 (010)64027932 投稿信箱 tougao@cnmip.com.cn

冶金工业出版社营销中心 电话 (010)64044283 传真 (010)64027893

冶金书店 地址 北京市东四西大街46号(100010) 电话 (010)65289081(兼传真)

冶金工业出版社天猫旗舰店 yjgycbs.tmall.com

（本书如有印装质量问题，本社营销中心负责退换）

前　言

在互联与共享经济的时代背景下，互联网、大数据、云计算等现代信息技术正在深刻地改变着人们的生活与生产方式。据中国电子商务研究中心发布的报告显示，2017 年上半年中国网购用户达到了 5.16 亿人，较 2016 上半年的 4.8 亿人，同比增长了 7.5%。2017 年，我国网络购物市场规模高达 6.2 万亿元。网络购物更加推崇个性化的体验，倒逼企业生产模式的变革，小批量生产占比不断提升，同时全球化带来了资源和环境的改变，这些都使得供应链管理的作用更加突出。政策红利持续释放，推动供应链管理实现跨越式的发展。2016 年 2 月，中国人民银行、中国银行业监督管理委员会、国家发展和改革委员会等八部门联合发布《关于金融支持工业稳增长调结构增效益的若干意见》，力推供应链金融；2016 年 7 月 26 日，工业和信息化部联合国家发展和改革委员会与中国工程院共同发布的《发展服务型制造专项行动指南》提出，到 2018 年基本实现与制造强国战略进程相适应的服务型制造发展格局，其中特别提出要推广供应链管理等先进的管理理念和组织方式；2017 年 8 月商务部和财政部发布《关于开展供应链体系建设工作的通知》，再次力推供应链金融发展；2017 年 10 月中旬，国务院办公厅印发了《关于积极推进供应链创新与应用的指导意见》，首次提出供应链金融的行业目标，要求“到 2020 年，基本形成覆盖我国重点产业的智慧供应链体系，培育 100 家左右的全球供应链领先企业，中国成为全球供应链创新与应用的重要中心”。正是这些新的变化、新的挑战、新的机遇，以及应运而生的新的企业实践与研究成果，助推了本书的编写工作。

本书较为深入地阐述了供应链管理的基本概念与理论，与传统管理模式的区别和联系，供应链管理的基本模式，供应链环境下的采购管理、运输管理、库存管理、生产计划与控制，物流与供应链管理，供应链集成等方面的问题，旨在向希望了解和熟悉供应链管理的人士介绍供应链管理的有关内容。

参加本书编写的有：董海（第1~3章），张天瑞（第4~7章），刘思炜负责全书结构的策划和最后统稿。本书在编写过程中，参考了众多文献资料，作者已尽可能详细地在参考文献中列出，在此对这些专家学者们表示深深的谢意。也有可能有些资料引用了而因疏忽没有列出其资料出处，若有这类情况发生，在此表示万分歉意。同时，在教学工作和本书编写过程中，戴瑶、徐晓鹏、徐德珉、杨征、任鹤、于时淞等研究生提供了许多有价值的资料，并完成了大量辅助性的工作，在此一并致以衷心的感谢。

由于作者水平有限，加之供应链管理是在不断发展和变化之中，对它的认识和研究还在继续深入，因此书中不妥之处，希望读者批评指正，并提出宝贵意见，以便今后修订和完善。

编　者

2018年2月

目　　录

1 供应链管理导论

1.1 供应链管理概述

人类社会进入20世纪90年代以后，随着科学技术地飞速进步和生产力地快速发展，顾客（Customer）消费水平和个性化要求不断提高，企业之间竞争（Competition）日益加剧，加上政治、经济、社会环境的巨大变化（Change），使得整个市场环境的不确定性大大增加。在激烈的全球市场竞争中，企业面对一个变化迅速且无法预测的买方市场，传统的生产与经营模式对市场剧变的响应越来越迟缓。企业为了摆脱困境，研究并采取了许多先进制造技术和管理方法，如计算机辅助设计（Computer Aided Design，CAD）、柔性制造系统（Fexible Manufacturing System，FMS）、准时生产制（Just In Time，JIT）、制造资源计划（Manufacturing Resources Planning，MRP Ⅱ）和企业资源计划（Enterprise Resources Planning，ERP）等。虽然这些方法在一些方面取得了一定的实效，但在企业整体经营的灵活性、快速响应顾客需求方面并没有实质性改观。到20世纪末，人们终于意识到问题不在于具体的制造技术与管理方法本身，而是在于它们仍囿于传统生产模式的框框之内。

长期以来，企业出于对生产资源进行管理和控制的目的，普遍采取投资自建、投资控股或兼并其他企业的做法，形成原材料、半成品或零部件制造的企业内部生产系统，人们将其称为“纵向一体化（Vertical Integration）”管理模式，国内也普遍称其为“大而全”、“小而全”企业。采用“纵向一体化”管理模式的目的，在于加强企业对原材料供应、产品制造、分销和销售全过程的控制，使企业能够在市场竞争中掌握主动，从而达到增加各个业务活动阶段的利润的目的。这种模式在传统市场竞争环境中有其存在的合理性，然而在高科技迅速发展、市场竞争日益激烈、顾客需求不断变化的今天，“纵向一体化”模式已逐渐显示出其无法快速敏捷地响应市场机会的不足之处。因此越来越多的企业对传统管理模式进行改革或改造，把原来由企业自己生产的零部件外包出去，充分利用外部资源，与这些企业成了一种水平关系，人们形象地称之为“横向一体化（Horizontal Integration）”。供应链管理就体现了“横向一体化”的基本思想。

1.1.1 供应链的概念

供应链这一名词译自英文Supply Chain，目前尚未形成统一的定义，许多学者从不同的角度出发给出了不同的定义。

供应链是一个系统，是人类生产活动和整个经济活动的客观存在。人类生产和生活的必需品，都要经历从最初的原材料生产、零部件加工、产品装配、分销、零售到最终消费这一过程，并且近年来废弃物回收和退货（简称反向物流）也被纳入了这一过程。这里既有物质材料的生产和消费，也有非物质形态（如服务）产品的生产（提供服务）和消费（享受服务）。各个生产、流通、交易、消费环节，形成了一个完整的供应链系统。图1-1就是一个供应链构成的示意图。为简洁起见，图1-1中只给出了需求信息流和供应物流信息反馈和资金流等，其他要素则未加显示。

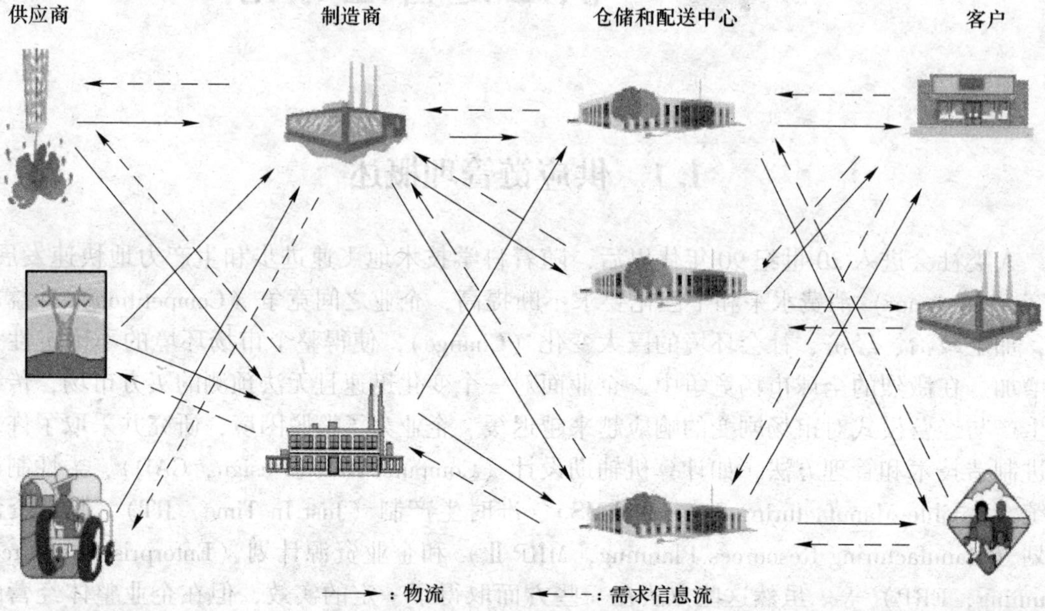

图1-1 供应链结构模型

早期的观点认为供应链是制造企业中的一个内部过程，它是指把从企业外部采购的原材料和零部件，通过生产转换和销售等活动，再传递到零售商和用户的一个过程。传统的供应链概念局限于企业内部操作层面，注重企业自身资源地优化。

有些学者把供应链的概念与采购、供应管理联系起来，用来表示与供应商之间的关系。这种观点得到了那些研究合作关系、JIT生产方式、精细化供应、供应商行为评估等问题的学者的重视，但这种理解仅仅局限于制造商和供应商之间的关系，而且供应链中的各企业独立运作，忽略了与外部供应链成员企业的联系，往往造成企业间的目标冲突。

其后发展起来的供应链管理概念关注了与其他企业的联系，注意到了供应链节点企业的外部环境，认为它应是一个"通过链中不同企业的制造、组装、分销、零售等过程将原材料转换成产品，再到最终用户的转换过程"，这是更大范围、更为系统的概念。例如，美国的史迪文斯（Stevens）认为："通过增值过程和分销渠道控制从供应商的供应商到用户的用户流就是供应链，它开始于供应的源点，结束于消费的终点。"伊文斯（Evens）认为："供应链管理是通过前馈的信息流和反馈的物料流及信息流，将供应商、制造商、分销商、零售商，直到最终用户，连成一个整体的模式。"可见，这些定义都注意了供应链的完整性、供应链中所有成员操作的一致性。

而到了最近，供应链的概念更加注重围绕核心企业的网链关系，如核心企业与供应商、供应商的供应商乃至一切前向的关系，核心企业与用户、用户的用户及一切后向的关系。此时对供应链的认识形成了一个网链的概念，像丰田（Toyota）、耐克（Nike）、日产（Nissan）、麦当劳（McDonald's）和苹果（Apple）等公司的供应链管理都从网链的角度来理解和实施。哈理森（Harrison）进而将供应链定义为："供应链是执行采购原材料，将它们转换为中间产品和成品，并且将成品销售到用户的功能网链。”这些概念同时强调供应链的战略伙伴关系问题。菲利浦（Phillip）和温德尔（Wendell）认为：“供应链中战略伙伴关系是很重要的，通过建立战略伙伴关系，可以与重要的供应商和用户更有效地开展工作。”

本书给出的供应链定义是：供应链是围绕核心企业，通过对信息流、物流、资金流的控制，从采购原材料开始，制成中间产品（零部件）以及最终产品，最后由销售网络把产品送到消费者手中的将供应商、制造商、分销商、零售商、物流服务商，直到最终用户连成一个整体的功能网链结构。它是一个范围更广的虚拟企业结构模式，包含了所有加盟的节点企业，从原材料的供应开始，经过链中不同企业的制造加工、组装、分销、配送等过程直到最终用户。它不仅是一条连接供应商到用户的物流链、信息链、资金链，还是一条增值链，物料在供应链上因加工、包装、运输等过程而增加其价值，给相关企业都带来收益。

1.1.2 供应链的结构模型

图 1-1 形象地表示了产品生产到消费的全过程。按照供应链的定义，这个过程是一个非常复杂的网链模式，覆盖了从原材料供应商、零部件供应商、产品制造商、分销商、零售商、物流服务商，直至最终用户的整个过程。

根据供应链的实际运行情况，在一个供应链系统中，有一个企业处于核心地位。该企业起着对供应链上的信息流、资金流和物流进行调度和协调的作用。从这个角度出发，供应链系统的结构可以具体地表示为图 1-2 所示的形状。从图 1-2 中可以看出，供应链由所有加盟的节点企业组成，其中有一个核心企业，可以是制造型企业（如美国通用汽车公司），也可以是零售型企业（如美国的沃尔玛），其他节点企业在核心企业需求信息的驱动下，通过供应链的各项业务职能分工与合作（生产、分销、零售、物流等），以资金流、物流或（和）服务流为媒介，实现整个供应链的不断增值。

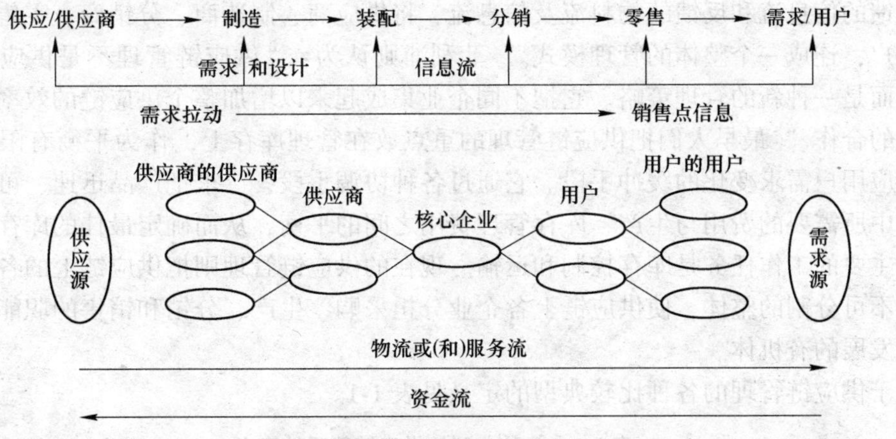

图 1-2 供应链结构示意图

通过以上介绍可以看出，供应链是人类社会生产活动中的一种客观存在。但是，过去这种客观存在的供应链系统一直处于一种自发的、松散的运动状态，供应链上的各个企业都是各自为战，缺乏共同的目标。不过，由于过去的市场竞争远没有今天这么激烈，因此，这种自发运行的供应链系统并没有反映出不适应性。然而，进入21世纪后，经济全球化、市场竞争全球化等浪潮一浪高过一浪，自发供应链所存在的种种弊端开始显现出来，企业必须寻找更有效的方法，才能在这种形势下生存和发展下去。因此，人们发现必须对供应链这一复杂系统进行有效的协调和管理才能取得更好的绩效，才能从整体上降低产品（服务）成本。供应链管理思想就在这种环境下产生和发展起来了。

1.1.3 供应链管理的概念

对于供应链管理（Supply Chain Management，SCM），在20世纪80年代初期也有许多不同的定义和称呼，如有效用户响应（Efficiency Customer Response，ECR）、快速反应（Quick Response，QR）、虚拟物流（Virtual Logistics，VL）或连续补充（Continuous Replenishment，CR）等。这些称呼因当时的管理背景、管理层次和角度不同而不同，但都通过计划和控制实现企业内部和外部之间的合作，实质上它们在一定程度上都反映了对供应链各种活动进行人为干预和管理的特点，使过去那种自发的供应链系统成为自觉的供应链系统，有目的地为企业服务。

在综合分析的基础上，本书采用这样的供应链管理定义：供应链管理就是使以核心企业为中心的供应链运作达到最优化，以最少的成本，让供应链从采购开始，到满足最终顾客的所有过程，包括工作流（Work Flow）、实物流（Physical Flow）、资金流（Funds Flow）和信息流（Information Flow）等均能高效率地操作，把合适的产品、以合理的价格，及时、准确地送到消费者手上。

从这个定义不难看出，供应链管理就是要对传统的、自发运行的供应链进行人为的干预，使其能够按照企业（核心企业）的意愿，对相关合作伙伴的工作流程进行整合，从而达到供应链整体运作绩效最佳的效果。因此，供应链管理所反映的是一种集成的管理思想和方法。

当然，关于供应链管理定义还有许多其他说法。例如，伊文斯认为：“供应链管理是通过前馈的信息流和反馈的物料流及信息流，将供应商、制造商、分销商、零售商，直到最终用户，连成一个整体的管理模式。”菲利浦则认为：“供应链管理不是供应商管理的别称，而是一种新的管理策略。它把不同企业集成起来以增加整个供应链的效率，注重企业之间的合作。”最早人们把供应链管理的重点放在管理库存上，作为平衡有限的生产能力和适应用户需求变化的缓冲手段。它通过各种协调手段，寻求把产品迅速、可靠地送到用户手中所需要的费用与生产、库存管理费用之间的平衡，从而确定最佳的库存水平。因此，其主要的工作任务是库存控制和运输。现在的供应链管理则把供应链上的各个企业作为一个不可分割的整体，使供应链上各企业分担采购、生产、分销和销售的职能，成为一个协调发展的有机体。

关于供应链管理的各种比较典型的定义见表1-1。

表1-1 几种典型的供应链管理的定义

Monczka，Trent 和 Handfiel（1998）	供应链管理（SCM）要求将传统上分离的职能作为整个过程，由一个负责的经理人员协调整个物流过程，并且要求与横贯整个流程各个层次上的供应商形成伙伴关系。SCM是这样一个概念：它的主要目标是以系统的观点，对多个职能和多层供应商进行整合，并对外购、业务流程和物料控制进行管理

续表 1-1

La Londe 和 Masters（1994）	供应链战略包括：供应链上的两个或更多企业进入一个长期协定，……信任和承诺发展成伙伴关系，……需求和销售信息共享的物流活动的整合……提升对物流过程运动轨迹控制的潜力
Stevents（1989）	管理供应链的目标是使来自供应商的物流与满足客户需求协同运作，以协调高客户服务水平和低库存、低成本之间相互冲突的目标
Houlihan（1988）	供应链管理和传统物料制造控制的区别：（1）供应链被看成是一个统一的过程。链上的各个环节不能分割成诸如制造、采购、分销、销售等职能部门。（2）供应链管理强调战略决策。"供应"是链上每一个职能的共同目标并具有特别的战略意义，因为它影响整个链的成本及市场份额。（3）供应链管理强调以不同的观点看待库存，将其看成新的平衡机制。（4）一种新的系统方法整合而不是接口连接
Cooper et al（1997）	供应链管理是一种管理从供应商到最终客户的整个渠道的总体流程的集成哲学
Mentzer et al（2001）	供应链管理是对传统的企业内部各业务部门间及企业之间的职能从整个供应链进行系统的、战略性的协调，目的是提高供应链及每个企业的长期绩效
Ling Li（2007）	供应链管理是一组有效整合供应商、制造商、批发商、承运人、零售商和客户的协同决策及活动，以便将正确的产品或服务、以正确的数量、在正确的时间、送到正确的地方，以最低的系统总成本满足客户服务水平的要求

1.1.4 供应链管理涉及的内容

随着供应链管理思想的发展，人们开始注意到了从整个供应链的角度研究供应链管理的要素问题，即供应链管理到底应该包含哪些要素。但是，虽然许多专家在这个方面进行了卓越的研究，到目前为止还没有一个能为人们共同接受的、将供应链管理有关要素描述清楚的体系。因此，这个问题至今仍然是困扰管理人员的主要问题之一。

根据大多数人研究的结果，本书认为供应链管理主要涉及六个主要领域：需求管理（Demand Management）、计划（Planning）、订单交付（Fulfillment）、物流管理（Logistics Management）、采购供应（Sourcing）、逆向物流（Reverse Logistics）。由图 1-3 可见，供应链管理是以同步化、集成化生产计划为指导，以各种技术为支持，尤其以信息技术和网络技术为依托，围绕需求管理、采购供应、生产作业、物流支持、订单交付来实施的，其目标在于提高用户服务水平和降低总的交易成本，并且寻求这两个目标之间的平衡（这两个目标往往有冲突）。

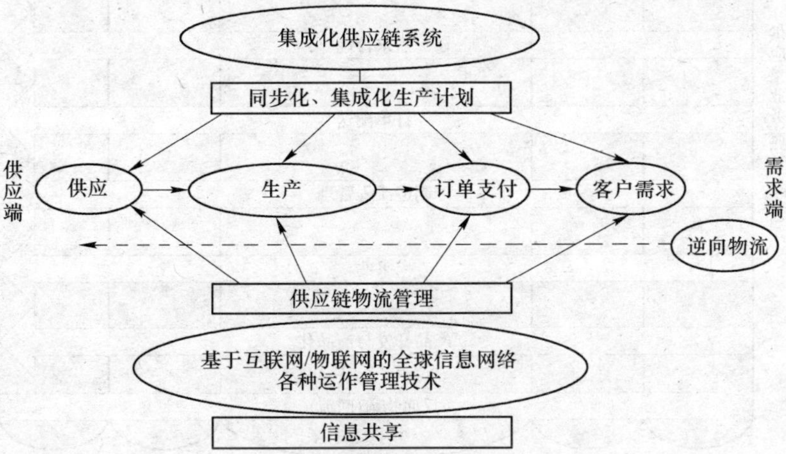

图 1-3 供应链管理涉及的领域

以需求管理、计划、物流管理、采购供应、订单交付及逆向物流这几个领域为基础，可以将供应链管理细分为基本职能领域和辅助职能领域。基本职能领域主要包括产品开发、产品技术保证、采购、制造、生产控制、库存控制、仓储管理、分销管理、市场营销，等，而辅助职能领域主要包括客户服务、设计工程、会计核算、人力资源等。

由此可见，供应链管理关心的并不仅仅是物料实体在供应链中的流动，除了企业内部与企业之间的运输问题和实物分销以外，供应链管理还包括以下主要内容：

(1) 战略性供应商和用户合作伙伴关系管理。

(2) 供应链产品需求预测和需求计划管理。

(3) 供应链的设计（节点企业、资源、设备等的评价、选择和布局）与优化。

(4) 企业内部各工序与企业之间物料供应与需求同步管理。

(5) 基于供应链管理的产品设计与制造管理、生产集成化计划、跟踪和控制。

(6) 基于供应链的用户服务和物流（运输、库存、包装等）管理。

(7) 企业间资金流管理（融资、汇率、资金使用成本等问题）。

(8) 供应链节点企业间的信息交互管理等。

供应链管理注重总成本（从原材料到最终产成品的费用）与用户服务水平之间的关系，为此要把供应链各项职能活动有机地结合在一起，从而最大限度地发挥供应链整体力量，达到供应链企业群体获益的目的。

供应链管理中的业务流程及其构成情况如图 1-4 所示。

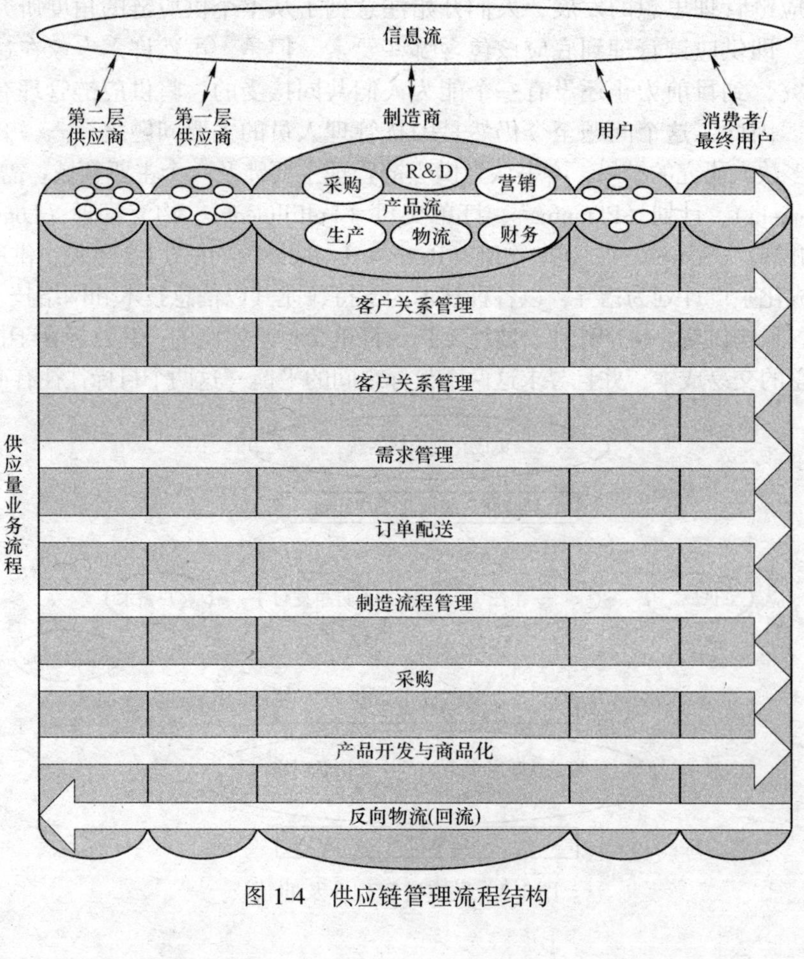

图 1-4　供应链管理流程结构

1.2 供应链管理模式及其特征

1.2.1 21 世纪全球市场竞争的主要特点

随着经济的发展，影响企业在市场上获取竞争优势的主要因素也发生着变化。认清主要竞争因素的影响力，对于企业管理者把握资源应用、获取最大竞争优势具有非常重要的意义。与20世纪市场竞争的特点相比，21世纪的竞争又有了新的特点。

1.2.1.1 产品生命周期越来越短

随着消费者需求的多样化发展，企业的产品开发能力也在不断提高。为了满足消费者的需求，企业不断加快产品开发的速度。特别是进入20世纪80年代以后，新产品的研制周期大大缩短。例如，AT&T公司新电话的开发时间从过去的2年缩短为1年；惠普公司新打印机的开发时间从过去的4.5年缩短到22个月；而手机的开发周期甚至只有短短的几个月。图1-5大致描绘了产品生命周期变化的情况。

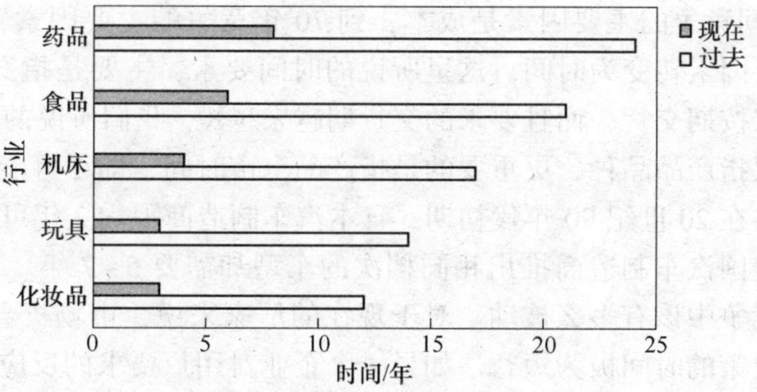

图 1-5 产品生命周期变化图

产品的生命周期缩短、更新换代速度加快、产品在市场上的存留时间大大缩短，留给企业在产品开发和上市时间上的活动余地越来越小，给企业造成了巨大压力。例如，当今的很多产品几乎一上市就已经过时，就连消费者都有些目不暇接。很多过去属于日常生活用品的产品现在都成为时尚产品，使得产品生命周期越来越短。虽然在企业中流行着“销售一代、生产一代、研究一代、构思一代”的说法，但这毕竟需要企业投入大量的资源，一般的中小企业在这样的环境面前显得力不从心。许多企业一度红红火火，但由于后续产品开发跟不上，最终因产品落伍而被市场淘汰。

1.2.1.2 产品品种数飞速增加

因消费者需求的多样化越来越突出，厂家为了更好地满足其要求便不断推出新品种。这样一来引起了一轮又一轮的产品开发竞争，结果是产品的品种数成倍增长。以日用百货为例，据有关资料统计，仅1975~1991年间，产品的品种数就从2000种左右增加到20000种左右。尽管产品品种已非常丰富，但消费者在购买商品时仍难以买到称心如意的东西。为了留住顾客，厂家绞尽脑汁不断增加品种。但是，如果按照传统的思路，每一种产品都生产一批以备用户选择，那么制造商和销售商都要背上沉重的负担。如图1-6所示，超级市场的平均库存在 1985 年前后约为 13000 库存单位（Stock Keep Unit，SKU），而到 1991 年约为 20000SKU，库存占用了大量的资金，严重影响企业的资金周转速度，进而影响企业的竞争力。

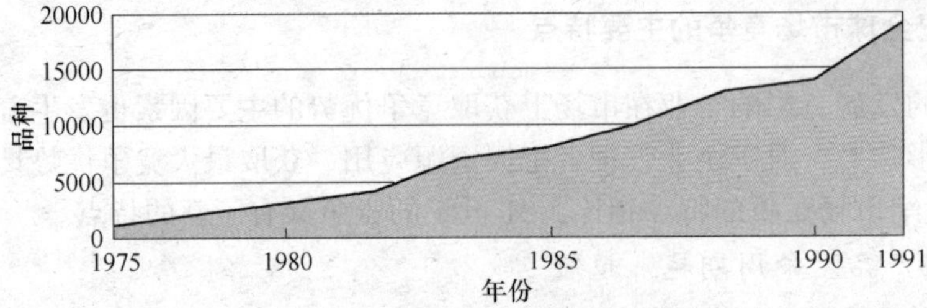

图 1-6 日用品产品品种数增加情况

1.2.1.3 对缩短交货期的要求越来越高

随着社会的发展和市场竞争的加剧，经济活动的节奏越来越快。其结果是每个企业都感到用户对时间方面的要求越来越高。这一变化的直接反映就是主要竞争因素的变化。20 世纪 60 年代企业间竞争的主要因素是成本，到 70 年竞争的主要因素转变为质量，80 年代以后竞争的主要因素转变为时间。这里所说的时间要素，主要是指交货期和响应周期。用户不但要求厂家按期交货，而且要求的交货期越来越短。我们所说的企业要有很强的产品开发能力，不仅指产品品种，更重要的是指产品上市时间，即尽可能提高对客户需求的响应速度。例如，在 20 世纪 90 年代初期，日本汽车制造商平均 2 年可向市场推出一款新车型，而同期的美国汽车制造商推出相同档次的车型却需要 5~7 年。可以想象美国的汽车制造商在市场竞争中该有多么被动。对于现在的厂家来说，市场机会几乎是稍纵即逝，留给企业思考和决策的时间极为短暂。如果一个企业对用户要求的反应稍微慢一点，很快就会被竞争对手抢占先机。因此，缩短产品的开发、生产周期，在尽可能短的时间内满足用户要求，已成为当今所有管理者最为关注的问题之一。

1.2.1.4 对产品和服务质量的期望越来越高

进入 20 世纪 90 年代以后，用户对产品质量和服务质量的要求越来越高，用户已不满足于从市场上买到标准化生产的产品，他们希望得到按照自身要求定制的产品或服务。这些变化导致产品生产方式发生革命性的变化。传统的标准化生产方式是“一对多”的关系，即企业开发出一种产品，然后组织规模化大批量生产，用一种标准化的产品满足不同消费者的需求。然而，这种模式已不再能使企业继续获得效益。现在的企业必须具有根据每一个顾客的特别要求定制产品或服务的能力，即所谓的“一对一”（One-To-One）的定制化服务（Customized Service）。企业为了能在新的环境下继续发展，纷纷转变生产管理模式采取措施从大量生产（Mass Production）转向定制化大量生产（Mass Customization）。

例如，以生产芭比娃娃著称的美泰公司，从 1998 年 10 月起，可以让女孩子登录到网站（play. barbie. com）上设计自己的芭比朋友。她们可以选择娃娃的皮肤弹性、眼睛颜色、发型和发色、附件和名字。当娃娃邮寄到她们手上时，她们可以在上面找到娃娃的名字。这是美泰公司第一次大量制造“一个娃娃一个样式”的产品。又如，位于美国代顿的一家化学公司有 1700 多种工业肥皂配方，用于汽车、工厂、铁路和矿山的清洗工作，公司先分析客户要清洗的东西，或者访问客户所在地，然后配制一批清洁剂提供给客户使用。大多数客户都觉得没有必要对另一家公司描述其清洁方面的要求，所以该化学公司95%的客户都不会流失。再如，海尔是一个全球著名的家电制造企业（当然现在也向手机、医药等行业扩展），每年的产品产量非常大，一般人看来应属于备货型（Make-to-Stock）生产类型，但是2001年以后，海尔却采取了一套按订单生产（make-to-order）的战略来组织生产，不仅满足了客户的个性化需求，同时也把库存降低，拉近了与用户的距离，实现了向三个“零”（零距离、零缺陷、零营运资本）目标的迈进。不过，应该看到，虽然个性化定制生产能高质量低成本地快速响应客户需求，但是对企业的运作模式也提出了更高的要求。到了2010年，人们环保意识不断增强，绿色供应链越来越被重视，同时将环境、文化、风土人情、价值观等因素融入其中，更是以改善社会福利、实现资源高效利用、做到可持续发展为目标。

由此可见，企业面临外部环境变化带来的不确定性，包括市场因素（顾客对产品、产量、质量、交货期的需求和供应方面）和企业经营目标（新产品开发、市场扩展等）的变化。这些变化增加了企业管理的复杂性。企业要想在这种严峻的竞争环境下生存，必须具有强大的处理环境变化和由环境引起的不确定性的能力。

1.2.2 新的竞争环境对企业管理模式的影响

1.2.2.1 传统管理模式

管理模式是一种系统化的指导与控制方法，它把企业中的人、财、物和信息等资源，高质量、低成本、快速地转换为市场所需要的产品和服务。因此，质量、成本和时间（生产周期）一直是企业的三个核心活动，企业管理模式也是围绕这三个方面不断发展的。企业的生存和发展有赖于对这三个核心活动过程的管理水平，因为质量是企业的立足之本，成本是企业的生存之道，时间则是企业的发展之源。没有好的质量，就无法得到消费者的认可，企业提供的产品或服务就无法在市场上立足，迟早会被市场淘汰；没有低的成本企业就没有实力进行价格竞争，会因无法获得再生产所需资金而难以为继；而企业要适应不断发展的消费者需求，就必须能在最短的时间里提供消费者所需要的产品或服务，因此，生产周期（包括产品研制和生产时间）就成了能否适应企业发展要求的关键。

为了做好这三个方面的工作，企业一直在寻找最有效的管理方法。

从管理模式上看，企业出于对制造资源的占有要求和对生产过程直接控制的需要，传统上经常采用的策略是：要么扩大自身规模，要么参股到供应商企业，与为其提供原材料、半成品或零部件的企业成为一种所有关系，这就是人们所说的“纵向一体化”管理模式。我国企业在计划经济时期基本上采取的是“大而全”、“小而全”的经营方式，这可以认为是“纵向一体化”的另一种表达方式。例如，许多企业拥有从铸造、毛坯准备、零件加工、装配、包装到运输等一整设备设施及组织机构，但其构成比例却又是畸形的。受长期计划经济的影响，其产品开发能力和市场营销能力都非常弱，而加工体系则相当庞大，产品开发、加工、市场营销三个基本环节上呈现出中间大、两头小的“腰鼓型”。“腰鼓型”企业适合计划经济体制，而在市场经济环境下无法对用户需求作出快速响应。

从生产计划与控制机制看，企业生产管理系统在不同的时期有不同的发展和变化。20世纪60年代以前，盛行的方法是通过确定经济生产批量、安全库存和订货点，来保证生产的稳定性，但是没有注意独立需求和相关需求的差别，采用这些方法并未取得期望的效果；60年代中期，出现了物料需求计划（Material Requirements Planning，MRP），较好地解决了相关需求管理问题。此后，人们就一直探求更好的制造组织和管理模式，出现了诸如制造资源计划、准时化生产及精细生产（Lean Production）等新的生产方式。这些新的生产方式对提高企业整体效益和在市场上的竞争能力确实做出了不可估量的贡献。然而，进入90年代以来，消费者的需求特征发生了前所未有的变化，整个世界的经济活动也是现出前所未有的全球经济一体化特征，这些变化对企业参与竞争的能力提出了更高的要求，原有的管理思想已不能完全满足新的竞争形势。以制造资源计划和准时化生产为例，这两种生产方式都是只考虑企业内部资源的利用问题，其管理优化工作均着眼于本企业资源的最优应用。这种指导思想在21世纪的市场环境下显得有些不适应，因为在当前这种市场环境下，一切都要求能够快速响应用户需求，而要达到这一目的，仅靠一个企业所拥有的资源是不够的。在这种情况下，人们自然会将资源延伸到企业以外的其他地方，借助其他企业的资源达到快速响应市场需求的目的，这是目前的一个热点。

1.2.2.2 企业管理模式变化的内在因素

以上所介绍的企业管理模式的转变不是偶然的，有其必然的变化规律。20世纪40~60年代，企业处于相对稳定的市场环境中，这时的“纵向一体化”模式是有效的。但是在90年代科技迅速发展、世界竞争日益激烈、顾客需求不断变化的形势下，“纵向一体化”模式则暴露出种种缺陷。

（1）增加企业投资负担。不管是投资建新厂，还是控股其他公司，都需要企业自己筹集必要的资金给企业带来了许多不利之处。首先，企业必须花费人力、物力，设法在金融市场上筹集所需要的资金，其次，资金到位后，随即进入项目建设周期（假设这新建一个工厂）。为了尽快完成基本建设任务，企业还要花费精力从事项目实施的监管工作，这样一来又消耗了大量的企业资源。由于项目有一个建设周期，在此期间企业不仅不能安排生产，而且要按期偿还借款利息。显而易见，用于项目基本建设的时间越长，企业背负的利息负担就越重。

（2）承担丧失市场时机的风险。对于某些新建项目来说，由于有一定的建设周期，往往出现项目建成之日也就是项目下马之时的现象。市场机会早已在项目建设过程中消逝，这样的案例在我国有很多。从选择投资方向看，决策者当时的决策可能是正确的，但就是因为花在生产系统基本建设上的时间太长，等生产系统建成投产时，市场行情可能早已发生变化，错过了进入市场的最佳时机而使企业遭受损失，因此项目建设周期越长，企业承担的风险就越高。另外，“纵向一体化”模式还不利于企业迅速抓住市场机遇获得发展机会，甚至会因此丧失生存空间。例如，我国某知名企业在2007年决定进入汽车市场时，采用了“人工+夹具”的劳动密集型方式制造汽车，它除了不生产轮胎、玻璃等部件外，几乎生产所有汽车零部件。虽然这种“纵向一体化”的生产方式在生产上取得了规模效应，成本大幅降低，短期内使企业获得飞速发展，但是随着汽车市场多样化的发展，该企业由于自制件比例太大而无法及时更换大量的加工装备，只能眼睁睁地看着销售下滑。这个实例说明，企业发展的确需要遵守规模经济规律，但是由于不同汽车零部件的有效规模经济不一样，并非所有的零部件都是自己制造就能降低成本，而且由于整个生产系统的拖累，企业无法及时更新换代，失去市场上的竞争优势也就不难理解了。

(3) 迫使企业从事不擅长的业务活动。"纵向一体化"管理模式的企业实际上是"大而全"、"小而全"的翻版，这种企业把产品设计、财务、会计、生产、人事、管理信息、设备维修等工作看作本企业必不可少的业务，管理人员往往花费过多的时间、精力和资源去从事辅助性的管理工作。由于精力分散，他们无法做好关键业务活动的管理工作。结果是，辅助性的管理工作没有抓起来，关键业务也无法发挥核心作用，不仅使企业失去了竞争特色，而且增加了企业产品的成本。例如，1996 年，密歇根劳动力协会的一个顾问机构指出，通用汽车公司死抱着纵向管理思想不放，公司自己生产 70%的零部件，而福特公司只有 50%的零部件是自己生产的，克莱斯勒只有 30%。该顾问机构指出，正是由于通用汽车公司的顽固做法，该公司现在不得不经受多方面竞争的压力。通用汽车公司因为生产汽车零部件而支付的劳动费用高于其他两个公司，每生产一个动力系统，比福特公司多消耗 440 美元，而比克莱斯勒公司多出 600 美元，在市场竞争中始终处于劣势。这种情况在我国也经常出现。例如，某机器制造厂为了解决富余人员的再就业问题，成立了一个附属企业，把原来委托供应商生产的某种机床控制电器转由自己生产。由于缺乏技术和管理能力，不仅成本比外购的高，而且产品质量低劣，最后影响到整机产品的整体性能和质量水平，一些老客户纷纷撤走订单，使企业蒙受损失。

(4) 在每个业务领域都直接面临众多竞争对手。采用"纵向一体化"管理模式的企业的另一个问题是，它必须在不同业务领域直接与不同的竞争对手进行竞争。例如，有的制造商不仅生产产品，而且拥有自己的运输公司。这样一来，该企业不仅要与制造业的对手竞争，而且要与运输业的对手竞争。在企业资源、精力、经验都十分有限的情况下，四面出击的结果是可想而知的。事实上，即使是 IBM 这样的大公司，也不可能拥有开展所有业务活动所必需的能力。因此，从 20 世纪 80 年代末期起，IBM 就不再进行纵向发展，而是与其他企业建立广泛的合作关系。例如，IBM 与苹果公司合作开发软件，协助 MCT 联营公司进行计算机基本技术研究工作，与西门子公司合作设计动态随机存储器等。

(5) 增大企业的行业风险。如果整个行业不景气，或者整体产品销售不畅，采用"纵向一体化"模式的企业不仅会在最终用户市场遭受损失。而且会在各个纵向发展的市场遭受损失。曾有这样一个例子，某味精厂为了保证原材料供应，自己建了一个辅料厂，但后来味精市场饱和，该厂生产的味精大部分没有销路，不仅味精厂遭受损失，与之配套的辅料厂也举步维艰。

1.2.3 供应链管理模式的产生与发展

由于"纵向一体化"管理模式在新的市场环境下暴露出了种种弊端，从 20 世纪 80 年代后期开始，首先是美国的一些企业，其后是国际上很多企业逐渐放弃这种经营模式，取而代之的是"横向一体化"思想的兴起。它提倡利用企业外部资源达到快速响应市场的要求，本企业只抓自己具有核心竞争力的业务，而将非核心业务委托或外包给合作伙伴企业。这样一来，很多企业逐渐将有限的资源集中于核心业务，而将本企业不具有优势的业务外包给更具优势的企业，形成了较为广泛的、不同地域的企业与企业的合作。例如，福特汽车公司的 Festiva 车就是由美国人设计，在日本的马自达厂生产发动机，由韩国的制造厂生产其他零件和装配，最后在美国市场上销售。制造商把零部件生产和整车装配都放在了企业外部，这样做的目的是利用其他企业的资源促使产品快速上市，避免自己投资带来的基建周期长等问题，赢得产品在低成本、高质量、早上市等诸多方面的竞争优势。“横向一体化”形成了一条从供应商到制造商再到分销商、零售商的贯穿所有企业的链。由于相邻节点企业表现出一种需求与供给的关系，当把所有相邻企业依次连接起来，便形成了供应链（Supply Chain）。这条链上的节点企业必须达到同步、协调运行，才有可能使链上的所有企业都受益，于是便产生了供应链管理这一新的经营与运作模式。

根据美国科尔尼咨询公司的研究，企业应该将供应职能提升到战略层次的高度来认识，以有助于降低成本、提高投资回报。创造供应优势取决于建立一个采购的战略地位，企业和供应商伙伴形成一个共同的产品开发小组。伙伴成员从共享信息上升到共享思想，决定如何和在哪里生产零部件或产品，或者如何重新定义使双方获益的服务，所有企业一起研究和确定哪些活动能给用户带来最大价值，而不是像过去那样由一个企业设计和制造一个产品的绝大部分零件。比较研究发现，美国厂商普遍采用“纵向一体化”模式进行管理，而日本厂商更多采用“横向一体化”。美日两国企业管理模式的选择，与它们的生产结构有着密切联系。美国企业生产一辆汽车，购价的45%由企业内部生产制造，55%由外部企业生产制造。然而，日本厂商生产一辆汽车，只有25%的购价由企业内部生产制造，外包的比例很大。这也许能在某种程度上说明美国汽车缺乏竞争力的原因。

由此可见，供应链管理的概念是把企业资源的范畴从过去单个企业扩大到整个社会，甚至全球范围，使企业之间为了共同的市场利益而结成战略联盟，因为这个联盟要解决的往往是具体顾客的特殊需要（至少有别于其他顾客）。例如，供应商就需要与客户共同研究如何满足该企业的需要，还可能要对原设计进行重新思考、重新设计，这样就在供应商和客户之间建立了一种长期联系的依存关系。供应商以满足客户、为客户服务为目标，客户当然也愿意依靠这个供应商，当原来的产品用完或报废需要更新时，还会找同一个供应商。这样一来，借助敏捷制造战略的实施，供应链管理也越来越受重视，成为当代国际上最有影响力的一种企业运作模式。又如，2010年南非世界杯上观众使用的“呜呜祖啦（Vuvuzela）”小喇叭的生产过程，就是一种典型的跨国企业运作模式，应用了跨国运作供应链。

供应链管理利用现代信息技术，通过改造和集成业务流程，与供应商以及客户建立协同的业务伙伴联盟，实施电子商务，从而大大提高了企业的竞争力，使企业在复杂的市场环境中立于不败之地。根据有关资料统计，供应链管理的实施可以使企业总成本下降10%；供应链上的节点企业按时交货率提高15%以上；订货—生产的周期时间缩短25%～35%；供应链上的节点企业增值生产率提高10%以上等。这些数据说明，供应链节点、企业在不同程度上都取得了发展，其中以订货—生产的周期时间缩短最为显著。之所以能取得这样的成果，完全得益于供应链节点企业相互合作、相互利用对方资源的经营策略。试想，如果制造商从产品开发、生产到销售完全自己承担，不仅要背负沉重的投资负担，而且要花相当长的时间。采用供应链管理模式，则可以使企业在最短时间里找到最好的合作伙伴，用最低的成本、最快的速度、最好的质量赢得市场，而且受益的不止一家企业，而是一个企业群体。因此，供应链管理模式吸引了越来越多的企业。

有人说，21世纪的竞争不是企业和企业之间的竞争，而是供应链与供应链之间的竞争。那些在零部件制造方面具有独特优势的中小型供应商企业，将成为大型装配主导型企业追逐的对象。日本一位学者将其比喻为足球比赛中的中场争夺战，他认为谁能拥有这些具有独特优势的供应商，谁就能赢得竞争优势。显然，这种竞争优势不是哪一个企业所具有的，而是整个供应链的综合能力。

1.2.4 供应链管理思想产生的必然性

1.2.4.1 环境变化产生的巨大压力

任何事物的产生都有其合理性，供应链管理思想也不例外。归纳起来，供应链管理思想的产生有如下三个必然性：

(1) 进入21世纪之后，企业所面临的市场空间和形态都与以往不一样，这种变化必然会对传统管理所形成的思维方式带来挑战。同时，信息社会或网络社会已经深入我们的生活，这必然会带来工作和生活方式的改变，其中最主要的就是消费需求的变化，已经从过去满足基本生理需求发展为追求更高层次的生活。

在短缺经济时代，量的供给不足是主要矛盾，所以企业的管理模式主要以提高效率、最大限度地增加产出，从数量上满足用户的需求为主要特征，现在随着人们生活水平的提高，个性化需求越来越明显。多样化需求对企业管理的影响越来越大，而品种的增加必然增大管理的难度和资源获取的难度。企业在兼顾社会利益方面的压力也越来越大，如环保问题、可持续发展问题等，使企业既要考虑自己的经济利益，又要考虑社会利益。

(2) 传统管理模式的主要特征及其在新环境下的不适应性。传统管理模式以规模化需求和区域性的卖方市场为决策背景，通过规模效应降低成本，获得效益，这样，生产方式必然是少品种、大批量。虽然这种生产方式可以最大度地提高效率，降低成本，取得良好的规模效益，但它适应品种变化的能力很差；另外，管理层次多必然影响整个企业的响应速度，其组织结构是一种多级递阶控制，管理的跨度小、层次多，且采用集权式管理，以追求稳定和控制为主。

(3) 传统管理模式的主要特点是“纵向一体化”。这种模式增加了企业的投资负担，企业必须自己筹集资金进行建设，然后自己进行经营和管理。因为企业在发现一个新的市场机会时，要进行扩建或改建，延长了企业响应市场的时间（至少是一个基本建设周期），如此一来，企业还要承担丧失市场时机的风险。“纵向一体化”模式还迫使企业从事自己并不擅长的业务。这样的管理体制模式显然不适应瞬息万变的市场需求。

在这样的外部压力下，企业间寻求彼此的合作，以整合各自的核心竞争力，供应链管理思想应运而生。

1.2.4.2 交易成本变动形成的无限动力

20世纪90年代，全球制造的出现导致全球竞争日益加剧，同时用户需求呈现多样化、变化频繁的趋势，因而企业面临前所未有的“超竞争”。原有的“纵向一体化”的组织模式给企业带来了大量的机会成本，已完全不适应市场发展的需要，企业要想生存与发展，必须制定以尽可能快的速度、尽可能低的成本、尽可能多的产品品种为特征的战略，将主要精力用于其核心竞争力，同时尽可能地利用外部资源。供应链就是企业群在这一特定环境下的积极应变，如图1-7所示。

交易成本包括发现相对价格的工作、谈判、签约、激励、监督履约等的费用。毫无疑问，利用外部资源将带来大量的交易成本。这就需要一种围绕核心企业，通过信息流、物流、资金流的控制，从采购原材料开始，制成中间产品以及最终产品，最后由销售网络把产品送到消费者手中的将供应商、分销商、零售商直到最终用户连成一个整体的功能性网链结构模式，而且这种模式能够使由供应商、分销商、零销商组成的整体达到最佳竞争绩效，还能使所有参与的企业同时实现各自的利益，这就是供应链管理。

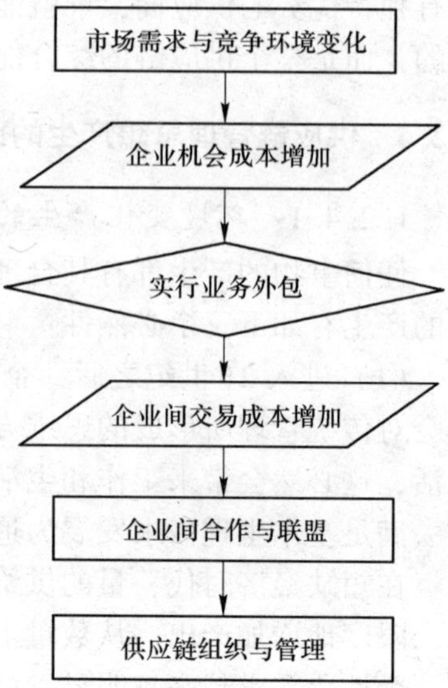

图 1-7 供应链组织的产生原理

1.2.5 供应链管理与传统管理模式的区别

供应链管理与传统的物料管理和控制有明显的区别，主要体现在以下几个方面：

(1) 供应链管理把供应链中所有合作企业看成一个整体，供应链管理涵盖整个物流从供应商到最终用户的采购、制造、分销、零售等职能领域过程。

(2) 供应链管理强调和依赖战略管理。“供应”是整个供应链中节点企业之间事实上共享的一个概念（任何两个节点之间都是供给与需求关系），同时它又是一个有重要战略意义的概念，因为它影响或者决定了整个供应链的成本和市场占有份额。

(3) 供应链管理的关键之处是采用集成的思想和方法，而不是单个企业的各自为政或者是简单的业务衔接。

(4) 供应链管理的本质是，通过与合作企业建立战略合作伙伴关系实现高水平的客户服务，而不是仅仅通过传统的业务合同实现企业之间的往来。

1.2.6 供应链管理的基本思想

综上所述，供应链管理的基本思想可以概括为：

(1) “横向一体化”的管理思想。强调供应链上的每一个企业都着力提升自己的核心竞争力，这也是当今人们谈论的共同话题。为此，要认清本企业的核心业务，狠抓核心资源，以提高核心竞争力。

(2) 对于非核心业务则应采取外包的方式分散给业务伙伴，并与业务伙伴结成战略联盟关系。

(3) 供应链节点企业间形成的是一种合作性竞争。合作性竞争可以从两个层面解：一是过去的竞争对手相互结盟，共同开发新技术，成果共享；二是将过去由本企业生产的非核心零部件外包给供应商，双方合作共同参与竞争，这实际上也体现出核心竞争力的互补效应。

(4) 以顾客满意度作为目标的服务化管理。对下游企业来讲，供应链上游企业的功能不是简单地提供物料，而是要用最低的成本提供最好的服务。

(5) 供应链管理追求物流、信息流、资金流、工作流和组织流的集成。这几种“流”在企业日常经营中都会发生，但过去是每个企业各自为政，不考虑整个流程的连续性，因而影响企业间的协调，最终导致整体竞争力下降。供应链管理则强调这几种“流”必须集成起来，只有跨企业流程实现集成化，才能实现供应链节点企业协调运作的目标。

(6) 借助信息技术实现目标管理，这是供应链管理的基础条件。

(7) 更加关注物流企业的参与。在供应链管理环境下，物流的作用特别重要，因为缩短物流周期比缩短制造周期更关键。供应链管理强调的是一种从整体上响应最终用户的协调性，没有物流企业的参与是不可想象的。

1.2.7 供应链与供应链管理的特点

1.2.7.1 供应链的特点

(1) 供应链是一个复杂的网络系统。首先，由于受到不同外部环境、不同行业、不同生产技术和不同产品的影响，会产生不同形态结构、不同行为主体构成和采用不同控制方式的供应链；其次，同一供应链上的各种行为主体，如制造商、供应商、零售商等，也可能分别具有不同甚至是相互冲突的目标。因此，对于某一企业来说，找到最优的供应链发展战略其本身就是一项具有挑战性的工作。

(2) 供应链上的供需匹配是一个持续性的难题。供应链上的消费需求和生产供应始终存在时间差和空间分隔。通常，在实现产品销售的数周或数月之前，制造商必须先期决定生产的款式和数量。这一策略直接影响到供应链系统的生产、仓储、配送等功能的容量设定以及相关的各种成本构成。因而供应链上供需匹配隐含着巨大的财务和供应风险。

(3) 供应链系统时刻处于动态变化当中。消费需求在不断变化，即使制造商和销售商能够通过各种手段和方法（例如各种合同与订单）较准确地得到某些消费信息，它们还需要面对消费季节性波动、消费趋势、广告、促销、竞争对手的定价策略等因素的不断变化，这些因素直接影响成本的构成和计划的制订。供应链管理的目标既要满足消费需求，又要实现系统成本最小化。然而，消费需求和成本结构参数都是随着时间不断变化的，这增加了供应链管理的难度。另外，供应链管理还受行业竞争的制约。最后，供应链中的原材料供应商、制造商、物流者和销售商等合作伙伴的组成结构和行为方式也需要不断优化组合。

(4) 供应链的交叉性。对于产品而言，每种产品的供应链都由多个链条组成。对于企业而言，每个企业既可以是这个链条的成员，同时又是另一个链条的成员，众多的链条形成交叉结构，增加了供应链协调管理的难度。

(5) 供应链上不断出现新的课题。许多产品的生命周期有不断缩短的趋势，某些产品的生命周期只有几个月，生产和销售厂商可能只有一次生产和销售机会，没有历史数据可供制造商用于判断和分析消费需求。此外，在这些行业中，产品获利性高，这使得消费需求变得更为难以判断和预测，许多产品上市以后，采用撇脂定价策略，而后产品价格不断下降，价格和消费成为互动的博弈关系。

1.2.7.2 供应链管理的特点

供应链管理是一种新型的管理模式，主要致力于建立成员之间的合作关系，它主要具有以下特点：

(1) 系统观念。它要求把供应链看成一个整体，而不是将供应链看成是由采购，制造、分销和销售等构成的一些分离的功能块。

(2) 以顾客为中心的战略决策。战略决策的出发点是满足消费者的需求和偏好，基于最终消费者对成本、质量、交货速度、快速反应等多种要求及其重要性排序，建立整个供应链的共同目标和行动方案。

(3) 动态管理。在供应链管理的具体实践中，应该始终关注对关键过程的管理和测评，对供应链的价值增值过程和合作伙伴关系开展动态管理。同时，高度动态的市场环境要求企业管理层能够经常对供应链的运营状况实施规范的监控和评价，如果没有实现预期的管理目标，就必须考虑可能的替代供应链并作出适当的应变。

(4) 强调协调机制，建立新型的企业伙伴关系。通过谨慎地选择业务伙伴，减少供应商数目，改变过去企业与企业之间的敌对关系，将其调整为紧密合作的业务伙伴关系。新型企业关系表现为信息共享以及有共同解决问题的协调机制等。

(5) 开发核心竞争能力。供应链上的企业努力发展自身的核心竞争能力，即向专业化方向发展。企业自身核心竞争能力的形成，有助于保持和强化供应链上的合作伙伴关系。

(6) 强调集成管理。物流更加关注组织内部的功能整合，而供应链管理认为仅有组织内部的一体化是远远不够的。供应链管理是一个高度互动和复杂的系统工程，需要同步考虑不同层次上相互关联的技术经济问题并进行成本效益权衡。

(7) 依赖共同价值。如果说物流管理是为了提高产品面向客户的可行性，那么供应链管理则迫切需要解决供应链伙伴之间信息可靠性的问题，通过构筑信息平台在供应链伙伴之间形成一种相互信任、相互依赖、互惠互利和共同发展的价值观和依存关系。

1.3 供应链管理战略及其发展

1.3.1 供应链管理战略

1.3.1.1 供应链管理从操作层向战略层的转移

随着人们对供应链管理认识的不断深入，人们从供应链管理的实践中逐渐认识到，要想进一步发挥供应链管理的潜在作用，应该将供应链管理作为企业的战略性问题来考虑，而不能仅仅将其看成一种操作方法。

根据德勤咨询公司发布的一项研究报告，到 2010 年虽然已有 91%的北美制造企业将供应链管理列入关键或重要管理活动，但是只有 2%的企业达到了世界级水平，差不多有 75%的企业在平均及以下水平。一个主要的原因是，50%的企业没有正规的供应链管理战略，虽然大多数有供应链的计划。其他原因还有：

(1) 缺乏应用和集成技术的能力。

(2) 协调企业资源更高的权重。

(3) 改革关键流程的阻力。

(4) 跨职能的障碍。

(5) 缺乏有效测量供应链绩效的评价指标。

以上情况反映出一个问题，即供应链管理对提高企业竞争力的重要作用和它在实际运作中表现出来的绩效不成比例。产生这个问题的原因并不是供应链管理理论本身有什么大问题，而是企业没有把它看成企业战略的一个组成部分。从德勤咨询公司揭示的影响供应链管理绩效的几个原因看，需要从全局的角度进行战略性思考，才能彻底解决上述问题，因为所有这些影响供应链管理绩效的因素都不是哪一个部门能够解决的，也不是一蹴而就的。因此，从战略的角度考虑供应链管理的地位具有十分重要的意义，否则许多相关问题都无法得到有效解决。

1.3.1.2 供应链管理战略的主要内容

供应链管理战略就是要从企业发展战略的高度考虑供应链管理中事关全局的核心问题，例如实施战略的制定问题、运作方式的选择问题、信息支持系统的建立问题等。

A 制定供应链管理实施战略

供应链管理的实施战略，就是要解决一个企业在具体实施供应链管理方式时所依据的方法论和策略，避免走弯路或出现决策失误等问题。

（1）在企业内外同时采取有力措施。从企业内部来看，主要是发扬团队的合作精神。要鼓励员工协同工作解决问题，他们应把合作视为一种义务，而不是互相推诿责任。这样，企业就会以一种类似于医院急救室的工作方式进行运转，去完成新的订单带来的任务，攫取新的市场机遇。在管理上，强调权力分散，让中基层管理人员在保证企业总任务的前提下，有更多的自治权。循循善诱的领导作风、鼓励和信任代替传统的上司对下属的命令和控制，使整个企业从员工个人到组织机构，都能最有效地适应市场的变化，对市场需求做出“敏捷”的响应。从企业外部来看，合作概念的发展已拓展到了以前是竞争对手之间的合作。在20世纪70年代，美国三大汽车巨头——通用、福特、克莱斯勒，都投资了几亿美元开发汽车排气管上控制空气污染的装置。在那个时候，它们绝不愿意联合起来开发。实际上大家做了许多重复工作，但是谁也没有取得突破性的进展，白花了很多钱。现在，它们都参加了一个多功能的集团“USCAR”，共同开发各种技术、材料和部件，从结构塑料到电池再到电机车控制系统等。日立与IBM在计算机主机市场上一直是两大竞争对手，但现在成了合作伙伴。日立买进IBM的主机CMOS处理机芯片，并制造IBM结构的主机（IBM给予许可证），打上日立牌子销售。当然也要解决利益分配的问题，使供应商、合作伙伴以及顾客都能共享信息，互相受益，进而为创建或加入“虚拟企业”制定出明确的标准。

（2）充分发挥信息的作用。因为市场的急剧变化，故而需要掌握用户需求的变化和在竞争中知己知彼。如果对本企业内部的信息不能透彻了解，那么如何能要求员工从全局出发做到集成呢？如果竞争对手采取了一些新的措施，采用了一些新技术，而本企业却迟迟不了解，又如何能及时采取改进竞争手段的对策呢？“敏捷”的基本思想是既快捷又灵活，所以一定要把信息的价值提到足够的高度来看待。

（3）供应链节点企业的组成和运行。从竞争走向合作，从互相保密走向信息共享，实际上会给企业带来更大的利益。如果市场上出现一个新的机遇，比如看准了半年后推出某种新型计算机必能畅销，于是几家本来是竞争对手的计算机公司，可能立即组成一种合作关系。A公司开发的主机性能好，B公司的软件开发能力强，C公司的外围设备有特色和很好的声誉，各家都发挥自己的优势共同开发，就能迅速占领市场。完成这次合作以后，各家还是各自独立的公司。这种方式就是“敏捷制造”。实施敏捷制造的基础是全国乃至全球的通信网络，在网上了解到有专长的合作伙伴，在网络通信中确定合作关系，又通过网络用并行工程的做法实现了最快速和高质量的新产品开发。

（4）计算机、网络技术及大数据技术的广泛应用。未来制造业中强调人的作用，但丝毫没有贬低技术所起的作用。计算机辅助设计、计算机辅助制造、计算机仿真与建模分析技术，都应在敏捷企业中加以运用。除此之外，在当今社会还应该用好大数据技术，通过大数据技术的应用更好地了解客服的爱好和行为。通过大数据的分析，企业可以得到有价值的信息，精确地预测到客户在什么时候想要什么产品。此外，大数据的应用还能实现供应链以及配送路线的优化。

（5）方法论的指导。所谓"方法论"，就是在实现某一目标，完成某一项大工程时，所需要使用的一整套方法的集合。我们强调要实现全企业的整体集成，这是一项十分复杂的任务。对每一时期每一项具体任务，都应该有明确的规定和指导方法，这些方法的集合就叫"集成方法论"。这样的方法论能帮助人们少走弯路，避免损失。这种效益，比一台新设备、一套新软件所能产生的有形的经济效益，要大得多，重要得多。

（6）标准和法规的作用。目前，产品和生产过程的各种标准还不统一，而未来制造业的产品变异又非常突出，如果没有标准，不论是对国家、企业以及企业间的合作，还是对用户来说都非常不利。因此，必须要强化标准化组织，使其工作能不断跟上环境和市场的变化，各种标准能及时演进。现行法规也应该随着国际市场和竞争环境的变化而演进，其中包括政府贷款政策、技术政策、反垄断法规、税法、税率、进出口法、国际贸易协定等。

B 确定采用推动式或拉动式的供应链动

有两种不同的供应链运作方式：一种被称为推动式（Push），另一种被称为拉动式（Pull），如图 1-8 所示。推动式的供应链运作方式以制造商为核心，产品生产出来后从分销商逐级推向用户。分销商和零售商处于被动接受的地位，各个企业之间的集成度较低，通常采取提高安全库存量的办法应对需求变动，因此整个供应链上的库存量较高，对需求变动的响应能力较差。拉动式供应链的驱动力产生于最终用户，整个供应链的集成度较高，信息交换迅速，可以根据用户的需求实现定制化服务。采取这种运作方式的供应链系统，其库存量较低。

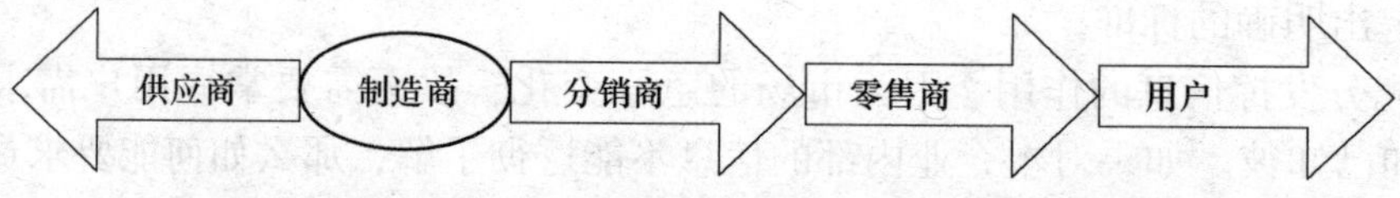

(a) 制造商推动的供应链(集成度低、需求变化大、缓冲库存量高)

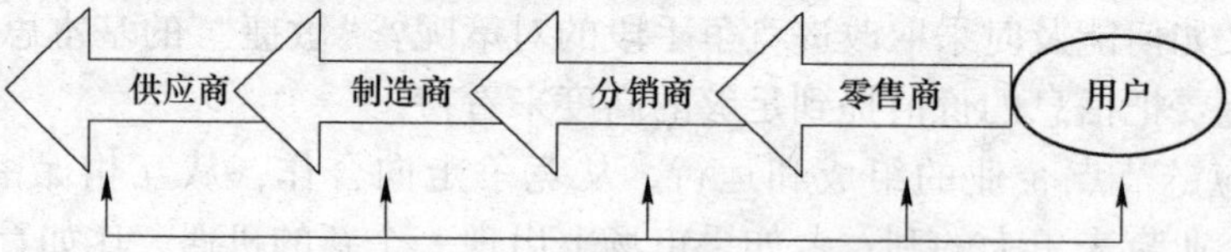

(b) 用户拉动的供应链(集成度高、数据交换迅速、缓冲库存量低、快速反应)

图 1-8 两种不同性质的供应链

作为供应链管理战略内容之一，就是要选择适合于自己实际情况的运作方式。拉动式供应链虽然整体绩效表现出色，但对供应链上企业的要求较高，对供应链运作的技术基础要求也较高。而推动式供应链方式相对较为容易实施，但是要求其能够把握好终端的需求特征，否则容易导致大量的库存。企业采取什么样的供应链运行方式，与企业系统的基础管理水平有很大关系，切不可盲目模仿其他企业的成功做法，因为不同企业有不同的管理文化，盲目跟从反而会得不偿失。

C 确定供应链管理信息技术的战略

根据2010年的一项研究报告披露的信息，有80%接受调查的管理人员反映说，信息技术的应用是推进供应链系统中信息共享的关键；在希望减少与销售有关的间接费用的企业中，87%的企业计划增加它们当前在信息技术上的投资。调查还了解到，改进整个供应链的信息精度、及时性和流动速度，被认为是提高供应链绩效的必要措施。没有全面集成信息的能力，缺乏实用性，是现有供应链取得实效的主要障碍。

该调查发现，不到33%的企业有计划对它们正常的信息系统进行投资，以支持供应链系统和技术。那些采用了供应链优化系统的企业，如先进计划系统（Advanced Planning System），取得了较大成功，而采用传统企业资源计划（Enterprise Resource Planning, ERP）用于供应链管理的企业则感到不满。

D 建立有效的绩效测量与评价体系

传统的企业评价总是着眼于可计量的经济效益，这种方法基本上侧重于短期行为和操作层的运作。对于供应链管理、系统集成所提出的战略考虑，诸如缩短提前期对竞争能力有多少好处？如何度量企业柔性？企业对产品变异的适应能力会导致怎样的经济效益？如何检测员工和工作小组的技能？技能标准对企业柔性又会有哪些影响……这些问题都是在新形势、新环境下需要解决的问题。又如会计核算方法，传统的会计核算主要适合于静态产品和大批量生产过程，用核算结果来控制成本，是一种消极防御式的核算方法，已不能适应供应链节点企业的需要。合作伙伴资格预评是另一种评价问题，因为供应链节点企业的成功需要合作伙伴确有所长，而且应有很好的合作信誉。由此可见，供应链管理环境下的绩效测量与评价是一个关系到企业全局的大问题，应该从战略的高度去制定相关的绩效测量与评价指标，找出绩效测量与评价的程序和方法。

例如，自2009年开始，沃尔玛开始实施可持续联盟（The Sustainability Consortium）计划，以建立产品可持续性的评估和报告系统，并致力于将之推广为全球零售业的标准。通过这个联盟，可以更好地评估和理解供应商及其产品。2011年，沃尔玛建立了产品可持续性系数来评价供应商绩效，同时跟踪沃尔玛销售的每一款产品在整个生命周期内对环境的影响，基于此为供应商提出可行的改进建议。

E 把供应链管理看成企业间资源集成的桥梁

供应链管理的出现促进了企业资源计划（ERP）的发展，ERP是在MRPII的基础上发展而来的。MRPII主要考虑的是一个企业的制造资源，是一个资源协调系统。但是，MRPII不能适应Internet环境，更不能满足供应链管理的要求。20世纪90年代初，美国Gartner咨询公司在总结MRPII软件发展趋势时，提出了ERP的概念。从此，制造业的管理信息系统进入了ERP新时代。ERP着眼于供应链管理，在MRPII基础上，增加了运输管理、项目管理、市场信息分析、电子商务、电子数据交换等功能。ERP强调对供应链的整体管理，将供应商、制造商、协作厂家、用户甚至竞争对手都纳入管理的资源之中，使业务流程更加紧密地集成在一起，进而提高对用户的响应速度。

更进一步地，供应链管理和ERP的发展，使企业间的信息和资源集成成为可能，使得CIMS的概念和含义也发生了变化。早期的CIMS是指计算机集成制系统，集成的范围一般是指一个企业内部各部门、各功能、各种信息的集成。而最新的CIMS是指现代集成制造系统（Contemporary Integrated Manufacturing System），它把资源的概念从单个企业扩展到供应链中的企业群体。因此，供应链管理不仅是解决企业常规模式下存在的各种问题的有效途径，而且也是实现敏捷制造和虚拟企业的有效途径。

1.3.1.3 建立供应链管理战略系统的主要内容

供应链管理的战略系统涉及范围较大，重点可围绕以下六个方面的要求来考虑。

（1）组织战略。供应链管理是一种不同于一般管理的模式。虽然这里用了“管理”一词但是其含义与过去的只在一个企业内部发生的管理行为不一样。供应链管理是一种合作企业间的协调问题，供应链节点企业要认识到这一点，并在组织结构上进行重新设计，使之能够适应供应链管理的运行要求。如果发生在一个大的集团公司内，公司总部可以起到计划和协调的作用。

（2）经营思想战略。创立供应链优势、改变传统采购模式，不仅是一种职能，而且是种战略的思想。认识到这一点是改革企业原有经营管理思想和模式的重要前提。供应链管理的实践已经表明，它不是一种单纯的操作性方法，而是一种改变人们对企业职能认识的战略。传统企业管理模式和供应链管理模式的区别，具体如下：

1）传统企业的运营思想是生产是为了销售，而供应链节点企业运营的思想是按订单准时生产、快速响应客户需求。

2）传统企业的管理手段是控制库存、降低库存成本，而供应链管理的手段是供应链节点企业协同创新、共创价值。

3）传统企业提高生产效率的主要方法是扩大批量、增加规模效应，而供应链节点企业提高效率的主要方法是提升企业的柔性和敏捷性。

因此，实施供应链管理首先要在经营思想上提高对它的认识，这样才能制订出符合企业发展目标和供应链管理运行规律的战略。

（3）共享信息战略。供应链的优势在于使企业能够共享信息。通过共享竞争信息，使供应链上的企业及时做出或调整自己的生产策略，以便在市场上占据主动。

制造商、供应商、分销商愿意相互开放，并且希望在供应链中有及早介入的机会。因此，共享信息就是供应链管理必须考虑的战略之一。

（4）利用先进技术的战略。为从供应链上获得优势，企业要从一些基本技术（如物流过程自动化、企业资源计划系统等）做起，把先进技术作为支持供应链协调运行的基础，并且要随着技术的发展，随时向新的、更先进的技术推进。

（5）绩效度量战略。绩效度量是实施任何一种战略必不可少的内容之一，只有知道某一战略的实施效果，才能使管理者最后做出有效的决策。绩效度量还被视为保持战略层和执行层实现共同目标的黏合剂，因为系统运行绩效是执行层努力的结果。

（6）供应库（Supply Base）战略。通过供应链创造优势的企业清楚地懂得每个供应商在资源组合中的作用，因而把与供应商的关系视为高度战略化的工作。为了保持企业具有较多的选择余地，与供应商建立广泛的关系就成为一种战略性措施。

1.3.2 供应链管理的发展

20 世纪 90 年代以来，供应链作为一种帮助企业提高生存能力与竞争能力的战略管理思想，受到了世界各地的普遍关注。各国的学者与管理专家对供应链进行了大量的研究与探讨。首先，人们从核心企业出发讨论供应链的组成问题，研究供应链的运作方法与运作效率；其次，关于供应链中一些具有共性的问题得到了研究，如供应商与制造商、制造商与分销商的关系问题，供应链中的库存问题等。

随着对供应链管理理论的研究不断深入以及应用上的发展，对于供应链运作特征的研究逐步从点到线、从线到网络，如供应链的系统支持与协调控制方法、供应链中的信任机制、供应链中的不确定性问题、供应链的全球化趋势等，以及由此带来的一系列问题。

1.3.2.1 关于供应链整合管理的研究

关于供应链整合管理的研究供应链管理的基本思想之一是，主张每个企业集中资源强化自己的核心业务，从而提高有别于竞争对手的核心竞争力，而将非核心业务或者自己不擅长的业务委托给其他企业，并与这些企业建立合作共赢的伙伴关系，共同占领市场竞争制高点。实践证明，将业务外包给合作企业之后，还要加强相互之间的整合管理，从整体利益最大化的角度出发，共同制定竞争策略，加强沟通与协调，减少信息不对称的风险。同时，还要兼顾各方的利益，不能依靠侵占合作伙伴的利益使自己获利，防范可能出现的道德风险。因此，近年来，加强供应链节点企业间的整合管理成为热点问题之一。

1.3.2.2 关于供应链管理的策略性研究

围绕供应链的策略性研究一般包括：准时化采购、快速响应、有效用户响应、IT应用（Information Technology in Supply Chain Management）、延迟技术（Postponement Technology）等。

有效用户响应与快速响应分别基于不同行业的策略研究。有效用户响应主要是1992年以后在美国食品业兴起的一种供应链策略。其主要观点是：不断降低供应链的成本，通过企业间的密切合作带给用户更大的利益与更有效的响应。快速响应则是美国纺织与服装行业在20世纪80年代以后发展起来的。其主要观点是：最大限度地减少从原材料到最终销售的运行时间与库存数量，以提高对于用户的快速响应性。这两种策略各有侧重：有效用户响应侧重于降低成本，而快速响应则侧重于缩短时间。但两者也有共同之处，即都要有供应链节点企业间的良好合作关系与相同的支持技术。

延迟技术是为了响应用户需求、提高产品设计与制造的柔性而实施的一种策略。延迟技术最早用于市场营销，后来逐渐用于物流管理。其根本思想是把产品最终定型的位置与时间尽可能地靠近用户以便产品顾客化。为此，在产品生产过程中，采用标准化、模块化方法进行设计制造，当产品运送到分销中心后，再由分销中心根据用户对产品款式、外观、包装等方面的要求进行定位。如此可以大大满足用户对产品多样化的要求，在此基础上提高供应链的市场响应能力。惠普公司就成功地运用了延迟化策略生产与销售打印机。

1.3.2.3 供应链的建模技术

供应链的理论研究文献中，有相当一部分与供应链建模技术有关。概括起来，大致有三种模型：信息系统模型、经济运行模型和功能结构模型，而经济运行模型又是前期研究的重点，后来也有了一些信息系统模型。

从供应链模型的发展来看，经历了从简单模型到复杂模型、从单阶段模型到多阶段模型、从单产品模型到多产品模型、从国家模型到国际模型、从确定型模型到随机型模型的发展过程。

按分析和研究的方法不同，供应链模型又可以分为排队论模型（Queuing Theoretic Models）、对策论模型（Game Theoretic Models）、网络流模型（Network Flow Models）和策略评价模型（Option Valuation Models）等。

排队论模型主要用于研究生产企业在平稳生产状态下的情况，如各个设备或车间等的输出率等，并对资源分配进行优化，如合理安排各个设备的加工任务，合理安排人员的加工任务等，以达到提高生产效率的目标。例如，利用 M/G/1 排队系统研究生产批量和生产准备时间的关系等问题。

对策论模型主要用于研究供应商与制造商之间、制造商与销售商之间的相互协调，如研究制造商和销售商之间的协调，确定制造商和销售商各自的对策，确定产品价格、订货时间等，使它们都能获得比原来更高的收益。

网络流模型主要用于研究供应链中成员的选择、布局，以及供应链的协调问题。网络提供了一种描述供应链结构的方法，用网络流模型来表示一个供应链有其独特的优点，它能很方便地表示供应链中各种活动的先后次序。

策略评价模型主要用于研究供应链在不确定性情况下的管理和协调问题，对跨国企业而言，经常会有不确定性事件发生，如汇率波动、政府政策改变或新技术的开发等。企业会采取各种策略对此作出反应，如调整供应链成员的数量，采用不同的生产技术等。策略评价模型提供了一种对采取的措施和策略进行评价的方法。策略评价模型一般是随机动态规划模型，目标是使各个时期的期望费用总和最小或总收益最大。

这些模型中，有的运用了整数规划或混合整数规划法，建立全球供应链模型、全球制造与分销的资源优化供应链模型、面向供应链优化的动态需求计划模型，也有的将整数规划与线性规划方法相结合，如提出基于资源配置的供应链设计模型。

由于供应链所涉及的问题很多，在一个模型中同时考虑所有的因素几乎是不可能的，要建立一个比较接近实际情况，而又可以求解的供应链模型是很困难的。从上面的介绍可以看出，一部分研究人员仅提出一个模型框架，并没有对具体模型进行研究，甚至没有任何数学公式表示，而且在现有的模型中，有些重要的因素没有或很少考虑。例如，很少考虑供应链中的信息流、现金流，很少考虑供应链重组等。

1.3.2.4 供应链节点企业间的合作关系研究

在对供应链管理的基本理论进行了研究的基础上，人们对于供应链节点企业间的合作关系进行了深入研究，如供应链节点企业间的合作对策与委托实现机制问题，认为“合作对策与委托实现机制是合作型竞争企业实现供应链管理的重要环节”。研究人员探讨了供应链系统中企业间合作关系与委托实现机制的发展动态，提出了在我国企业改革中面临的问题和实现供应链管理的对策措施。有人研究了供应链系统中合作伙伴的选择问题，提出了基于企业间战略伙伴关系的企业集成模式；指出了供应链组织的五个评价指标：柔性、集成、协调、简洁、稳定；讨论了柔性和柔性度量的三维指标：范围（Range）、费用（Cost）、时间（Time）；研究了供应链节点企业间的激励机制，提出了基于企业间委托代理关系的三种激励模型；研究了供应链系统中的绩效评价问题；对供应链节点企业间委托代理的激励问题进行了博弈分析。

成功的供应链管理必须高度重视企业间的合作关系，因此关于合作关系研究的文献比较多见。这些文献的作者认为，建立企业间的合作关系是一种重要的战略思想，提出了

"合作竞争"（Cooperative Competition）与"无边界组织（Borderless Organization）的概念，指出要在一个跨越企业界限的范围内集成企业的活动。

在建立企业间合作关系的研究中，研究人员认为供应商—制造商关系在供应链节点企业关系中最为重要。同时，他们都注意到，建立企业间良好的合作关系，需要双方的相互信任。制造商对于供应商的信任程度与供应商的声誉和规模正相关，与供应商为采购商进行专门投资的意愿、信息共享的程度、双方合作时间的长短正相关。

1.3.2.5 供应链绩效评价

供应链系统的运行状况如何，还需做哪些改进，是供应链绩效评价需要解决的问题。关于供应链绩效评价问题的研究也是学者们关心的问题，如提出了一个供应链绩效评价的框架；在研究了供应链上不同企业对各自行为以及相互行为的满意度评价问题后，认为不同节点企业对于用户需求和各自工作业绩的评价是不同的，顾客对交货期更敏感，下游企业对于顾客需求也更为敏感。

对于供应链的绩效评价，学者们提出了一个量化的方法体系，即资源指标输出指标、柔性指标。其中，资源指标主要是关于成本、投资回收率等方面输出指标，是关于产出与用户服务方面；柔性指标是关于供应链对变化的响应性方面。

近几年，有很多研究人员提出了"供应链指数"（Supply Chain Index）的概念，这是一种反映供应链节点企业在增长性、盈利性、周转速度、复杂性方面的运营情况的公式化表征方法，可以更好地让人们了解有哪些重要的供应链度量指标，帮助企业领导者更好地把供应链运营与财务绩效联系起来，同时还可以为资本市场上关注供应链的人士评估某供应链节点企业的市值提供参考。

1.3.2.6 供应链运作的协调与协同运作

供应链的核心机制是"竞争—合作—协调"，其中协调是供应链管理成功与否的关键。供应链由不同的经济实体组成，各自有不同的优化目标和个体利益，这些优化目标往往与供应链整体目标相冲突。同时，供应链中存在许多不确定性因素，例如，客户可能会中途改变或取消订单，材料或零部件不能准时到达，生产过程中设备突然发生故障等，使得供应链系统具有很强的动态特性。

因此，为了使信息流、资金流和物流在供应链成员企业之间和企业内部顺畅地流动，从而达到降低成本、缩短交货期、提高顾客满意度、改善供应链绩效的目标，就必须有效协调供应链各个成员企业之间的各项行为和活动，使供应链作为一个整体来运行。

关于运作管理的协调研究始于克拉克等人（Clark et al.，1960）对多级库存/销售系统的研究，后来又有了美国宝洁公司与零售商之间就婴儿纸尿裤自动连续补货的实践，这是一次真正的供应链协调的实践。目前，供应链协调（Supply Chain Coordination，SCC）的研究越来越受重视。

对供应链协调的研究主要反映在以下方面：买方—卖方协调（Buyer-Vendor Coordination），如各种供应契约的设计与优化；生产分销协调（Production-Distribution Coordination）；库存—分销协调（Inventory-Distribution Coordination）；供应链网络结构中物流过程的协调；基于互联网的供应链协调机制，如拍卖、多维拍卖、封闭式拍卖、采购团、电子采购帮助和电子代理等。

1.3.2.7 供应链风险管理

近年来，各种供应链运作中的风险事件让很多著名的供应链节点企业损失惨重，例如：

（1）2000年，美国新墨西哥州飞利浦公司的第22号芯片厂发生火灾，爱立信公司因此损失了4亿美元的销售额，市场占有率也从原来的12%下降为9%。

（2）2001年，耐克公司因为供应链管理软件的运用错误，损失了3/4的销售，公司的市场占有率也下降了20%之多。

（3）2001年，思科公司因为对需求预测的失误，造成25亿美元的存货报废。

（4）2002年9月，美国西海岸发生工人罢工，由于这里是我国中远集团进入美国的主要门户，致使中远集团在两周内损失至少2400万美元。

（5）2001年的“9·11”恐怖袭击使得北美的机场被迫关闭，数千条供应链中断，造成难以估计的损失。

（6）2005年，雀巢奶粉碘含量超标，宝洁SK-Ⅱ被诉含有有害成分，光明“回奶”事件，亨氏、肯德基部分产品发现含有苏丹红一号，消费者信心大受打击。

（7）2008年，我国的三鹿奶粉事件让一个行业龙头企业陷入困境。

（8）2011年，双汇“瘦肉精”事件再次让人们对食品安全忧虑重重。

（9）2018年2月，神龙公司因供应商制造原因使得部分雪铁龙汽车、标志汽车存在安全隐患，对其召回等。

越来越多的案例表明，随着现代供应链的复杂性不断提高，供应链的脆弱性逐渐增加。为了增强供应链的竞争力，获取竞争优势，企业需要高度重视供应链的风险管理，它不仅是供应链管理理论体系的核心内容之一，而且是供应链管理的内在要求。企业必须采取措施使供应链避免可能对其产生破坏的风险，尽量降低风险给供应链带来的损失。这些目标只有通过合理的风险管理与控制措施才能达到。因此，面对不确定性事件及突发事件的冲击，供应链如何保持稳健运行，尽快从各种危机和冲击中恢复，尽量减少损失，成为21世纪供应链管理的重要内容。

案例分析

Mirong公司的供应链管理应用案例

Mirong公司是一家跨国汽车传动总制造商。在汽车制造业个性化生产越来越明显的时候，Mirong公司受到了严峻挑战。“我们必须面对客户越来越高的期望值”公司的总裁Mark先生说，“个性化意味着大宗订单将会消失，而交货期成为首当其冲的关键要素。”

在汽车制造产业链条中，有大量像Mirong公司这样的配套供应商。过去，他们可以像“卫星厂”一样，与总装厂之间结成紧密的合作伙伴关系。现在，情况正在发生变化。个性化生产直接改写了汽车制造业的生产模式，小批量、快节奏供货要求，让Mirong这样的零配件、总成厂商感受到了制造业“紧追客户需求多样化的步伐”在加快。

一、问题变了

过去的问题是，我们需要知道“生产什么”；现在不一样了，现在我们最需要了解的是“何时生产”。现在，工厂的电子排程系统需应付的并非大量订货的复杂计划，而是需要有足够的灵活性，满足各种“琐碎”的订单要求。

一段时间以来，就连“材料到货时间”这样的问题，都成为导致生产计划混乱的瓶颈。Mark 手下负责采购的经理曾多次向他提到这样的现象，由于工厂生产排程系统无法及时、准确地了解各种物料到货时间，从而无法给出可信的生产计划安排。制造部门经常需要加班加点，以满足或者补偿排程系统存在的不确定性。

“这种不确定性，实质上是由于总装厂的制造需求进一步细化，反馈到我们总成厂来所体现出的矛盾”，Mark 的经理对此有这样的解释，“作为制造企业，我们的物料采购也必须相应提高采购的敏捷性和灵活性，否则将没有办法应付越来越复杂的供货需求。”

二、制造与物流同步

按 Mirong 公司的现状，计划排程系统显然不能仅仅满足于对既有生产计划进行分解，也不能仅限于对物料需求的计算。制造环节必须与物流环节保持同步，这样才能同时解决“制造什么”和“何时制造”的问题。

物流环节是制造业的瓶颈，物流环节与制造环节保持同步，这样才有希望提高准时交货率。此外，Mark 先生还指出，提高准时交货率的措施，实际上有利于降低库存和运营费用。

“实现这一点的美键，是在以计划排产系统为基础的 ERP 系统之外，再添加具有整合供应商信息的 SCM 系统”，Mark 的意图表明了 Mirong 公司在未来的 IT 系统方面的投入方向。

过去的工厂间“同步”是通过大量的会议、人员造访、沟通与协调来实现的，由于传统制造模式是基于大批量规模制造的，所以留给沟通与协调的时间还是比较宽裕，“我们有足够的时间和合作伙伴去交换信息”，Mark 记得，那时候每个月召开一次主要供应商参加的沟通会议，在冗长的讨论、讨价还价中，艰难地达成共识。

而且，更重要的是，过去的“合作伙伴关系”多少带有“裙带关系”色彩，Mark 用这样一个比方说明供货商与 Mirong 公司之间的“相互依赖”的关系。

“这种‘依赖关系’某种程度上有消极影响”，Mark 对此已经有所体会。由于大宗合同把我们紧密地联系在一起，供货商的主要精力花费在“如何制造”方面，对改善合作伙伴之间的信息沟通，缺乏必要的激励。“不过，说句公道话，也缺乏必要的手段”，Mark 补充说。

三、在认识上“同步”更重要

个性化制造的一个重要的特征就是，大批量订单被小批量订单所代替，同时订单发出的频率大大增加。在这种情况下，需要调整的就不仅仅是制造模式，供应模式也需要同步改善。为此，公司根据客户需求下达的生产计划，就不仅仅要抵达制造车间，还需要同时抵达相关供应商那里，以便他们“同步”做出反应。

改善供应链的努力，通过引进 SCM 系统来具体实施。但 Mark 先生认为：“比上一套 SCM 更为重要的是合作伙伴必须认识到这个问题的重要性，必须在思想上同步。”Mark 先生的话很直白，但说出了问题的实质，跨企业边界的合作，可以通过一套软件系统、工具来具体实现，但指挥这套系统的最终力量，仍是大脑。

四、超越伙伴关系

供应链是汽车制造企业的重要组成部分。总装厂和零部件供应商之间的合作关系，是汽车业蓬勃发展的重要因素。在经过 8 年的实证研究后，英国学者拉明得出了一个发人深思的结论：汽车制造业供应链伙伴关系的格局正在发生变化。拉明的研究成果，体现在他于 1993 年出版的著作《精益供应》（英文原标题是 Beyond Partnership），该书的副标题是“创新与精益供应战略”（Strategies For Innovation and Supply）。

汽车业的发展，是观察制造业发展趋势的一个重要窗口。汽车制造企业不仅包括总装厂，还包括设计、制造和提供汽车部件、总成和其他各种“系统”的众多公司。汽车制造的物流过程，是汽车行业新型伙伴关系的典范。这一典范是有日本企业首先缔造的，如“丰田制造模式”。

但是，在信息化程度日益提高的今天，制造业同样面临新的挑战，这个挑战来自“更加灵活、流畅的物流”和“个性化定制”的需要。由于新技术的大量采用以及客户对产品个性化需要，零部件制造商和总装厂之间的关系，已经不是简单的“卫星厂和总装厂”，或者“一对一”的紧密合作关系。总装厂与零部件供应商之间将出现“多与多”的对应关系。如此一来，传统的“合作伙伴”理念，在如此复杂多变的产业格局中，就显得较为狭窄。技术革新和合作战略，是影响汽车业客户与供应商双边关系的关键因素。因此，汽车行业制造模式与供应模式的转变，在信息化大背景下显得尤其重要。精益生产的精髓，在于不折不扣地将这些原则当作制造战略的根本。在世界先进制造企业推行以丰田方法为核心的精益制造体系 40 年后，国际汽车计划项目（IMVP）的研究表明精益制造与大规模生产有显著区别。

在大多数情况下，就从事同一项工作而言，大量生产模式下，制造商所付出的努力是精益制造生产的 2 倍。这些大量浪费的无效工作主要集中在重复劳动、修复不合格产品上。事实上，精益制造思想已经延伸到了设计领域和物流领域，而且传统的所谓“合作伙伴关系”给进一步优化制造业产业链带来了内在弊端。原来的伙伴关系是基于大规模生产的假设。在越来越个性化定制的制造环境和制造要求下，核心总装厂周围有一大批忠心耿耿的“卫星”供应商，本身就是一种低效和浪费的格局。

美国通用公司的调查发现，通用体系中子公司提供的零部件价格要比独立供应商高 50%。在信息化和全球化进程中，传统制造业的两大特征受到挑战，一个是以总装厂为核心的供应链一体化组织形态；另一个就是大规模制造模式。挑战的力量源泉，来自精益思想，即精益制造和精益供应链。

案例讨论与思考

1-1 Mirong 公司为什么要进行供应链的改革，它具体的做法是什么？（提示：Mirong 公司的供应链改革是不是必须的，如果不改革其公司将会出现哪些问题？）

1-2 Mirong 公司进行的供应链改革，你认为对其他行业适用吗？（提示：它的改革是否具有普遍性？）

1-3 企业之间进行这种超越伙伴的关系，其实现起来的难点是什么？（提示：尽量从宏观和微观两个方面进行阐述。）

思 考 题

1-1 简述供应链管理的概念及其分类。

1-2 供应链的结构特征是什么？

1-3 何为供应链管理？简述供应链管理与传统管理的区别和联系。

1-4 为了实现对消费者需求快速、有效的响应，你认为供应链上各成员之间应建立一种怎样的关系？简述这种关系的内涵。

1-5 实施供应链管理战略有哪些策略可选用？请做具体说明。

1-6 为什么说供应链风险管理很重要？供应链风险管理的要点是什么？

2 采购管理

2.1 采购概述

2.1.1 采购的定义

有效的货物或服务的采购，对企业的竞争优势具有很大的影响。采购过程把供应链成员连接起来，保证供应链的供应质量。采购是流入物流（Inbound Logistics）的前端活动，采购管理做得好与不好，直接关系到供应链的整体绩效。此外，在许多行业中，原材料投入成本占总成本的比例很大，投入原材料的质量影响成品的质量，并由此影响顾客的满意度和企业的收益。因为采购对收入和供应链关系起着决定性的作用，所以就不难理解为什么采购管理越来越受到重视。

采购是一个复杂的过程，目前还很难对它进行统一的定义，根据环境的不同它可以有不同的定义。狭义地说，采购是企业购买货物和服务的行为。广义地说，采购是一个企业取得货物和服务的过程。然而，采购的过程并不仅仅是各种活动的机械叠加，它是对一系列跨越组织边界活动的成功实施。因此，对采购的定义可以是：用户为取得与自身需求相吻合的货物和服务而必须进行的所有活动。

著名管理学家迈克尔·波特在他的价值链理论中发现了采购的战略重要性。采购管理包括了对新的供应商的资质认定、各种不同投入物的采购和对供应商表现的监督，因而采购在供应链管理中起着重要的作用。

2.1.2 采购过程的组织与管理

不管采购的定义如何，我们可以给出一般的采购过程所包括的基本活动，这些活动对货物与服务的采购都是适用的。这些活动通常跨越企业内部的功能边界，如果在交易中不是所有职能部门的投入，就不能有效地完成采购过程。成功地实施这些活动，对买卖双方来说，都能取得尽量大的价值，因此它有助于供应链的价值最大化。

2.1.2.1 *确定或重新估计用户的需求*

采购一般是对新用户或老用户的需求做出反应。用户可以是企业外部的客户，也可以是企业内部的其他部门；既可以是集体用户（如企业或其他组织），也可以是最终消费者（个体）。采购活动是为了满足用户需求而进行的。用户的需求可以来源于订单，也可以来源于企业对市场需求的预测。在任何情况下，一旦需求被确认，采购过程就可以开始了。需求可以由企业的不同部门（如制造部或销售部），甚至由企业以外的人员来确定（如用户）。

2.1.2.2 定义和评估用户的需求

一旦需求确定下来，必须以某种可以衡量的标准形式来定义和表示采购对象。标准可以是简单的，比如对复印机的用纸可以是具有一定数量的白纸；对原材料可以是其重量计量单位（如吨或公斤）或记数单位（如多少个、多少件等）；对于高技术产品，其标准也可能会很复杂，不能简单表示为重量或件数。通过这些标准，采购专业人员可以把这些用户的需求告诉潜在的供应商。

2.1.2.3 自制与外购决策

在需求由外部供应之前，采购方应决定是由自己来制造产品或提供服务，还是通过购买来满足用户的需求。即使做出了自己制造或提供的决定，采购方也必须从外部供应商处购买某种类型的投入物。目前，这一步骤已变得越来越重要，因为越来越多的企业做出外包的决策，以便集中精力于自己的核心业务。

2.1.2.4 确定采购类型

采购的类型将决定采购过程所需的时间和复杂性。按时间和复杂程度不同，采购可以三种类型：

（1）直接按过去的惯例采购或重新采购。

（2）修正采购，需要对目前供应商或投入物做一些决定。

（3）全新采购，由全新的用户需求引起的采购。

2.1.2.5 进行市场分析

供应商可以处于一个完全竞争的供应市场情况（有许多供应商），抑或一个寡头市场（有个别大的供应商），或垄断市场（一个供应商）的情况。了解市场类型有助于采购专业人员决定市场供应商的数量、权力与依赖关系的平衡，确定哪种采购的方式最有效，如谈判、竞争投标等。有关市场类型的信息并不总是明显的，因此必须参阅有关历史资料、行业最新发展动态及行业协会信息，准确把握市场。

2.1.2.6 确定备选供应商

找出所有能满足用户需求的供应商作为备选对象。在这一阶段，也可以把过去未被选中的供应商也包括在内。在全球化的环境下，找出所有的供应商具有挑战性，需要进行一定的研究。如果企业很小，可以依靠常规使用的信息来源，如搜索引擎等。

2.1.2.7 初步评估可能的资源

通过初步评估，选择出可以满足用户需求的少数几家有实力的、优秀的供应商，以备进一步评估。在某些情况下，初步评估可能非常简单。例如，复印用纸，供应商可以定期检查手头有货或没有货；对计算机配件，可能还需要内部技术人员进行一系列的测试。

2.1.2.8 备选供应商的再评估

对于已经选择下来的少数优秀供应商，经过再评估后，就有可能确定哪家供应商最能满足用户的要求或期望。如果采购项目既简单又标准，并有足够数量的潜在供应商，这些活动可以通过竞争招标来实现。如果这些条件不存在，那就必须进行更加详细的评估，使用工程测试或模拟最终的使用情况。例如，对汽车的座位安全带进行测试。

2.1.2.9 选择供应商

供应商的选取决定了买卖双方将建立的关系，这一活动也决定了与未被选上的供应商之间的关系如何维持。实际选取将依据依次讨论的数据来进行，如质量、可靠性、服务水平、报价等。

2.1.2.10 采购执行的评价

供应商确定后，一旦完成相应的产品供应或服务之后，应对供应商的工作进行评价，以确定其是否真正满足本企业及用户的需求，这也是对采购进行“管理与控制”的活动。如果供应商的工作不能满足用户的需求，必须确定发生这些偏差的原因，并进行适当的纠正。以上这些活动在实施过程中都会受到采购专业人员控制范围以外因素的影响。这些影响可以决定每一个活动执行的效率，它包括企业之间、企业内部的因素及政府的影响等外部因素。比如，潜在供应商的财务问题会导致其他问题，并有可能推翻前面所做的工作，需要重新进行供应商的选择。

2.1.3 采购活动的作用

如图 2-1 所示，采购活动在供应链中起到连接制造商和供应商的纽带作用。制造商根据自己客户的订单制订出生产计划，然后根据生产计划产生物料需求计划，再根据物料需求计划产生采购计划。采购部门根据这些计划，开始准备报价单、选择供应商、订货、接收等一系列活动。这些活动将供应商行为与制造商的需求紧密联系起来。

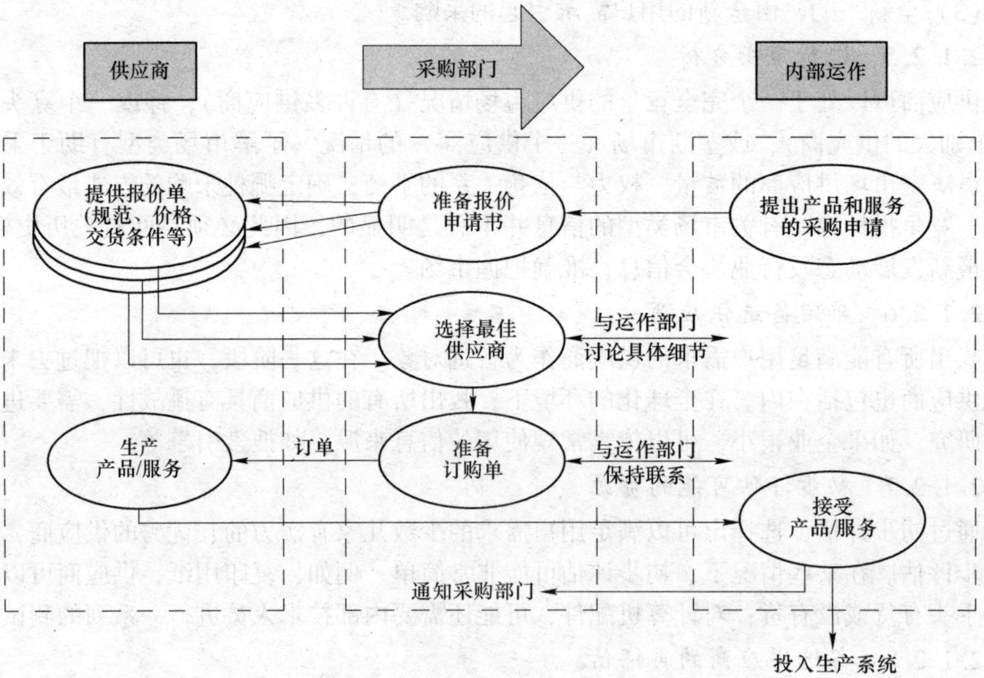

图 2-1 采购活动连接制造商和供应商

2.1.4 传统采购模式及问题

2.1.4.1 传统采购模式

传统的采购模式和基于供应链环境的采购模式存在很大差别。

图 2-2 为传统的一般采购原理示意图。传统采购的重点放在如何与供应商进行商业交易的活动上，其特点是比较重视交易过程中供应商的价格比较，通过供应商的多头竞争，从中选择价格最低的作为供应方。虽然质量、交货期也是采购过程中的重要考虑因素，但在传统的采购方式下，质量、交货期等都是通过事后把关的办法进行控制，如到货验收等，而采购过程的重点，尤其是确定供应商的时候，是放在价格的谈判上。因此在供应商与采购部门之间经常要进行报价、询价、还价等来回的谈判，并且多头进行，最后从多个供应商中选择一个价格最低的供应商签订合同，订单才决定下来。

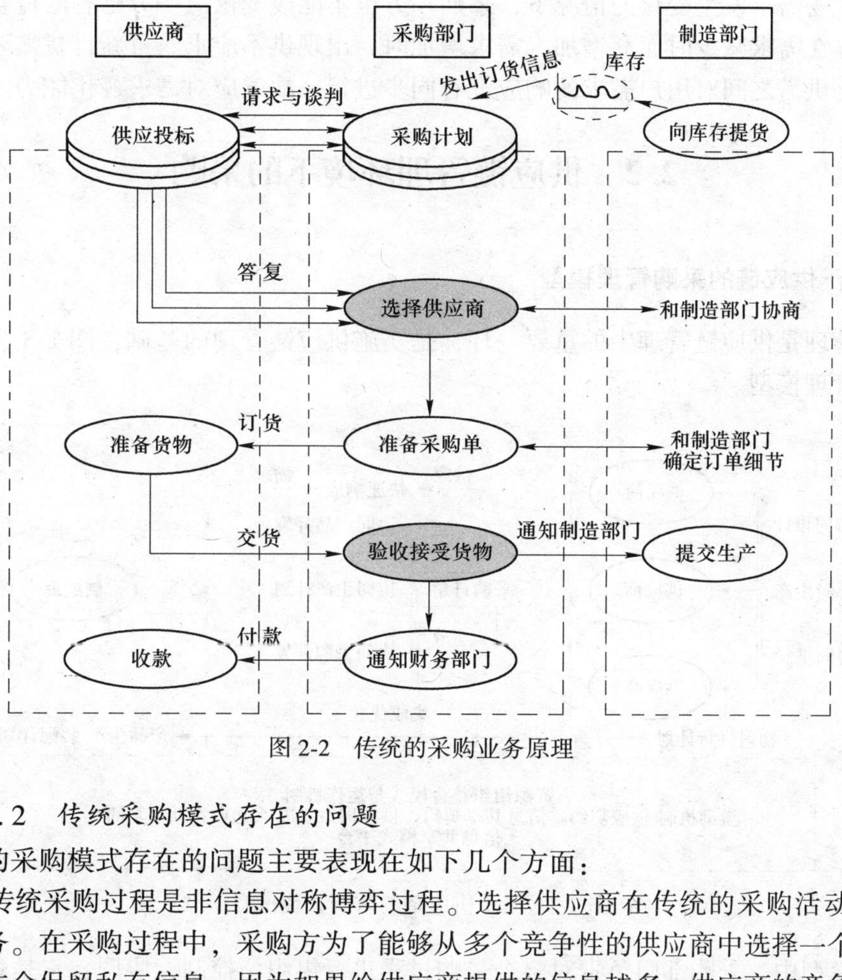

图 2-2 传统的采购业务原理

2.1.4.2 传统采购模式存在的问题

传统的采购模式存在的问题主要表现在如下几个方面：

(1) 传统采购过程是非信息对称博弈过程。选择供应商在传统的采购活动中是一个首要的任务。在采购过程中，采购方为了能够从多个竞争性的供应商中选择一个最佳的供应商，往往会保留私有信息。因为如果给供应商提供的信息越多，供应商的竞争筹码就越大，这样对采购一方不利，所以采购一方尽量保留私有信息，而供应商也会在和其他供应商竞争中隐瞒自己的信息。这样，采购、供应双方都没有进行有效的信息沟通，这就是信息不对称的博弈过程。

(2) 验收检查是采购部门一项重要的事后把关工作，质量控制难度大。质量与交货期是采购一方要考虑的两个重要因素，但在传统的采购模式下，要有效控制质量和交货期只能通过事后把关的办法，因为采购一方很难参与供应商的生产组织过程和有关质量控制活动，相互的工作是不透明的。在质量控制上，主要依靠对到货的检查验收，即所谓事后把关。这种缺乏合作的质量控制导致了采购部门对采购物品质量控制的难度增加。一旦出现不合格产品，即使能够检验出来，也可能会影响整个后续工作流程。

（3）供需关系是临时或短期的交易关系，竞争多于合作。在传统的采购模式中，企业通常将供应商看成竞争对手，是一种“零和竞争”模式。因此，供应与需求之间的关系是临时性的，或者短时期的合作，而且竞争多于合作。由于缺乏合作与协调，采购过程中各种抱怨和扯皮的事情比较多，很多时间消耗在解决日常问题上，没有更多的时间用来做长期性的计划工作。供需之间存在的这种缺乏合作的气氛加剧了运作中的不确定性。

（4）响应用户需求能力弱。由于供应与采购双方在信息的沟通方面缺乏及时的信息反馈，在市场需求发生变化的情况下，采购一方也不能改变供应一方已有的订货合同，因此采购一方在需求减少时库存增加，需求增加时，出现供不应求。重新订货需要增加谈判过程，因此供需之间对用户需求的响应没有同步进行，缺乏应对需求变化能力。

2.2　供应链管理环境下的采购

2.2.1　基于供应链的采购管理模型

采购管理是供应链管理中的重要一环，是实施供应链管理的基础，图 2-3 为基于供应链的采购管理模型。

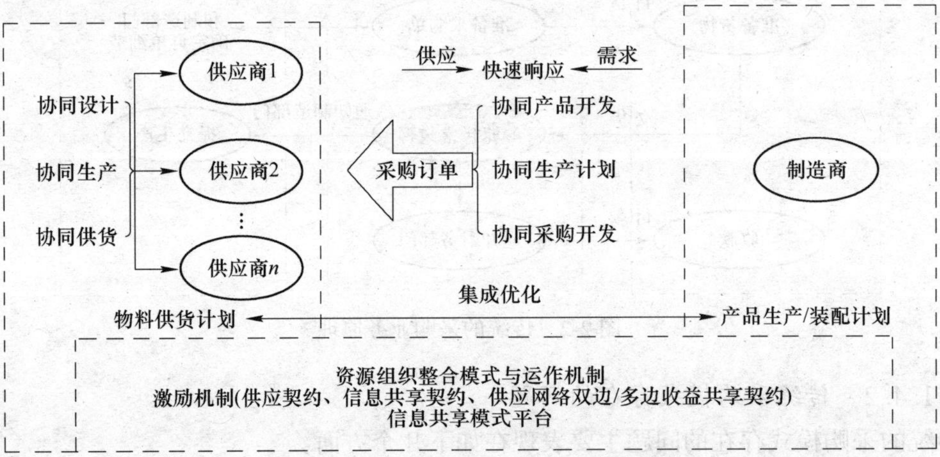

图 2-3　基于供应链的采购管理模型

在该模型中，采购部门负责对整个采购过程进行组织、控制、协调，它是企业与供应商联系的纽带。生产和技术部门通过企业内部的管理信息系统，根据订单编制生产计划和物资需求计划。供应商通过信息流，处理来自企业的信息，预测企业需求以便备货，当订单到达时按时发货，货物质量由供应商自己控制。这个模型的要点是以信息流降低库存，以降低库存推动管理优化，畅通的信息流是实现这个模型的必要条件。实现此模型的关键是畅通无阻的信息流和企业与供应商制订的长期合作契约。

2.2.2　供应链下采购模式的优化

企业的采购应该着眼于供应链的整体框架，考虑供应的速度、柔性、风险，优化采购模式，从单一的竞争性采购模式转变为集中采购、全球采购、准时化采购等多种模式及其优化组合，以增强供应链的竞争力。采购优化模式的主要形式有以下几种。

2.2.2.1 集中采购模式

集中采购是相对于分散采购而言的，即采购组织同时为多个企业实施采购，通过全面掌握多个企业的需求情况，与供应商签订统一合同，实现大批量订购，利用规模优势，提高议价能力，从而大大降低采购成本。

例如，2004 年，我国武钢、唐钢等大型钢铁企业联手和全球最大的多种资源矿业公司达成合作意向，成立合营企业并通过该公司在 25 年内每年向这几家钢铁企业提供约 1200 万吨铁矿砂。据估计，协议采购价格约为 25 美元/吨，到岸价约为 59 美元/吨，这与当时 120 美元/吨的澳矿到岸价相比，采购成本降低逾五成，极大地降低了企业的生产成本。

2.2.2.2 全球采购模式

利用全球的资源，基于电子商务交易平台，整合互联网技术与传统工业资源，在全世界范围内寻找供应商和质量最好、价格合理的产品。全球采购在地理位置上进一步拓展了采购的范围，也是大型企业全球化战略的必然要求。

例如，戴尔公司全球采购的实施是通过建立全球采购中心、设立众多国际采购网点提高采购效率，在全球范围内采购 5000 多种零部件。全球采购模式充分发挥了现代物流、信息流的功用，使戴尔公司的采购成本降到了最低。

2.2.2.3 准时化采购模式

准时化生产的基本思想是只在需要的时候，按需要的量生产所需的产品，是在多品种、小批量混合生产条件下高质量、低消耗的生产方式，其核心是追求无库存的生产系统或使库存最小化。所以，准时化采购模式建立在供需双方互利合作的战略伙伴关系的基础上，当需求方产生对原材料或半成品的需求时，就有能力适时地从供应商处得到质量可靠的所需物料。

准时化采购模式对于降低原材料和外购件的采购价格，大幅减少原材料和外购件的库存，提高生产率等方面作用明显。例如，生产复印机的美国施乐公司（Xerox）通过实施准时化采购，使采购价格下降了 40%~50%，库存减少了 40%，劳动生产率提高了 2%。

2.2.3 基于供应链的采购管理与传统采购管理的异同

在供应链管理的环境下，企业的采购方式和传统的采购方式有所不同。这些差异主要体现在如下几个方面。

2.2.3.1 从为库存而采购向为订单而采购转变

在传统的采购模式下，采购的目的很简单，就是为了补充库存，即为库存而采购。采购部门并不关心企业的生产过程，不了解生产的进度和产品需求的变化，因此采购过程缺乏主动性，采购部门制订的采购计划很难适应制造需求的变化。在供应链管理模式下，采购活动是以订单驱动方式进行的，制造订单是在用户需求订单的驱动下产生的，然后制造订单驱动采购订单，采购订单再驱动供应商，如图 2-4 所示。这种准时化的订单驱动模式使供应链系统得以准时响应用户的需求，从而降低了库存成本，提高了物流的速度和库存周转率。

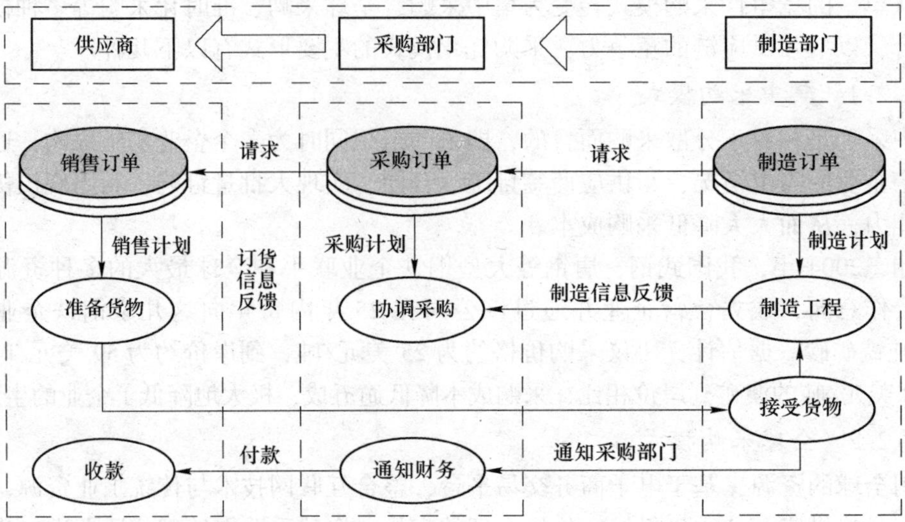

图 2-4 订单驱动的采购业务原理

订单驱动的采购方式有如下特点：

(1) 由于供应商与制造商建立了战略合作伙伴关系，订立供应合同的程序大大简化，不再需要双方询盘和报盘的反复协商，交易成本也大为降低。

(2) 在同步化供应链计划的协调下，制造计划、采购计划、供应计划能够并行进行，缩短了用户响应时间，实现了供应链的同步化运作。采购与供应的重点在于协调各种计划的执行，使制造计划、采购计划、销售计划保持同步。

(3) 采购物资直接进入制造部门，减少了采购部门的工作压力和不增加价值的活动过程，实现了供应链精细化运作。

(4) 信息传递方式发生了变化。在传统采购方式下，供应商对制造过程的信息不了解，也无须关心制造商的生产活动，但在供应链管理环境下，供应商能共享制造部门的信息，提高了供应商的应变能力，减少了信息失真，同时在订货过程中不断进行信息反馈，修正订货计划，使订货与需求保持同步。

(5) 实现了面向过程的作业管理模式的转变。订单驱动的采购方式简化了采购工作流程，采购部门的作用主要是加强供应与制造部门之间的联系，协调供应与制造的关系，为实现精细采购提供基础保障。

2.2.3.2 从采购管理向外部资源管理转变

在建筑行业中，当采用工程业务承包时，为了对承包业务的进度与工程质量进行监控，负责工程项目的部门会派出有关人员深入承包工地，对承包工程进行实时监管。这种方法也适用于制造企业的采购业务活动，这是将事后把关转变为事中控制的有效途径，即供应管理或者外部资源管理（Sourcing Management）。

那么，为什么要进行外部资源管理，以及如何进行有效的外部资源管理？

正如前面所指出的，传统采购管理的不足之处就是与供应商之间缺乏合作，缺乏柔性和对需求快速响应的能力。准时化思想对企业的物流管理提出了严峻的挑战，需要改变传统的单纯为库存而采购的管理模式，提高采购的柔性和市场响应能力，增加与供应商的信息联系和相互之间的合作，建立新的供需合作模式。

一方面，在传统的采购模式中，供应商对采购部门的要求不能得到实时地响应；另一方面，关于产品的质量控制只能进行事后把关，不能进行实时的控制，这些缺陷使供应链节点企业无法实现同步化运作。为此，供应链管理采购模式的第二个特点就是实施有效的外部资源管理。

实施外部资源管理也是实施精细化生产和零库存生产的要求。供应链管理中的一个重要思想，是在生产控制中采用基于订单流的准时化生产模式，使供应链节点企业的业务流程朝着精细化生产努力，即实现生产过程的几个“零”化管理：零缺陷、零库存、零交货期、零故障、零（无）纸文书、零废料、零事故、零人力资源浪费。

供应链管理的思想就是系统性、协调性、集成性、同步性，外部资源管理是实现供应链管理的上述思想的一个重要步骤——企业集成。从供应链节点企业集成的过程来看，它是供应链节点企业从内部集成走向外部集成的重要一步。

要实现有效的外部资源管理，制造商的采购活动应从以下几方面着手进行改进：

(1) 和供应商建立一种长期的合作关系，一种互惠互利的合作关系，这种合作关系保证供需双方能够有合作的诚意和共同解决问题的积极性。

(2) 通过提供信息反馈和教育培训支持，在供应商之间促进质量改善和提供质量保证，传统采购管理的不足在于没有给予供应商有关产品质量保证方面的技术支持和信息反馈，在顾客化需求的今天，产品的质量是由顾客的要求决定的，不是简单地通过事后的把关所能解决的，因此，质量管理的工作需要在下游企业提出相关的质量要求的同时，及时把产品质量问题反馈给供应商，以便及时改进。对个性化产品的质量要提供有关技术培训工作，使供应商能够按照要求提供合格的产品和服务。

(3) 参与供应商的产品设计和产品质量控制过程。同步化运营是供应链管理的一个重要思想，通过同步化的供应链计划，使供应链各企业在响应需求方面采取一致行动，增强供应链的敏捷性。实现同步化运营的措施是并行工程。制造商企业应该参与供应商的产品设计和质量控制过程，共同制定有关产品质量标准等，使需求信息能很好地在供应商的业务活动中体现出来。

(4) 协调供应商的计划，一个供应商有可能同时参与多条供应链的业务活动，在资源有限的情况下，必然会造成多方需求争夺供应商资源的局面。在这种情况下，下游企业的采购部门应主动参与供应商的计划协调。在资源共享的前提下，保证供应商不至于因为资源分配不公而出现供应商抬杠的矛盾，保证供应链的正常供应关系、维护企业的利益。

(5) 建立一种新的有不同层次的供应商网络，并通过逐步减少供应商的数量、致力于与供应商建立合作伙伴关系。在供应商的数量方面，一般而言，供应商越少、越有利于双方的合作，但是企业的产品对零部件或原材料的需求是多样的，因此不同企业的供应商的数量不同。企业应该根据自己的情况选择适当数量的供应商，建立供应商网络，并逐步减少供应商的数量，致力于和少数供应商建立战略合作伙伴关系。

外部资源管理并不是采购一方（下游企业）的单方面努力就能取得成效的，需要供应商的配合与支持，为此，供应商也应该从以下几方面提供协作：

(1) 帮助拓展用户（下游企业）的多种战略。

(2) 保证高质量的售后服务。

（3）对下游企业的问题作出快速反应。

（4）及时报告内部发现的可能影响用户服务的问题。

（5）基于用户的需求，不断改进产品和服务质量。

（6）在满足自己的能力需求的前提下，提供一部分能力给下游企业——能力外援助。

2.2.3.3 从一般买卖关系向战略合作伙伴关系转变

供应链管理模式下采购管理的第三个特点，是供应方与需求方的关系从简单的买卖关系向双方建立战略合作伙伴关系转变。

在传统的采购模式中，供应商与需求企业之间是一种简单的买卖关系，因此无法解决全局性、战略性的供应链问题，而基于战略合作伙伴关系的采购方式为解决这些问题创造了条件。这些问题包括：

（1）库存问题。在传统的采购模式下，供应链的各级企业都无法共享库存信息，因此各级节点企业都独立地采用订货点技术进行库存决策，不可避免地产生了需求信息的扭曲现象，因此供应链的整体效率得不到充分的提升。但在供应链管理模式下，通过双方的合作伙伴关系，供应与需求双方可以共享库存数据，因此，采购的决策过程变得透明，减少了需求信息的失真。

（2）风险问题。供需双方通过战略合作伙伴关系，可以降低由于不可测的需求变化带来的风险，比如运输过程的风险、信用的风险、产品质量的风险等。

（3）降低采购成本问题。通过合作伙伴关系，供需双方都因为降低交易成本而获得好处。信息的共享避免了信息不对称决策可能造成的成本损失。

通过合作伙伴关系可以为双方共同解决问题提供便利的条件。通过合作伙伴关系，双方可以为制订战略性的采购供应计划而共同协商，不必为日常琐事消耗时间与精力。战略合作伙伴关系消除了供应过程的组织障碍，为实现准时化采购创造了条件。

2.3 准时化采购策略

2.3.1 准时化采购的基本思想

准时化采购也叫 JIT 采购法，是一种先进的采购模式，也是一种管理哲理。它的基本思想在恰当的时间、恰当的地点，以恰当的数量、恰当的质量提供恰当的物品。它是从准时制生产发展而来的，是为了消除库存和不必要的浪费而进行持续性改进。要进行准时制生产必须有准时的供应，因此准时化采购是准时制生产管理模式的必然要求。它和传统的采购方法在质量控制、供需关系、供应商的数目、交货期的管理等方面有许多不同，其中供应商的选择（数量与关系）、质量控制是其核心内容。

准时化采购包括供应商的支持与合作以及制造过程、货物运输系统等一系列的内容。准时化采购不但可以减少库存，还可以加快库存周转、降低提前期、提高购物的质量、获得满意交货等效果。

2.3.2 准时化采购对供应链管理的意义

准时化采购（JIT 采购）对于供应链管理思想的贯彻实施有重要的意义。从前一节的论述中可以看到，供应链环境下的采购模式和传统采购模式的不同之处，在于采用订单驱动的方式。订单驱动使供应与需求双方都围绕订单运作，也就实现了准时化、同步化运作。要实现同步化运作，采购与供应活动就必须是并行的，当采购部门产生一个订单时，供应商即开始着手物品的准备工作。与此同时，采购部门编制详细采购计划，制造部门也进行生产的准备过程，当采购部门把详细的采购单提供给供应商时，供应商就能将物资在较短的时间内交给用户。当用户需求发生改变时，制造订单又驱动采购订单发生改变，这样一种快速的改变过程，如果没有准时的采购方法，供应链节点企业将很难适应。因此，准时化采购增加了供应链的柔性和敏捷性。

综上所述，准时化采购策略体现了供应链管理的协调性、同步性和集成性，供应链管理需要准时化采购来保证供应链的整体同步化运作。

2.3.3 准时化采购的特点

从表 2-1 中可以看出，准时化采购和传统的采购方式有许多不同之处，其主要表现在如下几个方面。

表 2-1 准时化采购与传统采购的区别

项 目	准时化采购	传 统 采 购
采购批量	小批量，送货频率高	大批量，送货频率低
供应商选择	长期合作，单源供应	短期合作，多源供应
供应商评价	质量、交货期、价格	价格、质量、交货期
检查工作	逐渐减少，最后消除	收货、点货、质量验收
协商内容	长期合作关系、质量和合理价格	获得最低价格
运 输	准时送货、买方负责安排	较低的成本、卖方负责安排
文书工作	文书工作少，需要的是有能力改变交货时间和质量	文书工作量大，改变交货期和质量的采购单多
产品说明	供应商革新、强调性能、宽松要求	买方关心设计，供应商没有创新
包 装	小、标准化容器包装	普通包装，没有特别说明
信息交流	快速、可靠	一般要求

(1) 采用较少的供应商，甚至单源供应。传统的采购模式一般是多头采购，供应商的数目相对较多。从理论上讲，采用单供应源比多供应源好。一方面，供应商管理比较方便，也有利于降低采购成本；另一方面，有利于供需之间建立长期稳定的合作关系，质量上比较有保证。但是，采用单一的供应源也有风险，比如供应商因意外原因中断交货，以及供应商缺乏竞争意识等。

在实际工作中，许多企业也不是很愿意成为单一供应商的。原因很简单，一方面供应商是具有较强独立性的商业竞争者，不愿意把自己的成本数据披露给用户；另一方面供应商不愿意成为用户的一个产品库存点。实施准时化采购，需要减少库存，但库存成本原先是在用户一边，现在转移到供应商。因此，用户必须意识到供应商的这种忧虑。

(2) 对供应商的选择标准不同。在传统的采购模式中，供应商是通过价格竞争而选择的。供应商与用户的关系是短期的合作关系，当发现供应商不合适时，可以通过市场竞标的方式重新选择供应商。但在准时化采购模式中，由于供应商和用户是长期的合作关系，供应商的合作能力将影响企业的长期经济利益，因此对供应商的要求就比较高。在选择供应商时，需要对供应商进行综合评估，在评价供应商时价格不是主要的因素，质量是最重要的标准，这种质量不单指产品的质量还包括工作质量、交货质量、技术质量等多方面内容。高质量的供应商有利于建立长期的合作关系。

（3）对交货准时性的要求不同。准时化采购的一个重要特点是要求交货准时，这是实施精益生产的前提条件。交货准时取决于供应商的生产与运输条件。对供应商来说，要使交货准时，可从以下几个方面着手：一是不断改进企业的生产条件，提高生产的可靠性和稳定性，减少由于生产过程的不稳定导致的延迟交货或误点现象。作为准时化供应链管理的一部分，供应商同样应该采用准时制的生产管理模式，以提高生产过程的准时性。另外，为了提高交货准时性，运输问题不可忽视。在物流管理，运输问题是一个很重要的问题，它决定着准时交货的可能性。特别是全球化的供应链系统，运输过程长，而且可能要先后经过不同的运输工具、需要中转运输等，要进行有效的运输计划与管理，使运输过程准确无误。

（4）对信息共享的需求不同。准时化采购要求供应与需求双方信息高度共享，保证供应与需求信息的准确性和实时性。由于双方的战略合作关系，企业在生产计划、库存、质量等各方面的信息都可以及时进行交流，以便出现问题时能够及时处理。

（5）制订采购批量的策略不同。小批量采购是准时化采购的一个基本特征。准时化采购和传统采购模式的一个重要不同之处在于，准时制生产需要减少生产批量，直至实现“一个流生产”，因此采购的物资也应采用小批量办法。当然，小批量采购自然会增加运输次数和成本对供应商来说，这是很为难的事情，特别是供应商在国外等远距离的情形，在这种情况下实施准时化采购的难度就更大。解决的办法可以通过混合运输、代理运输等方式，或尽量使供应商靠近用户等办法。

2.3.4 准时化采购的基本原则

在供应链管理模式下，准时化采购工作的基本原则就是要做到五个恰当：恰当的数量、恰当的质量和时间、恰当的地点、恰当的价格、恰当的来源。

（1）恰当的数量。传统的采购模式中，采购活动主要是围绕补充库存而进行的，而在供应链管理模式下，采购活动是以订单驱动方式进行的。制造订单驱动采购订单，采购订单再驱动供应商。这种准时化的订单驱动模式，使供应链系统得以准时响应用户的需求，从而降低库存成本，提高了物流的速度和库存周转率。越来越多的企业近年来已逐步实行了订单驱动方式的采购方式。采购数量根据企业的订单计划而定，根据订单实际需求而采购，从而降低了库存成本，提高了经济效益。

（2）恰当的质量和时间。质量与交货期是采购一方要考虑的重要因素。传统的采购模式下，要有效控制质量和交货期只能通过事后把关的办法。因为采购一方很难参与供应商的生产组织过程和有关质量控制活动。相互的工作是不透明的，往往通过国际标准、国家标准等进行检查验收。而外部资源整合管理是实现供应链管理的系统性、协调性、集成性、同步性这些思想的一个重要步骤——企业集成，它是企业从内部集成走向外部集成的重要可以从以下几方面进行提高：

1）和供应商建立一种长期的、互惠互利的合作关系。这种合作关系确保了供需双方能够有合作的诚意和参与双方共同解决问题的积极性。

2）通过提供信息反馈和教育培训支持。及时把供应商的产品质量问题反馈给供应商，便于迅速解决问题。按照 ISO9000、ISO14000 和 ISO18000 的要求建立内外部信息交流渠道，双方及时进行各种信息交流。对个性化的产品提供有关技术资料，使供应商能够按照要求提供合格的产品和服务。对供应商进行 ISO14000 和 ISO18000 体系标准的培训，使其生产时符合国家环保和生产安全等方面的要求。

3）参与供应商的产品质量控制过程。在选择供应商时，选择那些质量管理体系完善（通过 ISO9000 的企业优先）、设备先进、技术国内领先的企业作为合作伙伴。定期对供应商进行考察、评定。主要考察其计量、质量、技术管理水平、产品合格率、设备技术状况等。制定各种严格的标准要求，促使供应商提高产品质量。

（3）恰当的地点。在选择产品交货地点时，应考虑到各种因素，如价格、时间、产品种类。

（4）恰当的价格。物资价格的确定是采购时的重要环节，为保证物资价格的恰当、合理，可以从以下几方面来确定价格：采取大宗原材料、辅助材料、包装材料集中招投标；对于质量价格合理长期合作的供应商优先考虑；通过信息交流和分析，考察供求关系，了解物资价格的变动趋势。

（5）恰当的来源。传统的采购模式中，供应与需求之间的关系是临时性的，没有更多的间用来做长期性的预测与计划工作，而在供应链管理模式下供应与需求的关系从简单的买卖关系向双方建立战略合作伙伴关系转变。战略性的合作伙伴关系，消除了供应过程的各种障碍，为实现准时化采购创造了条件。可以降低由不可预测的需求变化带来的风险，比如运输过程的风险、信用风险、产品质量的风险等。通过合作伙伴关系，双方可以为制订战略性的采购供应计划共同协商，不必要为日常项事消耗时间与精力。

2.3.5 准时化采购的方法

前面分析了准时化采购法的特点和优点，从中我们看到准时化采购方法和传统采购方法的一些显著差别，要实施准时化采购法，以下三点是十分重要的：

（1）选择最佳的供应商，并对供应商进行有效管理是准时化采购成功的基石。

（2）供应商与用户的紧密合作是准时化采购成功的钥匙。

（3）在卓有成效的采购过程中，质量控制是准时化采购成功的保证。

在实际工作中，如果能够根据以上三点开展采购工作，那么成功实施准时化采购的可能性就很大了。

如何有效地实施准时化采购呢？下面几点可以作为实施准时化采购的参考：

（1）创建准时化采购班组。世界一流企业的专业采购人员有三个责任：寻找货源、商定价格、发展与供应商的协作关系并不断改进。因此，专业化的高素质的采购队伍对实施准时化采购至关重要。为此，首先应成立两个班组。一个是专门处理供应商事务的班组，该班组的任务是认定和评估供应商的信誉、能力，与供应商谈判签订准时化订货合同，向供应商发放免检签证等，同时要负责供应商的培训与教育。另外一个班组是专门从事消除采购过程中的浪费的班组。这些班组人员，对准时化采购的方法应有充分的了解和认识，必要时应进行培训；如果这些人员本身对准时化采购的认识和了解都不彻底，就不可能指望供应商的合作了。

（2）制订计划，确保准时化采购策略有计划、有步骤地实施。要制订采购策略，以及改变供应商当前采购方式的措施，包括如何减少供应商的数量、供应商的评价、向供应商发放签证等内容。在这个过程中，要与供应商一起商定准时化采购的目标和有关措施，保持经常性的信息沟通。

（3）精选少数供应商，建立伙伴关系。选择供应商应从这几个方面考虑：产品质量、供货情况、应变能力、地理位置、企业规模、财务状况、技术能力、价格，以及其他供应商的可代替性等。

（4）进行试点工作。先从某种产品或某条生产线的试点开始，进行零部件或原材料的准时化供应试点。在试点过程中，取得企业各个部门的支持是很重要的，特别是生产部门的支持。通过试点，总结经验，为正式的准时化采购实施打下基础。

（5）搞好供应商的培训，确定共同目标。准时化采购是供需双方共同的业务活动，单靠采购部门的努力是不够的，需要供应商的配合，只有供应商也对准时化采购的策略和运作方法有了认识和理解，才能获得供应商的支持和配合，因此需要对供应商进行教育培训。通过培训大家取得一致的目标，相互之间就能够很好地协调，做好采购的准时化工作。

（6）向供应商发产品免检合格书。准时化采购和传统采购方式的不同之处在于买方不需要对采购产品进行过多的检验手续，要达到这一点，需要供应商能够提供百分之百的合格产品。当其做到这一要求时，即发给免检手续的免检证书。

（7）实现配合准时制生产的交货方式。准时化采购的最终目标是实现企业的生产准时化，为此要实现从预测的交货方式向准时化适时交货方式转变。

（8）持续改善、扩大成效。准时化采购是一个不断完善和改进的过程，需要在实施过程中不断总结经验教训，从降低运输成本、提供交货的准确性、提高产品的质量、降低供应商库存等各个方面进行改进，不断提高准时化采购的运作绩效。

2.3.6 准时化采购实践分析

为了对准时化采购的目的、意义和影响因素有一个初步的了解，美国加利福尼亚州立大学研究生曾对汽车、电子、机械等领域的企业经营者的准时化采购效果进行了一次问卷调查，共调查了67家美国企业。这些企业有大有小，其中包括著名的3COM企业、惠普公司、苹果公司等。这些公司有的是制造商，有的是分销商，有的是服务业，调查的对象为公司的采购与物料管理经理。调查内容分别见表2-2~表2-5。

表2-2 准时化采购成功的关键因素

问 题	肯定回答/%
和供应商的相互关系	51.5
管理的措施	31.8
适当的计划	30.3
部门协调	25.8

续表 2-2

问　题	肯定回答/%
进货质量	19.7
长期的合同协议	16.7
采购的物品类型	13.6
特殊的政策与惯例	10.6

表 2-3　准时化采购解决的问题

问　题	肯定回答/%
空间减少	44.8
成本减少	34.5
改进用户服务	34.5
及时交货	34.5
缺货问题	17.2
改进资金流	17.2
提前期减少	10.3

表 2-4　实施准时化采购的困难因素

问　题	肯定回答/%
缺乏供应商的支持	23.6
部门之间协调性差	20.0
缺乏对供应商的激励	18.2
采购物品的类型	16.4
进货物品质量差	12.7
特殊政策与惯例	7.1

表 2-5　与供应商有关的准时化采购问题

问　题	肯定回答/%
很难找到好的供应商	35.6
供应商不可靠	31.1
供应商太远	26.7
供应商太多	24.4
供应商不想频繁交货	17.8

准时化采购从以上调查报告不难看出以下几个方面的结论：

(1) 准时化采购成功的关键是与供应商的关系，而最困难的问题也是缺乏供应商的配合。供应链管理所倡导的战略伙伴关系为实施准时化采购提供了基础性条件，因此在供应链环境下实施准时化采购比传统管理模式下实施准时化采购更具现实意义和可能性。

(2) 难找到“好”的合作伙伴是影响准时化采购的第二个重要因素，如何选择合适的供应商就成了影响准时化采购的重要条件。在传统的采购模式下，企业之间的关系不稳定，具有风险性，影响了合作目标的实现。供应链管理模式下的企业是协作性战略伙伴，因此为准时化采购奠定了基础。

（3）缺乏对供应商的激励是准时化采购的另外一个影响因素。要成功地实施准时化采购，必须建立一套有效的供应商激励机制，使供应商和用户一起分享准时化采购的好处。

（4）准时化采购不单是采购部门的事情，企业的各部门都应为实施准时化采购创造有利的条件，为实施准时化采购而共同努力。

我国企业的采购管理情况如何？图 2-5 是国内某研究所对我国企业采购管理现状的调查结果图 2-5 中显示了不同的企业供应商的供货准时率情况。

从图 2-5 中可以看出，有 17. 96%的企业认为供应商供货很准时，27. 96%的企业认为供应商供货准时，38. 57%的企业认为供应商供货比较准时，13. 68%的企业认为供应商供货不准时，1. 82%的企业认为供应商供货很不准时。大部分企业对供应商的供货准时情况反映较好，只有少数企业认为供应商供货不准时。

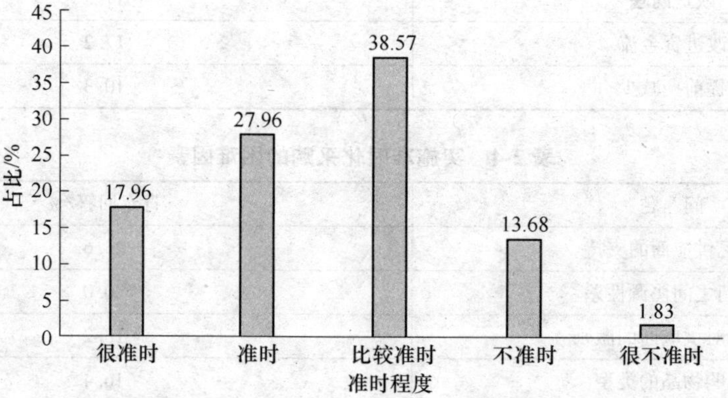

图 2-5 我国企业供应商的供货准时率

虽然我国企业交货准时情况评价还不错，但从总体来看，我国企业实施准时化采购的基础性条件比较差，特别是企业间的合作方面有待加强。

2.4 供应商关系管理

2.4.1 供应商关系管理

2.4.1.1 基本概念

SRM 是供应商关系管理（Supplier Relationship Management，SRM）的英文缩写。正如当今流行的客户关系管理（Customer Relationship Management，CRM）用来改善与客户的关系一样，它是一种用来改善企业与供应商关系的管理理念和软件系统，即如何与供应链的上游企业结成长期、稳固的战略伙伴，实现业务往来间的紧密联系和协同运作，既经济又准确地获得最好的策略资源，使供应商及其资源能够更有效地参与到自己的产品设计和生产制造，甚至是投放市场的过程中，以降低成本，减少库存，缩短产品开发、生产和投放市场的周期。

2.4.1.2 供应商关系管理思想的提出

企业业务对外的两个最重要的出口就是广义的“买”和“卖”。在“卖”的方面，20世纪末，管理软件供应商纷纷推出了CRM产品，企业也开始利用这种管理思想和工具来更好地开拓市场，提高客户的忠诚度，争取新客户和维护老客户。

然而，在“买”的方面，即与供应商的关系方面，却一直未能引起企业的重视。也许是由于买方市场的存在，买家认为只要我有购买需求，就会有卖家上门来，企业无须花太多的功夫去关心与供应商之间的关系。

在21世纪，随着资源在全球范围内调配，当众多企业发现彼此的贡献可以合成一种新能力并产生综合效益时，就隐含着供应商之间的合作与创意共享。这种与供应商合作创造的市场价值，是业务合作中的一个重要问题。

在20世纪80年代末的西方市场，服装与食品配销业的供应链都在运作模式上共谋合作，例如，快速反应和有效客户反应彻底改造了运送品质和响应能力。今天，就像与客户之间的伙伴关系一样，与其他供应商之间的伙伴关系改变了企业间彼此合作的方式。例如，当微软公司与英特尔公司整合力量共同开发微电脑芯片与操作系统时，它们一起改写了个人电脑行业的版图；零售商和分销商以及制造商高效率地运用高科技的伙伴关系，使得诸如从剪羊毛到将成衣挂到衣架上这样的业务过程只需很少的步骤和时间。

企业的首席采购执行官（Chief Procurement Officer，CPO）经常负责管理企业数亿乃至数十亿美元的预算。全球化使得采购过程发生了巨大的变化，导致传统的管理方法和工具已变得力不从心。现在，影响采购业务流程的因素有利润、采购提前期、业务外包、企业的兼并和重组、产品生命周期等。

如何选择供应商，控制库存量，在降低库存的同时又能为生产不同产品提供保障；如何使供应商积极参与和加入到产品的设计过程中，为工程更改提供快速的响应支持，以不断加快产品创新的节奏，缩短产品从研发到投放市场的时间；如何在动态环境中面对组织结构、业务流程不断变化的情况，实现快速适应和调整；同时，企业财务上的压力比以往更大，这就要求在条件合适的情况下，尽可能采用外包方式，以便将主要精力集中在核心技能上，从而保持资产的有效配置和对市场状况的敏捷反应。降低成本和保障供应依然是CPO的首要目标，同时，他们的肩上又多了一些新的担子，其中包括增加收入。这些影响因素都需要CPO使出浑身解数来应对，并确保由供应市场实现创新。

实现所有这些目标的基础，就是要有效地利用供应商关系。有关机构对《财富》1000强公司的大量研究表明，在新产品推介过程中，越早让供应商参与其中，整个项目所节省的资金也就越多。因此，一些公司积极寻求机会，与其供应商建立合作关系，共享计划、产品设计和规范信息，以及运作方式上的改进；只要有利，就采取外包的方式，这样的公司已经取得了明显的竞争优势。随着产品生命周期的缩短，从一开始就做好设计、货源组织、计划制订和物料生产工作至关重要，通过开拓更广泛、更灵活、响应更积极的供应商关系，主导公司获得了新的增长点，同时也建立起能够增加盈利的新商业模式。这些在全世界居于主导地位的公司将优秀的采购管理能力视为可持续竞争优势的一种原动力。

为了取得突破性成绩，这些业绩最好的公司采取了一系列广泛的货源组织策略，从批量采购、评估最优价格、全球货源组织、联合制定产品规格、改进经营流程到关系重组。这些管理思想上的先行者已经得到了实实在在的、可以量化的回报，见表2-6。

表2-6 业绩最好的公司与总体平均水平的比较

项　目	业绩最好的公司	总体平均水平
平均资产回报率/%	40	18
总资产周转率	9.8	2.9
运营费用节约/%	27	6

2.4.1.3 供应商关系管理的重要性

对许多组织而言，与其他供应商之间的伙伴关系已成为物品与服务传递的主要模式。研究表明，至少有两个强烈的理由支持这种模式。

（1）效率与规模经济。人们发现，供应商可以通过与同业的伙伴关系，运用科技的力量合力削减成本与改善效率，这在零售业中尤其盛行。例如，JC 彭尼（J. C. Penney）将其存货控制和产品补充系统与其他供应商整合在一起，这样供应链上的企业可以利用各自的能力与资源，减少重叠的成本。

（2）新市场价值。在某些产业中，供应链上企业之间的伙伴关系进入了一个更新的层次，整合力量创造更多的市场价值。也就是说，企业之间整合彼此的核心能力，研发新的产品或推出新的方案，在最高的层次中，这种核心能力的整合甚至会扭转整合产业的方向。例如，苹果、IBM与摩托罗拉公司合作共同创造 Power PC 以及其他产品。

供应商关系管理是供应链采购管理中一个很重要的问题，它在实现准时化采购中有很重要的作用。

在物流与采购中提出客户关系管理并不是什么新概念。在传统的市场营销管理中早就提出了关系营销的思想，但是在供应链管理环境下的客户关系和传统的客户关系有很大的不同。市场营销中的客户指的是最终产品的用户，而这里的客户是指供应商，而不是最终用户。另外，从供应商与客户关系的特征来看，传统企业的关系表现为三种：竞争性关系、合同性关系（法律性关系）、合作性关系，而且企业之间的竞争多于合作，是非合作性竞争；供应链管理环境下的客户关系是一种战略性合作关系，提倡一种双赢机制。从传统的非合作性竞争走向合作性竞争、合作与竞争并存是当今企业关系发展的一个趋势。

2.4.2 两种供应商关系模式

在供应商与制造商关系中，存在两种典型的关系模式：传统的竞争关系和合作性关系（或者叫双赢关系）。两种关系模式的采购特征有所不同。

竞争关系模式是价格驱动的，这种关系的采购策略表现为：

（1）买方同时向若干供应商购货，通过供应商之间的竞争获得价格好处，同时也可以保证供应的连续性。

（2）买方通过在供应商之间分配采购数量对供应商加以控制。

（3）买方与供应商保持一种短期合同关系。

双赢关系模式是一种合作的关系，这种供需关系最先在日本企业中采用。它强调在合作的供应商和生产商之间共享信息，通过合作和协商协调相互的行为。

(1) 制造商对供应商给予协助，帮助供应商降低成本、改进质量、加快产品开发进度。

(2) 通过建立相互信任的关系提高效率，减少交易/管理成本。

(3) 通过长期的信任合作取代短期的合同。

(4) 更加充分的信息交流，实现信息共享。

上一节介绍的准时化采购采用的模式就是合作性的关系模式，供应链管理思想的集中表现就是合作与协调性，因此建立一种双赢的合作关系对于实施准时化采购是很重要的。

2.4.3 双赢关系对实施准时化采购的意义

从前面对准时化采购原理和方法的探讨中可以看到，供应商与制造商的合作关系对于准时化采购的实施是非常重要的。只有建立良好的供需合作关系，准时化策略才能得到彻底贯彻落实，并取得预期的效果。图 2-6 显示了准时化采购中供需合作关系的作用与意义。

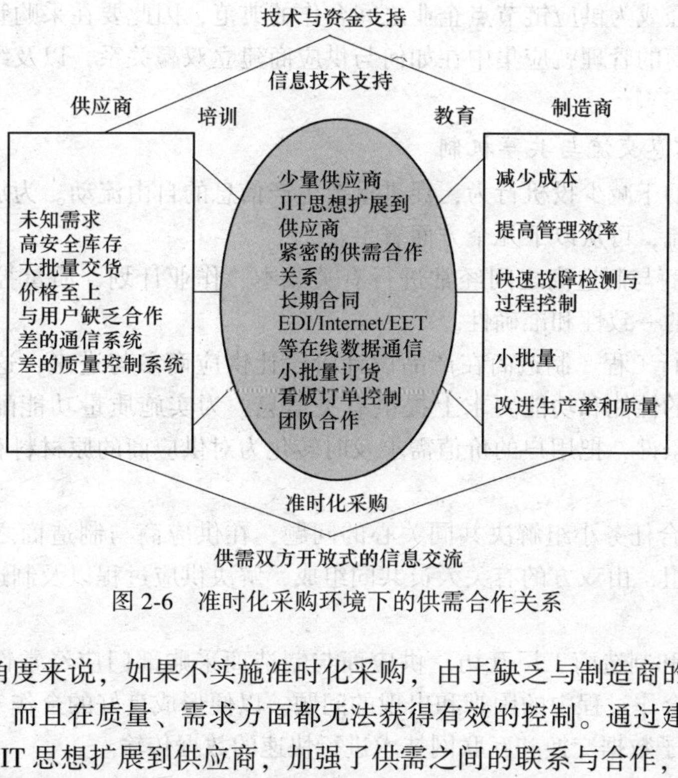

图 2-6 准时化采购环境下的供需合作关系

从供应商的角度来说，如果不实施准时化采购，由于缺乏与制造商的合作，库存、交货批量都比较大，而且在质量、需求方面都无法获得有效的控制。通过建立准时化采购策略，把制造商的 JIT 思想扩展到供应商，加强了供需之间的联系与合作，在开放性的动态信息交互下，面对市场需求的变化，供应商能够作出快速反应，提高了供应商的应变能力。对制造商来说，通过与供应商建立合作关系，实施准时化采购，管理水平得到提高，制造过程与产品质量得到有效的控制，成本降低，制造的敏捷性与柔性增强。

概括起来，双赢关系对于采购中供需双方的作用表现在：

(1) 供应商方面。

1) 增加对整个供应链业务活动的共同责任感和利益的分享。

2) 增强对未来需求的可预见性和可控能力，长期的合同关系使供应计划更加稳定。

3）客户的成功有助于供应商的成功。

4）高质量的产品增强了供应商的竞争力。

（2）制造商方面。

1）增强对采购业务的控制能力。

2）通过长期的、有保证的订货合同保证了采购要求的满足；

3）减少和消除了不必要的购进产品的检查活动。

建立互惠互利的合同是巩固和发展供需合作关系的根本保证。互惠互利包括双方的承诺、信任、持久性。信守诺言是商业活动成功的一个重要原则，没有信任的供应商或没有信任的采购客户，都不可能产生长期的合作关系，即使建立起合作关系也是暂时的。持久性是保持合作关系的保证，没有长期的合作，双方就没有诚意作出更多的改进和付出。机会主义和短期行为将对供需合作关系产生极大的破坏作用。

2.4.4 双赢供应商关系管理

双赢关系已经成为供应链节点企业之间合作的典范，因此要在采购管理中体现供应链的思想，对供应商的管理就应集中在如何与供应商建立双赢关系，以及维护和保持双赢关系上。

2.4.4.1 信息交流与共享机制

信息交流有助于减少投机行为，促进重要生产信息的自由流动。为加强供应商与制造商之间的信息交流，可从以下几个方面着手：

（1）在供应商与制造商之间经常进行有关成本、作业计划、质量控制信息的交流与沟通，保持信息的一致性和准确性。

（2）实施并行工程，制造商在产品设计阶段让供应商参与进来，这样供应商可以在原材料和零部件的性能和功能要求上提供有关信息，为实施质量功能配置（QFD）的产品开发方法创造条件，把用户的价值需求及时转化为对供应商的原材料和零部件质量与功能的要求。

（3）建立联合任务小组解决共同关心的问题，在供应商与制造商之间应建立一种基于团队的工作小组，由双方的有关人员共同组成，解决供应过程以及制造过程中遇到的各种问题。

（4）供应商和制造商工厂互访。供应商与制造商采购部门应经常性地互访，及时发现和解决各自在合作过程中的困难和出现的问题，以便形成良好的合作气氛。

（5）使用电子数据交换和互联网技术进行快速的数据传输。

2.4.4.2 供应商的激励机制

要保持长期的双赢关系，对供应商的激励是非常重要的，没有有效的激励机制，就不可能维持良好的供应关系。在激励机制的设计上，要体现公平、一致的原则。给予供应商价格折扣和柔性合同，以及采用赠送股权等，使供应商和制造商分享成功，同时也使供应商从合作中体会到双赢机制的好处。

2.4.4.3 合理的供应商评价方法和手段

要进行供应商的激励，就必须对供应商的业绩进行评价，使供应商不断改进。没有合理的评价方法，就不可能对供应商的合作效果进行评价，这将大大挫伤供应商的合作积极性和合作稳定性。对供应商的评价要抓住主要指标或问题，比如交货质量是否改善，提前期是否缩短，交货的准时率是否提高等。通过评价，把结果反馈给供应商，和供应商一起探讨问题产生的根源，并采取相应的措施予以改进。

2.4.5 与供应商订立长期契约

传统采购管理的过程控制是以买卖交易和合同执行结果为考核标准的。这种控制方式要在每次采购之前签订一个购销合同，这样就使供应商很难从长期发展的角度考虑双方的合作，追求短期效益的行为十分突出。

供应链的采购管理中的过程控制是基于长期契约进行的。这种长期契约与传统合同所起的那种约束功能不同，它是维持供应链的一条纽带，是企业与供应商合作的基础。它提供一个行为规范。这个规范不但供应商应该遵守，而且企业自己也必须遵守。长期契约应该包含以下内容：

(1) 损害双方合作的行为的判定标准，以及此行为要受到的惩罚。企业与供应商的长期合作实现是基于供应链的采购管理，任何有损合作的行为都是有害的，不管此行为是供应商引起的，还是企业自己引起的。因此，对这种行为的判定和惩罚是契约的必要组成部分。

(2) 激励条款。对供应商的激励是能否使供应商参与此供应的一个重要条件，为供应商提供只有参与此供应链才能得到的利益是激励条款必须表现的。此外，激励条款还应包含激励供应商提高包括质量控制水平、供货准时水平和供货成本水平等业务水平的内容，因为供应商业务水平的提高意味着采购过程更加稳定可靠，而且费用随之降低。

(3) 与质量控制相关的条款。在基于供应链的采购管理中，质量控制主要是由供应商进行的，企业只在必要时对质量进行抽查。因此，关于质量控制的条款应明确质量职责，还应激励供应商提高其质量控制水平。对供应商实行免检，是对供应商质量控制水平的最高评价。契约中应指出实行免检的标准和对免检供应商的额外奖励，以激励供应商提高其质量控制水平。

(4) 对信息交流的规定。供应链节点企业之间任何有意隐瞒信息的行为都是有害的，充分的信息交流是基于供应链的采购管理良好运作的保证。因此，契约应对信息交流提出保障措施、例如规定双方互派通信员和每月举行信息交流会议等，防止信息交流出现问题。

此外，还应该强调的一点是，契约应是合作双方共同制订的，双方在制订契约时处于相互平等的地位。契约在实行一段时间后应考虑进行修改，因为实际环境会不断变化，契约在制订初期也会有不合适的地方，因此适当的修改和增减是必要的。

2.4.6 采购优化的应用实例

联想集团基于供应链的采购管理优化是企业采购模式优化的成功案例。作为 IT 行业的龙头企业，联想集团每年的采购金额为 100 多亿美元。联想集团在采购流程中面临的主要问题是原材料价格波动性较大、客户需求个性化日益强烈、供应商寡头垄断等。

针对这些问题，联想集团在供应链和采购方面采取了一体化的运作体系，以加强企业内部的协同。

首先，在协同作业上，将采购、生产、分销以及物流整合成统一的系统，整个集团形成统一的采购策略。其次，科学地推进与供应商的协同管理。集团有约300家供应商，物料的采购面向国内外，拥有非常复杂的供应链体系，联想集团采取全程紧跟策略，在供应商端设立相应的采购平台、加强日常管理。

在与供应商合作关系的管理上，确定供应商的总体策略，例如价格成本以及采购比例的控制等；引入淘汰机制，签署框架协议；对于重要零部件的上游供应商进行管控，定期对供应商工厂生产线进行审核；对供应商财务状况进行分析等。

在采购绩效评价方面，坚持对采购管理和绩效进行定期评估。评估主要是从质量、服务、成本等方面来进行，然后根据评估的结果对日常采购进行管理。

通过采购模式的优化，联想集团逐渐由传统的采购管理转变为供应链采购管理，降低了供应链运行成本。

案例分析

从通用物料着手，阿美特克借电子采购平台提升供应链管理水平

20世纪90年代中期，当沃尔特·布兰克利（Walter Blankley）出任阿美特克公司（Ametek）主席时，制定了包括新产品开发、卓越经营、全球化发展、战略兼并和结盟在内的四部分增长计划。在这些增长计划的推动下，这家以制造电子仪器和电动机起家的公司发展为市值10亿美元的公司，拥有8000名员工、15个事业部和全球57家工厂。但随着公司规模不断扩大，阿美特克认识到自身存在一些严重的不足，尤其是在供应链管理方面。由于未能有效利用供应商的力量，阿美特克在2000年丧失了节约成本的机会。该公司副总裁兼首席信息官威廉·劳森（Willian Lawson）认为，问题的症结在于，尽管公司每年的采购规模高达5亿美元，但从来没有制订一套集中采购战略来指导采购活动。

竞争的压力迫使阿美特克开始寻找降低成本的方式，管理者不能再忽略集中采购功能可能带来的节约。于是，阿美特克针对每一个产品领域进行组织结构和采购管理流程的改造，并开始考虑采用电子采购方式来进行物料的采购。

和大多数第一次采用电子采购的公司一样，阿美特克决定先从办公物品等易于采购和在整个经营环节中通用的物料着手。阿美特克敏锐地发现，这些物料并不是终端产品的关键元器件。这意味着即使这部分物料出现问题，风险也不是很大。

但最先面临的挑战是：为了从更少的供应商那里获得更有利的价格和服务，阿美特克决定要制订集中采购方案，但又需要尽可能保持各事业部的自主运营。阿美特克向技术方案提供商甲骨文公司求助，由甲骨文公司提供一套价值评估系统。同时，阿美特克的业务伙伴IBM担任顾问的角色，帮助阿美特克分析需求和选择最优软件包。在评估结果的基础上，阿美特克选择了甲骨文公司的高级采购平台，该平台包括互联网采购和智能采购两部分。

采用甲骨文的互联网采购桌面询价工具，阿美特克能使用户自主访问已经经过谈判的间接物料目录。除实施甲骨文的电子采购平台之外，阿美特克还采用了甲骨文的“共享”

模式，该模式使阿美特克能够将一些不产生收入的业务集成到共享服务中心，如工资、应付账款、采购和库存管理。2007年年初，阿美特克任命该公司前任财务信息主管伊莱恩·戈尔曼（Elaine Gorman）担任新建的共享服务部副总裁。

一、整合供应商资源

选择了技术平台之后，阿美特克又通过其世界各地的事业部组织庞大的供应商和产品信息。由于阿美特克既没有企业级ERP系统，也没有标准化的财务程序和通用的认可供应商名单，该工作显得过于杂乱繁重。不过，阿美特克获得了邓白氏咨询公司（Dun&Bradstreet，D&B）的帮助。邓白氏公司为其汇总各经营事业部的供应商列表和支出资料。结果发现，通过对供应商的整合，阿美特克能将直接物料和间接物料的供应商从40000家减少至14000家。

收到邓白氏公司的分析结果后不久，阿美特克就收到一个运输承运伙伴要提高运费费率的警告。由于手头有新的数据，阿美特克向该承运伙伴展示了每一事业部与它合作的业务。最终，阿美特克不但避免了费率上涨，还通过谈判降低了费率。劳森说，这项整合所带来的节约相于阿美特克电子采购实施成本的一半。

二、借助第三方目录服务提供商

在理顺供应商资料的基础上，阿美特克的问题是如何管理其分类目录。最初，阿美特克计划与一家本地的网上分类目录内容管理公司合作，在它的帮助下建立初始化目录，然后使用自己的系统进行管理。但是，这项计划并不可行。“供应商和采购管理的问题非常广泛。”劳森说，“由于第三方目录提供商要供应商为整理内容的工作付费，我们在要求供应商转到这套目录内容系统时遇到了问题。”此外，公司的使用者还发现目录很不完整，并且难以查找。阿美特克认识到，必须进行战略上的调整。于是，它开始寻找能够处理和托管商品目录的大型服务提供商。

阿美特克选择了ICG Commerce（ICGC）公司。这是一家提供战略采购、实施、交易和目录管理的采购服务提供商。“我们拥有成为供应商大客户的采购力量，能将40余种间接采购目录整合在一起进行集中采购，以提高谈判的能力和供应商的服务水平。”ICGC公司的副总裁兼总经理鲍勃·科萨里（Bob Kothari）说。

科萨里说：“由于大多数OEM公司采用精益化经营管理，由它们来管理所有的供应商目录几乎不可能。如果能够通过一个采购服务提供商来管理所有目录，它们将有机会把精力集中在战略供应商身上。”日前，ICGC公司为阿美特克管理7项产品目录：电子、工业、管理、实验室、办公、安全、动力传输和轴承。阿美特克能够向ICGC公司申请300万单位的这类产品。

三、精简采购人员，加强培训

拥有甲骨文的自动询价服务工具和ICGC的预先协定供应商目录，阿美特克能将很大一部分间接物料的采购转移至实际使用端。“例如，在我们的一些工厂里，维修人员能够上网直接订购产品。”戈尔曼说，“由于不再要间接物料的采购人员，我们实现了人员的精简。”尽管戈尔曼没有透入具体减少了多少个间接物料采购职位，但阿美特克称，此举已经达到了节约管理成本 80 万美元的预定目标。包括软件和顾问费在内，阿美特克在新的电子采购业务上已投资 100 万美元。

目前的挑战在于如何使员工有效利用这一系统。“阿美特克一次性做了多工作。它不仅更换了系统，还改变了整个流程。”ICGC 的科萨里说。“以前，如果一个工人需要物料，他必须填写申请单交给采购人员，采购人员通过电话或传真通知供应商。现在，你只需在车间配备人员负责下订单，而不再需要专门的办公室。这一改变是巨大的。”

但是，对新流程的理解遭遇了抵触的情绪，尤其是裁员行动更是导致了抵触的加深。阿美特克建立了积权的管理改革项目，包括针对所有机构的网上培训，建立新的用户组、访问打印版和在线用户手册，以及定期发布关于新系统的信息交流。

此外，该公司还建立了激励机制，奖励使用系统频率最高的员工掌上电脑等小纪念品。采用新的电子采购系统的最后动力是由公司首席执行官弗兰克·赫尔曼斯（Frank Hermance）致信全体员工，要求员工完全遵循新系统的要求。

尽管出现了一些错误，但该计划行之有效。实施两年后，阿美特克宣称，节约已经达到了目标水平，公司的间接物料支出节约了 10%。此外，戈尔曼说，间接物料采购对目录的使用率达到近 70%的水平，尽管劳森对迄今为止取得的成果表示高兴，但他承认，取得这些成果所花费的时间还是比预计的要长。“经济不景气、采购量下降和库存减少使目标实现的挑战更大。”他说。

四、直接物料采购电子化

尽管阿美特克在发展电子采购流程方面取得了不少实效，但这并不意味着电子采购工作已经完成。尽管该公司在间接物料方面的采购大刀阔斧，取得了卓越成绩，但事实上，直接物料的采购才是更富挑战的领域。劳森说：“问题在于直接物料影响到将产品递交给客户，我们需要特别谨慎。”

阿美特克开始对电子元器件等直接物料的采购电子化进行调查与研究，劳森很清楚，他们不能将对间接物料的采购经验照搬到直接物料的采购上来。“间接物料在交易方面的问题不多，它的关键主要是促使员工采购正确的物料。但对于直接物料的采购，关键却是如何方便采购谈判，以及与供应商在预测和交货方面进行协作。”

劳森补充说，由于不同事业部对电子元器件等直接物料的采购具有很强的针对性，因此将这一业务放到 ICGC 之类的系统上进行管理变得非常困难。“我们不能让所有的人采购相同的电容器，因为他们大多数时候需要不同的电。”他说。

像间接物料的采购一样，劳森认为，将直接物料的采购转移到电子采购系统上的第一步应是整合支出。“对于一些通用器件，我们试图将采购需求集中起来，这样可以给采购人员提供关于直接物料的采购分析。”他表示。阿美特克正着手做些反向拍卖的工作，并建立更多跨事业部的业务协作合同。

五、影响采购人员在价值链中的分配

随着阿美特克不断消化电子采购这一概念，一个对采购专业人员具有广泛影响的变

化已悄然出现。“这一转变将影响采购人员在价值链中的角色分配。”甲骨文公司采购应用开发部副总裁戴夫·斯蒂芬斯（Dave Stephens）说，“传统上，75%的采购人从事低附加值工作，而供应商分析、支出分析和合同谈判人员等战略性员工则占很小部分。但在电子采购系统实施后，采购人员在价值链上得到了提升，90%的员工将从事战略性的工作，从事低附加值的员工只占10%。由于这些新的、更富战略性的任务，如今的采购人员需要更新技能，否则将面临被新人替代的风险。”

案例讨论与思考

2-1 在电子采购环境下，应该如何评价、选择供应商？

2-2 不同部门的采购有各自的利益，在电子采购中如何实现集中采购？

思 考 题

2-1 如何界定采购的定义？举例描述传统采购模式采购的过程。

2-2 传统采购模式的主要特征是什么？

2-3 基于供应链的采购管理模式与传统的采购管理模式之间存在哪些不同？

2-4 准时化采购的意义和特点是什么？准时化采购应该遵循什么原则？

2-5 调查、分析我国企业准时化采购的现状，并与国外企业情况进行比较。

2-6 讨论供应商管理中的竞争关系模式和双赢关系模式之间的异同。

2-7 供应商的选择受到哪些因素的影响？试建立相应的异同体系评价指标。

2-8 供应商选择的一般步骤包括哪几个阶段？

2-9 试对我国企业在全球采购方面受到的影响做出分析，并讨论应对全球采购的趋势。

2-10 举例分析比较本地采购和全球采购的不同。

3 运 输 管 理

3.1 运输系统概述

运输是物流系统中最直观的功能要素之一，它克服了产品与消费之间的空间障碍，使产品产生价值增值，从而创造现代物流的空间价值。从国内外物流成本的统计数字看，运输成本一般占到物流总成本的40%~50%。在20世纪80年代以前，企业物流管理的目标主要是降低产品配送方面的出货运输成本和仓储成本，强调通过产品运输和仓储环节的整合降低物流总成本。随着现代物流管理向供应链管理阶段的发展，管理的焦点延伸到整个供应链中的产品、信息、资金的流动，但高效的运输对实现供应链成员企业的产品、信息和资金的流动仍具有重要的作用，对实现供应链一体化也至关重要。

运输，是借助于运输工具在一定的交通线路上实现运输对象空间位移的有目的的活动。运输活动把社会生产、分配、交换和消费等各个环节有机地联系起来，是保证社会经济活动得以正常进行和发展的前提条件。运输管理的目标是在满足客户服务水平的前提下，用最低的运输成本连接供货地点和客户。

运输网络一般由运输连接点、运输路径和运输手段构成，如图3-1所示。运输活动发生在运输连接点之间，运输连接点可能是物流中心、车站、港口、机场、货场的堆场等，通过一定的运输路径，如公路、水路、空路、铁路等，使用汽车、船舶、飞机、火车等运输手段实现货物空间上的移动。运输系统把这些要素有组织地结合起来，更好地发挥运输的总体效率。

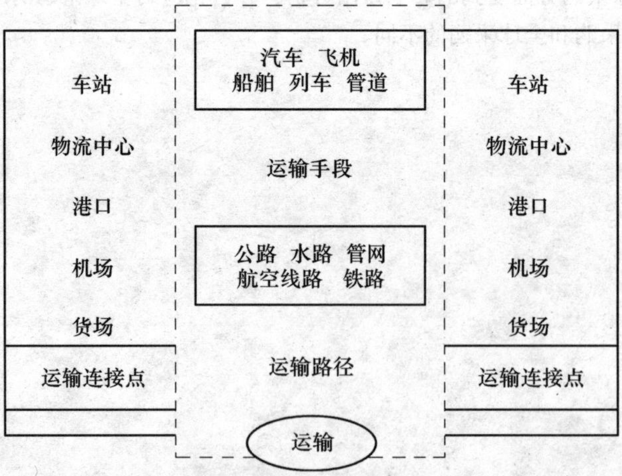

图3-1 运输网络示意图

3.1.1 运输系统的重要性

物流能够改变物的时间状态和空间状态，而运输则是改变空间状态的主要手段。当产品因从一个地方转移到另一个地方而价值增加时，运输就创造了空间效应。运输不仅对物流活动有重要意义，而且对整个社会经济发展产生深远的影响。文明的发展与运输系统的发展直接相关。古埃及的强大说明了水运这种运输方式在当时的重要性。尼罗河把埃及的土地连在一起，它给埃及提供了运输物品的通路、通信的通路和士兵保卫国家的通路。像所有其他的运输方式一样，尼罗河也影响了社会政治和文化的发展。罗马帝国的成功部分是由于道路系统把遥远的地方连接起来，使通信、贸易和军事战争成为可能。

运输活动对人类文明有着重大却不易察觉的影响。首先，运输引发了地区生产专业化，使某地区不必具备生产各种产品的能力，只需要生产该地区最具优势的产品；使某地区能够运出过剩的产品，运进质量更高的其他产品。这也正是各国之间自由贸易形成的原因。其次，只要节省的生产成本高于运输成本，专业化水平就会不断提高，产品的产销不再受地域限制，大规模生产成为可能，这提高了社会的整体效率。最后，运输使得土地可以用在最适合的方面，直接提升了土地的价值。

3.1.2 运输与可持续发展问题

运输是物流业的一个重要组成部分，其自身也是一项重要的产业。交通运输业是人类赖以生存和发展的重要产业部门，而且是经济全球化的重要推动力，其发展极大地促进了经济和社会的发展。但是，随着经济的增长和运输量的扩大，交通运输的社会成本也越来越大。这是因为交通运输的发展会占用土地，消耗大量资源，产生废气、噪声等环境污染，同时，还会造成交通拥挤、交通事故等，加大了间接社会成本。

3.1.2.1 资源消耗

首先，交通运输业的基础设施建设会占用大量的土地资源。其次，交通运输对能源的依赖性很强，而我国是人均能源占有量相对较少的国家，能源问题日趋紧张。交通运输系统使用的能源主要是矿物燃料，如石油、天然气和煤，而矿物燃料正在以比它们的形成快10万倍的速度被消耗着。此外，交通运输系统的能源消耗还包括间接的能源消耗，如道路建设和养护的能源消耗以及制造和维修运输车辆的能源消耗。

3.1.2.2 环境污染

环境是与人类生存关系最密切的客观条件。随着汽车工业和道路事业的发展，机动车拥有量日益增加，路网密度不断提高，致使道路交通所产生的某些不良现象如噪声、废气、振动、电磁波等相应增加，直接或间接地破坏了生态平衡，危及到人们的生理、心理健康，严重影响了人们正常的工作与生活，成为一个不可忽视的公害问题。目前，我国城市的空气污染已经到了很严重的程度，其中，交通运输排放的废气是大气污染的主要来源。

交通运输需求的增加和交通运输业的发展势必会给环境带来负面的影响。如何缓解交通运输对环境的负面影响是一个系统工程，也是物流业必须要面对的问题。在企业竞争越来越激烈的形势下，对运输服务的要求越来越高。从控制、降低运输成本，减少大气污染和交通阻塞等角度来说，需要使用新能源、新技术来提高运输效率和减少能耗，实现最佳的运输活动水平和环境友好型的交通运输方式，使其能满足社会经济发展的需要。

3.1.3 运输经营主体

根据运营主体的不同，货物运输可分为自营运输、经营性运输和公共运输三种形式。

3.1.3.1 自营运输

A 概述

自营运输是指货主自己承担货物的运输，即自备车辆、自行承担运输责任、自行从事货物的运输活动。自营运输决策是一个典型的“制造”与“购买”的决策，就是一个公司必须决定制造（从事自营运输）和购买（使用受雇承运人）哪一个更便宜。

自营运输中最普遍的形式是自有货车运输。另外，水路运输中也有一部分是自营运输，一些公司通过购买或租赁船舶，承担煤炭、矿石或石油的运输。铁路自营运输是指货主租赁或购买列车来完成货物的运输，因为设备投资高，铁路自营运输并不普遍。在航空运输方面，一些快递公司为了保证运输速度也购买航空器进行自营运输。

B 自营运输的优点

自营承运人不为公众提供服务，而是通过运输自己的原材料和产成品为自己服务。采用自营运输主要是出于以下两个原因：

（1）提升服务。自营运输车队可以使企业在运输上有更多的控制力和灵活性，能够及时对客户需求作出反应。反应能力的提高源于自有承运人对车辆派遣、路线选择和车队运送时间的直接控制。这种控制意味着自营承运人能够缩短到客户的运输时间、降低存货水平，甚至降低缺货的可能性。

有时，企业采用自营运输是由于无法寻找到合适的承运人。有些企业运输货物需要特殊的设备，但是很难找到拥有这些设备的受雇承运人，这些企业不得不在业务中进行自营运输，例如，低温物品或液化气需要用密封加压的拖车运输。另外，企业需要运输易碎货物时，往往很难以一个合理的时间和价格找到一个受雇承运人愿意提供这一服务，企业最后只有转向自营运输。

（2）降低成本。有研究表明，自营运输满载率达到80%时才会比受雇运输便宜。因此，对于企业而言，只有运量很大时，自营运输服务会比外购服务更经济些。成本降低来自两个方面：一方面，自营运输排除了受雇承运人的利润，可以从一定程度上降低成本；另一方面，使用自有运输能够有更多的控制权和灵活性，可能会缩短运输时间，从而帮助企业和客户降低存货水平，节省成本，可能节省的成本依赖于存货的总价值。对于那些在货物起运地和目的地之间的两个方向上都有货物运输，而且产品价值很高的企业来说，自营运输的优点更明显。

C 自营运输的不足之处

（1）空车回程。若在货物起运地和目的地之间的只有一个方向有货物，则运输车辆会空车返回。空车返回的成本也会计算在满载出货（进货）的成本中。这样，货物运输的成本实际上是单程运输的两倍。这是自有运输成本较高的原因之一。

（2）自有运输还可能遇到缺乏专业货运管理技术的障碍。因为企业内部缺乏专业的管理者，企业出于管理好车队的目的必须从外部雇用管理者，这样就增加了管理成本。

（3）资金可用性也成为使用自营运输的企业的严重问题。那些投入到卡车、拖车以及维护设施上的钱对于公司的主要业务来说就是不可用的。

（4）作为自营承运人，企业要承担货物丢失和损坏的风险。为防止可能的损失，自营承运人要购买货物保险。自营运输车队也存在着车辆事故导致的公共责任风险。随着自营运输运作范围的扩大，需要紧急服务的可能性也在增加。道路事故可能会降低服务水平，甚至对销售量和利润都产生影响。

虽然自营运输存在这些缺点，但实际上，自有车队的存在也说明，对很多企业来说自营运输的优点大于缺点。企业对自营货运的成本效益分析不论在评价阶段还是在整个车队的运作过程中都很关键。

3.1.3.2 经营性运输

经营性运输是以运输服务作为经营对象，为他人提供货物运输服务并收取运输费用的一种运输运营方式，是运输业的发展方向。经营性运输可以在公路、铁路、水路、航空等运输业中广泛开展，但最常见的是以汽车为工具的营业运输系统。

运输企业既包括利用自身运输工具开展运输经营的所有人，也包括利用长期租赁的运输工具开展运输经营的经营人。在法律上，运输服务需求者被称为发货人（运人）、收货人，他们统称为货主；作为运输服务供给者的运输企业则被称为承运人。有时，为了同本身不拥有运输工具却以承运人身份开展运输经营的契约承运人或无船承运人相区别，这类承运人也称为实际承运人。

除实际承运人外，还有大量运输中间商在参与实际运输业务。运输中间商是指介于货主与实际承运人之间、为他们提供中介服务、促进运输交易行为实现的中介组织。运输中间商具有双重性，既有运输供给者的特点，又具有运输需求者的特点，它是实现运输市场交换的中介组织，是运输供给主体实现市场营销活动的有效渠道之一。常见的运输中间商主要包括以下五类：

（1）货运代理人。货运代理人通常指代表货主代办货物运输及相关业务并收取报酬的人。

（2）船务代理人。船务代理人是指代表承运人为其提货或为其在港船舶办理各项业务和手续并收取报酬的人。在其他运输方式中，这类代理通常称为销售代理。

（3）运输经济人。运输经济人是指以中间人的身份代办洽谈业务、促使交易成功并收取报酬的人。

（4）契约承运人。契约承运人是指以承运人身份接收托运人的货物、签发自己的运输单证、向托运人收取运费、通过拥有或控制运输工具的实际承运人完成货物运输、承担承运人责任的人。在海上运输中，契约承运人被称为无船承运人。

（5）多式联运经营人。多式联运经营人是指本人或者委托他人以本人名义与托运人订立一项多式联运合同，并以承运人的身份承担此项合同责任的人。

在实际业务中，运输中间商的身份往往具有多重性：有些处于代理人的地位；有些处于居间人的地位；有些则已拥有一定的场站设施和运载工具，发展成为运输组织者。

3.1.3.3 公共运输

公共运输是指由政府投资或主导经营的各种运输工具（如飞机、火车等），以及相关的基础设施（如公路、铁路、港口、机场和相关信息系统等）组成的统一体系。由于涉及的因素多，又称为综合运输体系。这种体系的投资相当大，回收期长，风险大，与国民经济的发展息息相关，是一种基础性系统。

3.1.4 运输服务的特征

运输是一种服务，而不是可触摸的实体。运输是对使用者的一种服务，购买这种服务和购买产品的基本特点差不多。托运人以一定的成本从运输承运人那里可以购买到运输服务，能够以不同的价格从不同的承运人那里购买到不同方式的运输服务。如果托运人选择简单的运输方式，则价格也可能较低。然而，价格更高的运输服务可能是更好的选择，因为更快、更好的运输服务有可能降低其他方面（如库存）的成本。

货物托运人对运输提供者有不同的服务要求。可以将所有运输服务的基本特征归结为五点，即运输成本、运输时间和运输时间的可靠性、安全性、可达性以及受理能力。一些关于运输服务特性重要性程度的调查显示，运输成本、运输时间和运输时间的可靠性最为重要，是最受托运人关注的运输服务特征。

3.1.4.1 运输成本

对托运人来说，运输服务的成本（价格）就是运输货物在途运费加上提供额外服务的所有附加费或运输端点费用。如果使用受雇运输，那么运输服务的总成本就是货物在起止点之间运输收取的费用再加上所有附加费，如起点的拣货费、终点的送货费、保险等。如果是自营运输，那么运输服务成本就是分摊到该次运输中的相关成本，包括燃油成本、人工成本、维修成本、设备折旧和管理成本等项目。

3.1.4.2 运输时间和运输时间的可靠性

运输时间及运输时间的可靠性是影响库存持有成本和缺货水平的两个关键因素。运输时间越长，库存持有时间也越长，库存水平就越高。例如，若某地区的服装供应从生产商到零售店需要45天的运送时间，当这批服装在运送途中停留45天时，买方或卖方就要支付45天的在途存货成本。如果利用航空运输将运送时间缩减至15天，在途的存货资金成本就会减少30天。另外，货物运送时间越长，潜在的缺货成本越大。就上面提到的服装的例子来说，零售店内服装的缺货最长可能达到45天，在这段时间内会失去很多销售机会，会产生潜在的销售利润损失。较短的货物运送时间减少了潜在的缺货成本。

对于起止点相同、使用同种运输方式的货物，每次运输的在途时间不一定相同，因为天气、交通情况、中途经停次数、合并运输所费的时间不同等都会影响在途时间。多次同样运输服务间出现的时间变化，称为运输时间的可靠性。如果运输时间的可靠性良好，集货和配送时间稳定，那么托运人和收货人会更容易地优化存货水平并使缺货成本达到最小。不可靠的货物运送时间要求收货人增加存货量以防止缺货情况的发生。

运输时间的可靠性是衡量运输服务不确定性的指标，它直接影响着对运输服务的需求。托运人将从不可靠的运输方式转向可靠的运输方式。同时，客户可能放弃不能提供可靠送货服务的供应商，而选择能够提供可靠送货服务的供应商。

3.1.4.3 安全性

安全性反映了承运商提供运输服务的质量，可用货物到达目的地时的完好率来衡量。如果货物到达时出现损坏或丢失现象，说明运输的安全性较低。货物在运输过程中损坏或丢失将产生间接运输服务成本，因为它会造成库存的不稳定性。如果买主通过增加存货来应对货物受损情况的发生，则会导致存货运输成本和库存成本的增加。

另外，当因运输安全性较低而造成货物损坏或丢失时，货主还会进行货物损坏索赔或采取法律行动，这也会消耗时间和费用。货主为避免货物在运输途中受损可能还需要支付保险费用。

3.1.4.4 可达性

可达性是指运输提供者从特定的起始点到终点运输货物的能力。如果一种运输方式在起始点到终点之间不能提供全程直达服务，则会导致托运人产生额外的成本和运送时间。例如，航空运输不能提供直达服务，需要卡车和火车的协助，增加了运送时间。类似的情况也会出现在铁路运输和水运中。汽车运输在可达性方面有着明显的优势。

为克服一种运输方式在提供特定地点之间的直达运输服务时的局限，需要借助另一种可达性更好的运输方式，这就产生了附加费用，即可到达性成本。例如，汽车运输不仅用来完成出发地与目的地之间的直接运输，还经常用来实现其他运输方式的站点与发货人（或收货人）之间的直接运输服务，这就产生了附加运输（可到达性）费用。

3.1.4.5 受理能力

运输能力的本质是承运人满足特殊运输服务要求的受理能力。基于货物的物理及销售特性，货主对运输设备、设施及通信系统有独特的要求，例如，要求对运输温度进行控制的产品必须使用备有冷冻设备的车辆，对时间要求严格的货物要求及时的通信系统以准确控制货物的位置和到达时间。

3.2 运输方式

3.2.1 基本运输方式

现代运输有五种基本方式，包括铁路运输、公路运输、航空运输、水路运输和管道运输。五种基本运输方式的每一种都可以直接向客户提供服务。

3.2.1.1 铁路运输

铁路运输是利用机车、车辆等技术设备沿铺设轨道运行的运输方式。铁路运输成本较低，对于运输距离长（经济里程一般为200km以上）、体积大、重量大的货物来说，铁路运输有较大的吸引力。到2017年，我国铁路营业里程已超过12万公里，占全世界铁路营业里程的6%。

铁路运输有以下优点：

（1）承运能力大，适合大批量的低值物品及长距离运输。

（2）铁路运输受气候和自然条件影响较小，在运输的准时性方面有优势。

（3）铁路运输可以方便地实现驮背运输、集装箱运输及多式联运。

同时，铁路运输也具有以下缺点：

（1）固定成本高，项目投资大，建设周期较长。

（2）运输时间较长，在运输过程中需要有列车编组、解体和中转改编等作业环节；占用时间较长，因而增加了货物的运输时间。

（3）铁路运输中的货损率比较高。由于装卸次数较多，货物毁损或灭失事故通常比其他运输方式多。

(4) 不能实现“门到门”运输。如果托运人和收货人都有专用线，可以提供“门到门”服务。如果没有专用线，则货物运送必须用其他方式来协助完成。

铁路运输的固定成本高，可变成本低。装卸成本，制单和收费成本，多种产品、多货物货车的调度换车成本使得铁路运输的端点成本很高。因此，在铁路运输中规模经济效益很重要，即每批货的运量越大，单位成本就越低。铁路维护设备的折旧、端点设施的折旧和管理费用也会提高固定成本的水平。铁路运输的可变成本通常包括工资、燃油、润滑油和维护成本。传统上，铁路运输部门常常将总成本的一半或三分之一当作可变成本。

3.2.1.2 公路运输

由于汽车已经成为公路运输的主要运载工具，因此现代公路运输主要指汽车运输。汽车运输之所以发展如此迅速，是由于它与其他运输方式相比，具有以下优点：

(1) 速度。尽管航空运输速度很快，但是航空运输需要使用汽车运送货物从发货站到飞机场和从飞机场到收货站，这增加了航空运输的总时间。另外，航空运输还受到航班安排的限制。另据国外资料统计，一般在短途运输中，汽车运输的运送速度平均比铁路运输快4~6倍，比水路运输快10倍。

(2) 可达性。汽车运输在区域可达性方面比其他运输方式有着明显的优势。汽车除了可以在公路网运行外，还可以深入工厂、矿山、车站、码头、农村、山区、城镇街道及居民区，空间活动范围大，这一特点是其他任何运输工具所不具备的。汽车运输的可达性优势在市内集散货方面表现得尤其明显。可以提供门到门的直达运输服务。

(3) 运输的平稳性。汽车运输比铁路运输和水路运输更加平稳，对货物的损耗也大大降低，相对低的货物损耗率降低了包装的必要性，从而降低了包装费用。

(4) 灵活性。汽车运输的灵活性体现在两方面：一是时间上的灵活性，汽车能灵活制订运营时间，通常可实现即时运输，即根据货运的需求随时起运；二是运输批量上的灵活性，汽车的载重量可大可小，小者只有0.25t，大者有几十吨、上百吨，汽车运输的起运批量最小。

由于汽车运输具有上述优点，更由于高速公路网的不断延伸，汽车运输在世界范围内迅速发展，已超过铁路和其他运输方式。但是汽车运输也存在一些问题，主要是装载量少、运输成本高、燃料消耗大、环境污染比其他运输方式严重得多。

公路运输的固定成本是所有运输方式中最低的，因为承运人不拥有用于运营的公路，拖挂车也只是很小的经济单位，车站的运营也不需要昂贵的设备。公路运输的可变成本很高，因为公路建设和公路维护成本都以燃油税、公路收费等方式征收。公路运输成本主要可分为端点费用和线路费用。端点费用包括取货和送货成本、站台装卸成本、制单费和收费成本，约占卡车运输总成本的15%~25%。

汽车运输的低固定成本的特点，使得进入汽车运输行业不会受到太高的资金限制，因而汽车运输从业者众多，从而导致汽车运输业的内部竞争十分激烈。对于商业性汽车运输公司而言，这种竞争既来自其他商业性汽车运输公司，也来自企事业单位的自营。

3.2.1.3 航空运输

虽然航空运输在整个运输量中所占份额微乎其微，但它所运送的对象（高价值的、珍贵的、紧急的人或物）使得它成为运输系统的重要组成部分。由于航空公司自身独特的优势，来自其他行业的竞争是有限的，而航空运输行业内部在运量和服务方面的竞争却非常激烈。

航空运输与其他运输方式相比较，有以下几个特征：

(1) 速度快。航空运输的最大优势就是速度。现代喷气式客机，巡航速度为800~900km/h，比汽车、火车快5~10倍，比轮船快20~30倍，距离越长，航空运输所能节约的时间越多，速度快的特点也越显著。对于短程运输来说，由于受装卸时间限制，航空运输的优势不明显。

(2) 安全性高。随着科学技术的进步，在不断对飞机进行技术革新的同时，维修技术也得到了提高，这些都加强了航空运输的安全性。而航行支持设施，如地面通信设施、航空导航系统、着陆系统以及保安监测设施的迅速改进与发展更提高了其安全性。尽管飞行事故中会出现机毁人亡（事故严重性最大），但按单位货运周转量或单位飞行时间损失率来衡量，航空运输的安全性是很高的。

(3) 包装要求低。货物空运的包装要求通常比其他运输方式要低。飞机在空中飞行平稳，着陆时有减振系统，货物不会受到太大的外力，因此也降低了对包装的要求。在空运中，用一张塑料薄膜裹住托盘并不少见。

同时，航空运输有以下缺点：

(1) 受气候条件限制。因飞行条件要求很高，航空运输受到气候条件的限制，从而在一定程度上影响运输的准点性与正常性。

(2) 可达性差。可达性是航空运输的软肋，人和货物上飞机之前，必须先到达机场。可达性的限制提高了航运服务的时间和成本。

航空运输与汽车运输的成本特征相类似，包含高可变成本和低固定成本。航空运输的端点和空中通道一般不属航空公司所有。航空公司根据需要以燃油费、仓储费、场地租金和起降费的形式购买机场服务。如果我们将地面装卸、取货和送货服务包含在航空货运服务中，这些成本就成为空运端点成本的一部分。此外，航空公司需要支付运输设备成本，在设备经济寿命内对其进行折旧就是每年的固定使用费。

3.2.1.4 水路运输

水路是大自然提供的交通干线。在运输方式中，水路运输是一种最古老、最经济的运输方式。水路运输按航行区域，大体上可以划分为海洋运输和内河运输两种类型。国内水运服务受限于内陆水运系统，要求托运人靠近水路或使用其他运输方式接应水运。

与其他运输方式相比，水运造成的货物灭失和损坏成本较低，因为货主对低价值散装货的破损不太关心，延迟带来的损失也不严重（买方经常囤积大量库存）。

水路运输的重要特点是利用天然水道，进行大吨位、长距离的运输，由于运量大、成本低，非常适合于运输大宗货物。与其他运输方式相比，水运对货物的载运和装卸要求不高，因而占地较少。新建1km铁路需要占地2×10^4~$2.7\times10^4m^2$（30~40亩），1km公路需要占地$1\times10^4m^2$（15亩）左右，而水运航道几乎不占用土地，港口、码头均建在海岸或江河岸边，这就节约了国家的土地资源。

对于海上运输而言，它的通航能力几乎不受限制。一般来说，水运系统的综合运输能力主要是由船队运输能力与港口通过能力所决定。

水路运输的缺点也显而易见：首先，水路运输速度慢，船舶平均航速较低，不能快速地将货物运达目的地；其次，水路运输受自然条件影响大，特别是受气候条件影响较大，例如，断流、台风就会对水运产生严重影响，因而呈现较大的波动性。

水路运输的竞争对手主要为铁路运输和管道运输。水路运输与铁路运输的竞争在于对散装干货的运输；水路运输与管道运输在液体货物运输上相互竞争。水路运输与汽车运输的竞争非常有限，在多数情况下，水路运输要靠汽车运输连接内陆地区与水路，以解决水路的局限性。

水运承运人主要将资金投放在运输设备和端点设施上。水路和港口都是公有的，由政府运营，只有少数项目向水运承运人收费。水运承运人预算中主要的固定成本都与端点作业有关，这些费用包括船只进入港口时的港口费和货物装卸费。水路不对使用者收费，水运的可变成本仅包括那些与运输设备相关的成本。由于端点成本很高，线路费用很低，吨公里成本随运距和运量的增长而急速下降。正因为如此，水运是最廉价的大宗货物运输方式之一，适合长距离、大批量的运输。

3.2.1.5 管道运输

管道是很独特的运输方式，它所能运送的货物种类很有限，主要通过管道运输的货物是：石油及成品油、天然气、煤、化学制品。

管道运输的一个主要优势是费用低。大直径、全负荷管道运输效率很高。管道提供的是地下的、全封闭的服务，因此货损、货差率低。另外，因为管道运输速度很慢，还可以将管道作为仓库。也就是说，如果产品不是急用，缓慢的管道运输可以看作将货物存储在免费仓库。管道的另一个服务优势是它的可靠性。管道运输基本上不受天气影响，很少有机械故障。虽然运输时间长，但能准确估计交货时间，减少了安全库存的需要。

管道运输也有相对劣势：首先，管道线路是相对固定的，因此有地域灵活性或可达性的限制；其次，管道运输的产品有局限性，并且只能提供单向服务。

管道运输与铁路运输的成本特征一样。管道公司（或拥有管道的石油公司）拥有运输管道、泵站和气泵设备，他们可能拥有或租赁管道的使用权。这些固定成本加上其他成本使管道的固定成本占总成本的比例是所有运输方式中最高的。为提高竞争力，管道运输的运量必须非常大，以摊销高额固定成本。

表3-1归纳了以上五种运输方式的优缺点。

表3-1 五种基本运输方式的优缺点

运输方式	优 点	缺 点
铁路运输	大量货物一次高效运输。 对于运费负担能力小、货物批量大、运输距离长的货物运输，运费便宜。 轨道运输，安全系数大	近、中距离运输时，运费较高。 远距离运输，火车编组会延长时间。 因车辆需要调配，不能满足应变运输
公路运输	门到门直达，速度快。 对于近距离的中、小量货物，运费便宜。 运营时间灵活，运输伸缩性大	运输批量小，不适合大量运输。 长距离运输，运费高
航空运输	速度极快。 适于运费负担能力强，货运量小的中长距离运输。 运输中对货物的振动、冲击小	运费高，不适于低价商品运输和大批量运输。 除靠近机场的城市外，其他地区不便利用

续表 3-1

运输方式	优　点	缺　点
水路运输	运费负担能力小的大量、长距离运输，比铁路节约运费。 散装原材料可利用专用船只运输，效率高	速度慢。 航行、装卸受天气制约。 港口装卸费时、费成本
管道运输	运费低、可靠性高	应用范围有限

表 3-2 对比了五种基本运输方式的量化特征。

表 3-2　五种基本运输方式的量化特征

	公路运输	铁路运输	航空运输	水路运输	管道运输
运力	适度	高	适度	非常高	高
变动成本	适度	低	高	低	非常低
固定成本	低	高	低	适度	高
提前期	适度	长	短	长	适度
提前期的可靠性	适度	低	高	适度	非常高
服务的可获得性	高	适度	适度	适度	低
典型产品和运输距离	大多数的产品，运输距离没有限制	原材料、汽车、机械，长距离	小的高价值、易腐、对时间要求较高的货物，长距离	内陆：原材料，长距离。 海洋：各种货物，长距离	液体和气体，任何距离

3.2.2　多式联运

多式联运指的并非是一种运输方式，而是综合不同运输方式的系统模式，还是一个协调不同运输装载方式的系统。多式联运不仅仅是将海运、公路、铁路等运输方式整合在一起，更重要的是它能使每种运输方式发挥最大的效能。若货物在运输过程中使用多式运输方式，但是没有将这些运输方式进行整合，例如，托运商和货运公司及海运公司分别达成协议，但货运公司与海运公司的运输并未整合，这种方式一般称为多元运输。而多式联运的重点在于协调不同的运输方式。

集装箱的使用使多式联运成为可能，各种运输形式通过相互交换标准集装箱实现多式联运。多式联运货物价值一般比散装货物高，但是比空运低。多式联运中最常见的运输方式是公路运输、铁路运输和海运。多式联运在货物安全、劳动力安全、效率等方面很有优势。

(1) 货物安全。首先，货物放置在集装箱中，难以接近。其次，集装箱通过标于外部的序列号来辨别，要想得知集装箱内装载的货物的唯一方法就是开箱或了解序列号的编码方式，货物因此而得到保护。再次，在堆场中放置有上千个集装箱，想通过打开集装箱偷走高价值货物的几率很低。最后，集装箱门栓上有封条，如果其损毁就表示货柜被侵入，工作人员会对其进行检查，并可拒绝签收封条损毁的集装箱。如果封条损坏，承运商会在货单上注明，并对货物的丢失不负责任。

(2) 劳动力安全。集装化货物通常比其他包装安全，金属箱更结实，几乎压不坏，对天气的抵抗力也更强。对于搬运集装化货物的工人而言也更安全，因为操作的机器与人有一定的安全距离，在现代化的集装箱码头，很少看见工人在卡车驾驶台和起重机控制室外工作。

（3）效率高。据估计，一名码头工人1h可以装载杂货0.5t，而集装化处理可以达到2.45t/h。多式联运效率的提高主要在于以下几个环节：1）由于每个集装箱都是标准尺寸，可以利用专用的机械操作工具；2）由于集装箱相同，不需要浪费时间做调整；3）现在可以利用更简单、有效的集装箱，箱型比以前的大得多，这意味着可以较少挪动。

3.2.3 运输方式的选择

货物自身的特性决定了货物的运输方式，托运人仅仅是对有限的、可选择的承运人作出选择。购买协议达成后，收货人通常也会影响送货方式。

以下几项会影响货物运输方式的选择：

（1）尺寸。货物的尺寸和体积。

（2）重量。货物的净重。

（3）密度。同时衡量货物的体积和重量。

（4）可装载性。以上三个因素都会影响货物的可装载性，体积大、笨重的货物较难装载；体积小、轻巧的货物相对容易装载。

（5）搬运。一些货物会装上把手或采用其他方式以便于搬运，另一些货物搬运起来就相对困难些。鲜活货物的搬运相当麻烦，而适合集装箱装运的货物处理起来就比较简单。

（6）可靠性。可靠性指货物在运输过程中发生损坏或丢失的可能。一些货物容易被盗，如电子产品，一些货物容易损坏，如新鲜水果，而像废纸这类货物就不存在这个问题。

（7）危险货物。危险货物的运输有着一套严格的规则体系。

（8）特殊服务要求。置冰块或用冷藏车运输。有些货物需要特殊服务，如鲜花运输需要放置在保鲜箱内。

综合考虑托运人的业务需要、货物特性和运输方式的特点这三方面因素，托运人就可以选择合适的承运商。如今，企业越来越重视伙伴关系和长期合作关系，这种关系可以降低风险，增进双方合作的默契，提高运输作业效率。

3.2.4 运输定价

3.2.4.1 运输定价的基础

定价是达成各种商业和管理目标的有力工具，它包括两项内容，即定价过程和定价结果——价格。运输价格是指运输费率，而运费则是指整个运输服务过程的总体费用。

运费不仅仅依据服务性质制定，而且要受整体伙伴关系的影响。为了加强托运商与承运商之间的合作及承诺，通常双方会签署服务协议。主要的定价标准有：按提供服务的成本定价；按服务对于客户的价值定价；按商品所能承受的运输费用定价；按总体经济环境定价；按供需状况定价等。

A 按提供服务的成本定价

不同运输工具的成本结构是不同的，价格的制定要考虑提供运输服务的成本，定价为成本加合理利润。这种定价结构还会受到管制法规的影响，许多政府利用价格补贴或竞争规定来控制价格的涨落。

B 按服务对于客户的价值定价

在运输业，通常在运送价值高的商品时运价高，运输价值低的商品时运价就低。即使以成本为基础制定价格，价值高的商品也会因为运送的花费大而收取较高的运价。通常运送价值较高的商品风险越大，运送的费用就越高，收取的运价也就越高。这种定价方法通常适用于运输高价值货物。

C 按商品所能承受的运输费用定价

商品的利润水平限制了其所能接受的运输成本，这使一些利润微薄的商品只能在一定距离内运输，商品的运价必须低于终到港与始发港所在地商品销售价格之差，而且如果运费降低，从一地输出的货物量会相对增加。

D 按总体经济环境定价

总体经济环境通常会影响交易的数量。需求通常比供给更容易产生变化。例如在经济衰退期，贸易量大幅度下滑而运输活动仍然持续，最终导致产能过剩。

E 按供需状况定价

供需状况包括市场中的承运商及运输设备的数量，运输需求指需要运输的货物总量。运输需求受经济和总体贸易情况的影响，竞争性运输服务也会影响运输需求。例如，大型运输机的使用可能会吸引一些海运的货源。贸易中，供需状况的持续变化与运输需求的变化之间存在着相互作用，一个因素的变化可能引起其他需求因素的变化，与此同时也会受其他因素的影响。例如，价格调整可以影响运输需求，而运输需求的变化又引起运输价格的涨落。

3.2.4.2 运输费率及特殊收费

A 运输费率

运输费率包括两类基本费率，即等级费率和商品费率。

(1) 等级费率。有些费率根据货物种类制定。在无法对每种货物按照其始发地和终到地逐一定价的情况下，采用等级费率可以减少运费种类。例如，承运商将所有的货物按起止点分类，根据不同的里程定价。这一方法减少了运价分类，使运价单据更易于管理。

(2) 商品费率。商品费率是按商品种类来制定运价的。据此定价的原因主要是由于商品存在特殊成本或基于市场的考虑。例如，高附加值货物能够承受较高的价格，与此相反的一种方式被称为“无差别定价”，即对产品不进行区分。

按货物不同种类划分，可分为普通货物、危险货物、冷藏货物、集装箱货物等。在普通货物中，一般又按不同运输条件和货物本身价值高低等因素划分为若干等级。例如，我国沿海、长江等航区将货物划分为10个等级；铁路《货物运价分类表》中将货物分为23类146项，共规定17个运价号。

B 特殊收费

特殊收费产生的原因有很多，包括以下几种特殊服务：

(1) 转运服务。指容许货物中途停留。例如，未装满的集装箱中途装货。

(2) 变更路线。指途中变更运输路线。

(3) 变更收货商。指在运输途中变更收货商。

(4) 分类配送。指在运输途中，按托运商要求分装指定货物，并分别运到不同的地方。

除了以上特殊服务需要收费外，还有以下一些费用：

(1) 滞期/延误费。在使用集装箱运输时，客户有货物装卸箱的时间限制。如果客户占用集装箱时间过长，则被称为滞期（托运商仍占用集装箱）或延误（承运商已收回集装箱）。

(2) 附加费用。附加费用包括现金支付费用、油料费用等，通常这些特定成本经常性波动，而承运商也希望客户能了解收费波动的原因。

3.3 运输最优化

在总的物流成本中，运输成本比任何其他物流活动的成本所占的比重都高。随着现代物流概念的提出，对物流运输技术水平提出了更高的要求，它要求在原有运输概念的基础上更加合理地组织货物运输，力求做到运力省、速度快、费用低，以实现物流运输合理化。运输合理化的实现主要依赖于三个方面：一是运输方式的选择，这是实现运输合理化的基础；二是运输路线的选择；三是车辆路线安排。

3.3.1 运输合理化的判断

3.3.1.1 合理运输的五要素

影响物流运输合理化的因素很多，起决定作用的有五个方面，称作合理运输的“五要素”。

(1) 运输距离。在运输过程中，运输时间、运输费用等若干技术经济指标都与运距有一定比例关系，运距长短是运输是否合理的一个最基本的因素。

(2) 运输环节。每增加一个运输环节，势必要增加运输的附属活动，如装卸、包装等，各项技术经济指标也会因此发生变化。因此，减少运输环节，将对合理运输有一定的促进作用。

(3) 运输工具。各种运输工具都有其优势领域，对运输工具进行优化选择，最大限度地发挥运输工具的特点和作用，是运输合理化的重要一环。

(4) 运输时间。在全部物流时间中，运输时间占绝大部分，尤其是远程运输。因此，运输时间的缩短对缩短整个流通时间有决定性的作用。此外，运输时间缩短还有利于加速运输工具的周转，充分发挥运力效能，提高运输线路的通过能力，不同程度地改善不合理运输。

(5) 运输费用。运费在全部物流费用中占很大比重，运费高低在很大程度上决定了整个物流系统的竞争能力。实际上，运费的相对高低，无论对货主还是对物流企业都是运输合理化的一个重要标志。运费的高低也是各种合理化措施是否行之有效的最终判断依据。

3.3.1.2 不合理运输的表现形式

不合理运输主要有以下几种表现形式。

A 对流运输

对流运输是指对同类的或可以互相代替的货物的相向运输，它是不合理运输最突出、最普遍的一种，它有两种表现形式：

(1) 明显对流。同类的（或可以互相代替的）货物沿着同一线路相向运输。

（2）隐蔽对流。同类的（或可以互相代替的）货物在不同运输方式的平等路线上或不同时间进行相反方向的运输。

倒流运输是对流运输的一种派生形式，指同一批货物或同一批中的一部分货物，由发运站至目的站后，又从目的站发往发运站方向。

B 迂回运输

由于道路网的纵横交错及车辆的机动性和灵活性的因素，在同一发运站和目的站之间，往往有不同的运输路径可供选择，凡不经最短路径的绕道运输，称为迂回运输。

C 过远运输

这是一种舍近求远的商品运输。原本就地或就近有某种物资供应，却舍近求远从外地或远处运来同种物资，造成运力浪费。

D 重复运输

不合理的重复运输是指同一批货物由产地运抵目的地，没经任何加工和必要的作为，也不是为联运及中转的需要，又重新装运到别处。它是物资流通过程中多余的中转、倒装，虚耗装卸费用，造成车船非生产性停留，增加了车船、货物作业量，延缓了流通速度，增大了货损，增加了费用。

E 无效运输

无效运输是指被运输的货物杂质较多（如煤炭中的矿渣、原油中的水分等），使运输能力浪费于不必要的物资运输。

F 运力选择不当

在选择运输工具时，未考虑各种运输工具的优缺点，造成运力选择不当。常见的有以下几种形式：

（1）违反水陆分工合作，弃水走陆。弃水走陆是指从甲地到乙地的货物运输，有铁路、水路、公路等几种运输方式可供选择，但是把适合水路或水陆联运的货物改为用铁路或公路运输，从而使水运的优势得不到充分发挥。

（2）铁路短途运输。铁路短途运输指不足铁路的经济运行里程却选择铁路进行。

（3）水运的过近运输。水运的过近运输指不足船舶的经济运行里程却选择水运进行运输。

以上对不合理物流运输的描述，主要就形式本身而言，在实际中，必须将其放在物流系统中作综合判断。如从单一角度看，某一物流环节避免了不合理，做到了合理，但它的合理却可能会给其他物流环节带来不合理，即物流各环节的效益悖反现象。因此必须分析其具体情况，从系统角度出发，进行综合判断。

3.3.2 基于物流总成本比较的运输方式选择

运输方式的选择既是战术性决策又是操作性决策。与某个承运商签订合同的决策属于战术性决策，而具体运输方式的选择则是操作性决策。对于两种决策来说，托运人都必须权衡总成本。由于物流各环节之间的“效益悖反”的存在，运输成本的降低会导致其他环节（如库存）成本的上升。一种运费最低的运输方式，并不一定使运输总成本最低。运输的时间和可靠性会影响托运人和收货方的库存水平（订货库存和安全库存）以及他们之间的在途库存水平。因此，应该以总成本分析为基础来选择运输方式。

运输对库存的影响有以下几点：

（1）较慢的运输模式会引起较多的中转或运输库存。

（2）较大运量的运输方式会出现订单量超过需求量的情况，从而增加库存。

（3）不可靠的运输模式会引起安全库存的提高。

在选择运输方式时，就需要考虑库存持有成本可能升高而抵消运输服务成本降低的情况。因此，选择运输方式时的最合理方案应该是既能满足顾客需求，又使总成本最低的服务，即最佳服务。所谓最佳服务，就是使某种运输服务的成本与该运输服务水平以及相关的库存成本之间达到平衡的运输服务。

例 3-1 某公司要将产品从位置 A 的工厂运往位置 B 的公司自有仓库，年运量 $D=700000$ 件，产品单价 $C=30$ 元，年库存持有成本 $I=30\%$。公司希望选择使总成本最小的运输方式。据估计，运输时间每减少 1 天，平均库存成本可以减少 1%。各种运输服务方式的有关参数见表 3-3。

表 3-3 各种运输服务的参数

运输服务方式	运输费率/元·单位$^{-1}$	门到门运送时间 T/天	每年运输批次
铁路运输	0.1	21	10
汽车运输	0.2	5	20
航空运输	1.4	2	40

解：在选择运输方式时要考虑总成本，包括：

（1）运输成本。不同运输方式的运输成本不同，各种运输方式下的运输成本为年运输量与运输费率的乘积。

（2）在途货物的库存成本。不同运输方式将影响货物的在途时间，在途库存的持有成本不同。在途库存成本为 $I \times C \times D \times T/365$。

（3）分拨渠道两端的库存成本。分拨渠道两端的平均库存大约是 $Q/2$，其中，Q 是运输批量。每单位货物的库存成本为 $I \times C$，但产品价值 C 在分拨渠道的不同地点是不同的。在工厂，C 是产品的出厂价值；在仓库，C 是产品的出厂价值加上运输费率。

下面，计算各种运输方式下的总成本，见表 3-4。

表 3-4 运输服务成本 （元）

成本类型	铁路运输	汽车运输	航空运输
运输成本	0.1×700000=70000	0.2×700000=140000	1.4×700000=980000
在途运输	0.3×30×700000×21/365=362466	0.3×30×700000×5/365=86301	0.3×30×700000×2/365=34521
工厂运输	0.3×30×70000/2=315000	0.3×30×35000/2×0.84=132300	0.3×30×17500/2×0.81=63788
仓库运输	0.3×(30+0.1)×70000/2 =316050	0.3×(30+0.2)×35000/2×0.84 =133182	0.3×(30+1.4)×17500/2×0.81 =66764
合计	1063516	491783	1145072

由表 3-4 可以看出，虽然采用铁路运输时的运输费率最低，采用航空运输时的库存成本最低，但汽车运输的总成本最低。如果使用汽车运输，运输时间减少到 5 天，两个端点的库存水平比使用铁路运输大大减少。

本例中，库存持有成本很高，为 30%。对于这类产品，不能忽视库存成本对总成本的影响，加快库存周转是非常重要的。另外，各种运输方式的运输费率和运输时间也对运输方式的选择有重要的决定作用，尤其是在物流库存费率较高时，运输时间的缩短有利于库存快速周转，降低库存成本，使总成本降低。

3.3.3 货物运输调配

货物运输调配是指在多个供应地和多个需求地之间如何合理调配货物，以实现在满足需求的前提下运输总成本最低的目标。这类问题在运筹学中称为运输问题。下面通过一个实例对该类问题进行说明。

例 3-2 某公司下属三个仓库，供应四个客户，三个仓库的供应量和四个客户的需求量以及由各仓库到各客户的运输单价见表 3-5。求运输费用最少的运输方案。

表 3-5 运输单价

	客户 1	客户 2	客户 3	客户 4	供应量
仓库 A	3	11	3	10	700
仓库 B	1	9	2	8	400
仓库 C	7	4	10	5	900
需求量	300	600	500	600	2000

多点间的运输调度问题，目前主要有两大类求解方法：一类是单纯形法；一类是表上作业法。由于运输问题的数学模型具有特殊结构，所以应用单纯形法求解时，有许多冗余计算，该方法可以参照相关的运筹学专业书籍。

表上作业法适合于对相对简单的问题进行求解，求解过程方便直观，而且由于计算量不大，可以用手工直接完成。表上作业法步骤如下：

(1) 确定初始调运方案。确定初始方案的方法很多，一般常用的有西北角法、最小元素法等，这些方法在专业的运筹学书籍中都有详细介绍。这里介绍如何用最小元素法确定初始调运方案。

最小元素法是按运价表依次挑选运费小的供—需点组合，尽量优先安排运费最低组的方法。具体做法是先找出所有运价中最小的运价。在表 3-5 中，仓库 B 到客户 1 的运价最低，B 先尽可能满足客户 1 的需求，于是在表 3-6 单元格（2，1）中填入 300。此时，由于客户 1 已全部满足，不再需要 A、C 仓库供应，运价表中的第一列数字已经不再起作用，因此将运价表的第一列划去。

然后，在运价表尚未划去的行、列中，再选取一个最小值，即仓库 B 到客户 3，让仓库 B 尽量满足客户 3 的需求。由于仓库 B 储备量为 400，已供给客户 1 300，所以最多只能供应客户 3 100，于是，在单元格（2，3）中填入 100。相应地由于仓库 B 所储物资已全部供应完毕，因此在运价表中与 B 在同一行的运价也已不再起作用，所以也将它们划去。直到所有的行列全部划去，就可得出初始调运方案。

一般情况下，初始方案在产销平衡表方格中填上数字的格子数目是“产地数+销地数−1”。但在按最小元素法做初始运输方案时，有时会遇到不需要或不能供给的情况，就在本应填数的单元格内加“0”，仍然计数。

表 3-6 中第一行单元格右侧的数字是其相应的运价，根据得到的初始调运方案，计算运输费用为：

$$1 \times 300 + 4 \times 600 + 3 \times 400 + 2 \times 100 + 10 \times 300 + 5 \times 300 = 8600(\text{元})$$

表 3-6 初始调运方案

	客户 1	客户 2	客户 3	客户 4	
	3	11	3	10	
	1	9	2	8	供应量
	7	4	10	5	
仓库 A			400	300	700
仓库 B	300		100		400
仓库 C		600		300	900
需求量	300	600	500	600	

（2）初始方案的检验。在制订了初始调运方案之后，需要对它进行检验，如果制订的初始调运方案不是最优方案，需要对其进行调整，直到获得最优调运方案。如何判断调运方案是不是最优呢？在此，引进最优方案的数字特征——检验数的概念。

首先介绍闭回路的概念。从理论上讲，对于表上作业法的初始方案来说，从调运方案表上的一个空格出发，存在一条且仅存在一条以该空格，用（i，j）或 x_{ij}，表示为起点，以其他填有数字的点为其他顶点的闭合回路，简称闭回路。这个闭回路有以下性质：

1）每个顶点都是转角点。

2）闭合回路是一条封闭折线，每一条边都是水平或垂直的。

3）每一行（列）若有闭合回路的顶点，则必有两个。

只有从空格出发，其余各转角点所对应的方格内均填写数字时，所构成的闭合回路是我们所说的闭回路。过任一空格的闭合回路不仅是存在的，而且是唯一的。

下面以表 3-6 的初始调运方案为例，来说明闭回路的性质，表 3-7 给出了单元格（1，1）的闭回路：(1,1)—(1,3)—(2,3)—(2,1)—(1,1)，其他空格的闭回路与此同理。

表 3-7 表 3-6 方案闭回路

	客户 1	客户 2	客户 3	客户 4	供应量
仓库 A			400	300	700
仓库 B	300		100		400
仓库 C		600		300	900
需求量	300	600	500	600	

在调运方案内的每个空格所形成的闭回路上做单位物资的运量调整，总可以计算相应的运费是增加还是减少。我们把计算出来的每条闭回路上调整单位运量而使运费发生变化的增减值称为检验数。如果检验数小于 0，表示在该空格的闭回路上调整运量会使运费减少；相反，如果检验数大于 0，则会使运费增加。

用闭回路法求检验数时，需要给每一空格找一条闭回路。当产销点很多时，这种计算很烦琐，可以改用较为简便的“位势法”求解。

设 u_1，u_2，…，u_m；，…，v_n，是对应运输问题的 $m+n$ 个约束条件的对偶变量。在初始调运方案中 x_{13}，x_{14}，x_{21}，x_{23}，x_{32}，x_{34} 是基变量，这时，对应的检验数是：

基变量检验数

$x_{21}c_{21}-(u_2+v_1)=0$　设 $v_1=0$，并且 $c_{21}=1$，所以 $u_2=1$

$x_{23}c_{23}-(u_2+v_3)=0$　$2-(u_2+v_3)=0$

$x_{13}c_{13}-(u_1+v_3)=0$　$3-(u_1+v_3)=0$

$$x_{14}c_{14}-(u_1+v_4)=0 \quad 10-(u_1+v_4)=0$$
$$x_{34}c_{34}-(u_3+v_4)=0 \quad 5-(u_3+v_4)=0$$
$$x_{32}c_{32}-(u_3+v_2)=0 \quad 4-(u_3+v_2)=0$$

通过这些方程可以求得：

$$u_1=2,\ u_2=1,\ v_1=0,\ v_2=7,\ v_3=1,\ v_4=8$$

在初始调运方案中增加一行一列，在列中填入 u_i，在行中填入 v_i。接下来，计算所有空格的检验数。完成后的表格见表 3-8。

表 3-8 检验数表格

	客户 1 3 1 7	客户 2 11 9 4	客户 3 3 2 10	客户 4 10 8 5	u_i
仓库 A	1	2	0	0	2
仓库 B	0	1	0	-1	1
仓库 C	10	0	12	0	-3
需求量	0	7	1	8	

（3）方案调整。判定一个初始调运方案不是最优调运方案的标准，是在检验数表格中出现负值的检验数。如果检验数的负值不止 1 个时，一般选择负检验数绝对值最大的空格作为具体调整对象。

从表 3-8 可以发现，单元格 x_{24} 的检验数是负数，因此对其进行调整，具体过程见表 3-9。

表 3-9 调运方案调整表

x_{13} 400+100=500	x_{14} 300-100=200
x_{23} 100-100=0	x_{24} 0+100=100

从单元格 x_{24} 开始，沿闭回路在各奇数次转角点中挑选运量的最小数值作为调整量。在此将 x_{23} 单元格的 100 作为调整量，将两个数填入单元格 x_{24} 内，同时调整该闭回路中其他转角点上的运量，使各行、列保持原来的供需平衡，这样就得到一个新的调运方案，见表 3-10。

表 3-10 调整后的方案

	客户 1 3 1 7	客户 2 11 9 4	客户 3 3 2 10	客户 4 10 8 5	供应量
仓库 A			500	200	700
仓库 B	300			100	400
仓库 C		600		300	900
需求量	300	600	500	600	

按新方案计算调运物资的运输费用为：

$$300\times1+3\times500+10\times200+8\times100+4\times600+5\times300=8500\text{（元）}$$

新方案是否为最优方案，还需要再进行检验。经计算，该新方案的所有检验数都是非负数，说明该方案已经是最优方案了。

3.3.4 运输线路的优化

运输路线的优化主要是对单一车辆从起点到终点间的行车路线进行设计和优化。优化的目标可以是行车时间最短、距离最短或运输费用最少，一般统称为最短路径问题。

3.3.4.1 起、止点不同的单一路径规划

如果一批货物要从城市 A 运送到城市 B，从 A 市到 B 市的公路网如图 3-2 所示。节点代表经过的城市或站点，连线表示两点间是连通的，线上的数字表示两点间的运输代价。运输代价可以是时间、距离，或是时间与距离的加权平均。现在，要确定从 A 市到终点 B 市的最佳运输路线。忽略其他因素，一般可认为路线最短是最经济的。

这类路径规划问题称为最短路径问题。最短路径问题是线路优化模型理论中最为基础的问题之一。问题描述：假设有一个 n 个节点和 m 条弧的连通图 G（V_n，E_m），并且其中的每条弧（i，j）都有一个长度 c_{ij}（或费用 c_{ij}），则最短路径问题为：在连通图中找到一条从节点 1 到节点 n 距离最短（或费用最低）的路径。求解此类最短路径问题，主要有以下几种算法：（1）Dijkstra 算法；（2）逐次逼近法；（3）Floyd 算法。下面通过一个实例对该类问题进行说明。

例 3-3 某运输公司签订了一项运输合同，要把 A 市的一批货物运送到 B 市，该公司根据这两个城市之间可选择的行车路线的地图绘制了如图 3-2 所示的公路网络。图 3-2 中，圆圈也称节点，代表起点、目的地或与行车路线相交的其他城市；链（线段）代表两个节点之间的公路，每一条公路都标明运输里程。

可以看出，从 A 市出发到 B 市，可以有很多条路线可以选择，但是如何选择运输路线才能使总路程的长度最短？

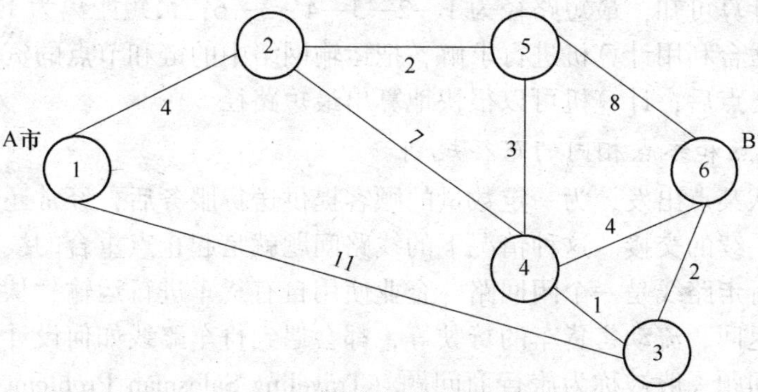

图 3-2　A、B 两地之间运输路线示意图

最短路径的计算方法：

解：

（1）找出第 n 个距起点最近的节点。对 $n=1，2，\cdots$，重复此过程，直到所找出的最近节点是终点。

（2）在前面的迭代过程中找出 $n-1$ 个距起点最近的节点及其距起点最短的路径和距离，这些节点和起点统称为已解节点，其余的称为未解节点。

（3）每个已解节点和一个或多个未解节点相连接，就可以得出一个候选点—连接距离最短的未解节点。如果有多个距离相等的最短连接，则有多个候选点。

（4）将每个已解节点与其候选点之间的距离累加到该已解节点与起点之间最短路径的距离上，所得出的总距离最短的候选点就是第 n 个最近的节点，其最短路径就是得出该距离的路径（若多个候选点都得出相等的最短距离，则都是已解节点）。具体计算步骤见表 3-11。

表 3-11　最短路径法的计算步骤表

步骤	直接连接到未解节点的已解节点	与其直接连接的未解节点	相关总成本	第 n 个最近节点	最小成本	最新连接
1	1 1	2 3	4 11	2	4	1—2
2	1 2 2	3 4 5	11 4+7=11 4+2=6	5	6	2—5
3	1 2 5 5	3 4 4 6	11 4+7=11 6+3=9 6+8=14	4	9	5—4
4	1 4 4 5	3 3 6 6	11 9+1=10 9+4=13 6+8=14	3	10	4—3
5	3 4 5	6 6 6	10+2=12 9+4=13 6+8=14	6	12	3—6

通过上表的计算可知，最短路径为 1—2—5—4—3—6，最短距离为 12。

最短路径法适合利用计算机进行求解，把运输网络中的链和节点的资料都存入数据库中，选好起点和终点后，计算机可以很快地算出最短路径。

3.3.4.2 起点和终点相同的路径规划

当一辆货车从某点出发，为一定数量的顾客提供送货服务后，经常还必须返回原出发点，以进行相关手续的交接。这种情况下的线路问题就是起止点重合的线路问题，此种情况下，一辆车的行走路线是一个闭回路。企业使用自有货车进行运输、从某配送中心送货到各零售点后再返回、流动售货车的行驶等，都会遇到行车路线如何设计的问题。起点和终点重合的路径问题一般被称为旅行商问题（Traveling Salesman Problem，TSP），是运筹学、图论和组合优化中的典型问题。

TSP 问题一般描述如下：一个旅行者从出发地出发，经过所有要到达的城市后，返回到出发地，要求合理安排其旅行路线，使得总旅行距离（或旅行费用、旅行时间等）最短。人们已经提出不少方法来解决这类问题。如果某个问题中包含很多个点，要找到最优路径是不切实际的，因为许多现实问题的规模太大。启发式算法是求解这类问题的好办法。

3.3.5 行车路线及时刻表的制订

行车路线和时刻表的制订问题是运输路径问题的扩展，也称为车辆路线安排问题（Vehicle Routing Problem，VRP）。在车辆路径的实际规划过程中，经常需要考虑一些实际的限制条件，例如，在客户需求点既有送货的要求，又有一定的取货要求；使用的多部车辆可能具有不同的容积和载重量；客户要求在特定的时间段送货或取货等。

VRP 问题一般可以描述如下：对一系列装货点或（和）卸货点，组织适当、合理的行车路线，使车辆有序地通过它们，在满足一定的约束条件下（如货物需求量、发送量、交发货时间、车辆容量、数目限制、车辆行驶里程、时间限制等），达到一定的目标（如最短路程、最小费用、最短时间、最少车辆等）。该问题涉及了多辆交通工具的服务对象的选择和路径（服务顺序）确定两方面的问题。

VRP 问题是组合优化领域著名的 NP 难题之一，求解方法一般相当复杂，通常的做法是应用相关技术问题分解或者转化为一个或多个已经研究过的基本问题（如旅行商问题、指派问题、最短路径问题等），再使用相对比较成熟的基本理论和方法进行求解。运用 VRP 模型对实际问题进行研究时，一般需要考虑以下几个方面的问题。

（1）仓库。仓库的级数，每级仓库的数量、地点和规模。

（2）车辆。车辆的型号和数量，每种车辆的容积和运作费用，出发时间和返回时间，司机休息时间，最大的里程和时间限制。

（3）时间窗口。由于各处的工作时间不同，每个站点每天只允许在特定的时间内取货或送货。

（4）顾客。顾客需求，装载、卸载，所处的地理位置，分离需求，优先等级。

（5）道路信息。车流密度，道路交通费用，距离或时间属性。

（6）货物信息。货物的种类多少，兼容性，货物的保鲜。

（7）运输规章。工人每天的工作时间，车辆的周期维护。

由于限制条件多，求解难度大，可以通过一些简化的原则来制订出合理的行车路线。这些原则包括：

(1) 安排车辆负责相互距离最接近的站点的货物运输。

(2) 安排车辆各日途经站点时，应注意使站点群更加紧凑。如果一周内各日服务的站点不同，就应该对一周内每天的路线和时刻表问题分别进行站点群划分。各日站点群的划分应避免重叠。

(3) 从距离仓库最远的站点开始设计路线。

(4) 卡车的行车路线应呈水滴状。

(5) 尽可能使用最大的车辆进行运送，这样设计出的路线是最有效的。

(6) 取货、送货应该混合安排，不应该在完成全部送货任务之后再取货。

(7) 对过于遥远而无法归入群落的站点，可以采用其他配送方式。

(8) 避免时间窗口过短。

由于以上限制条件，行车路线和时刻表的最优解很难求得，有许多方法可以处理这类复杂的问题，在此主要介绍两种方法，扫描法和节约法。

3.3.5.1 扫描法

路线设计中的扫描法很简单，即使问题规模很大，也可以通过手工计算得出结果。扫描法可阐述如下：

(1) 在地图或方格图中确定所有站点（含仓库）的位置。

(2) 自仓库始沿任一方向向外画一条直线。沿顺时针或逆时针方向旋转该直线直到与某站点相交。考虑：如果在某线路上增加该站点，是否会超过车辆的载货能力？如果没有，继续旋转直线，直到与下一个站点相交。再次计算累计货运量是否超过车辆的运载能力（先使用最大的车辆）。如果超过，就剔除最后的那个站点，并确定路线。随后，从不包含在上一条路线中的站点开始，继续旋转直线以寻找新路线。继续该过程直到所有的站点都被安排到路线中。

(3) 排定各路线上每个站点的顺序使行车距离最短。排序时，可以使用“水滴”法或求解旅行商问题的任何算法。

例 3-4 某公司用厢式货车从货主处取货，图 3-3（a）所示是一天的取货量，单位是件。厢式货车的载货量是 10000 件。完成所有取货任务需要一天时间。公司需要多少条运输路线（即多少部车）？每条路线上应该经过哪些站点？每条路线上的站点怎样排序？

解： 首先，向北画一条直线，进行逆时针方向“扫描”。这些都是随机决定的逆时针旋转该直线，直到装载的货物能装上一辆载重 10000 件的卡车，同时又不超载。一旦所有的站点都分派有车辆，就可以利用“水滴”法安排经过各站点的顺序，图 3-3（b）所示是所列出的最终的路线设计。

3.3.5.2 节约法

节约法的目标是使所有车辆的行驶总里程最短，并且为所有站点提供服务的卡车数量最少。该方法先假设每一个站点都有一辆虚拟的车辆提供服务，随后返回仓库，如图 3-4（a）所示，这时的路线里程最长。下一步，将两个站点合并到同一条行车路线上，减少一辆运输车，相应地缩短路线里程，选择节约距离最多的一对站点合并在一起，修订后的路线如图 3-4（b）所示。

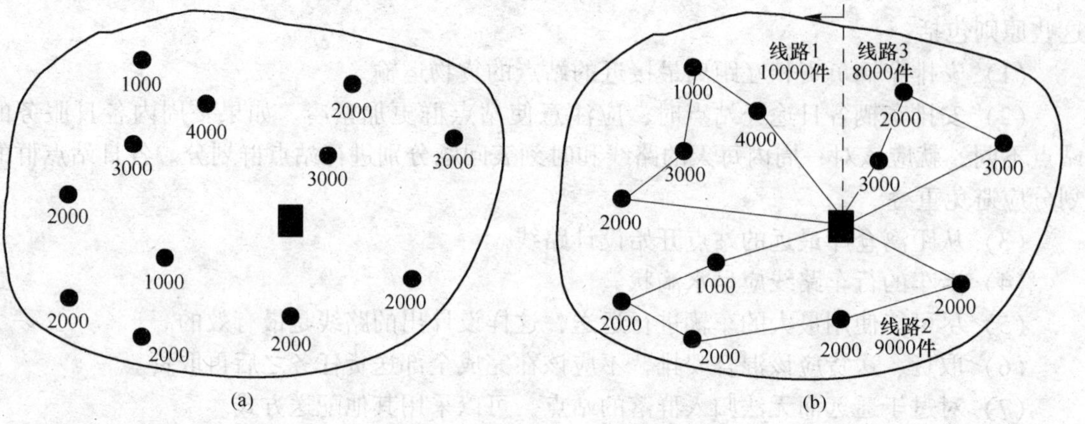

图 3-3 用扫描法设计行车路线

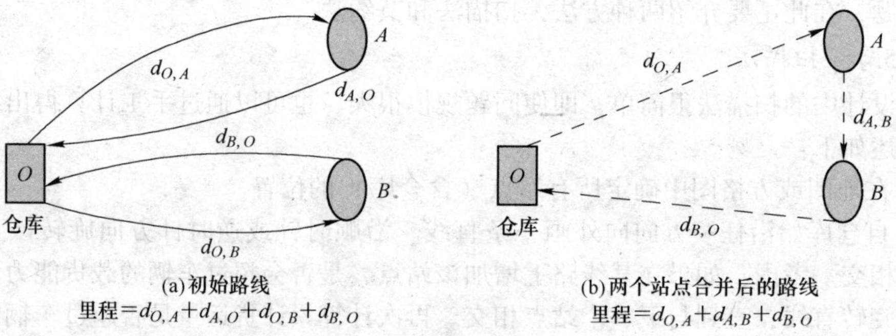

图 3-4 节约法示意图

继续以上过程，除了将单个站点合并在一起外，还可以将某站点并入已经包含多个站点的路线上。每次合都要计算所节约的距离，节约距离最多的站点就应该纳入现有路线。假如由于某些约束条件（如路线太长、无法满足时间窗口的要求或超过车辆的承载能力），节约距离最多的站点不能并入该路线，就要考虑节约距离次多的站点。重复该过程直到所有站点的路线设计完成。

3.4 供应链中的运输管理

3.4.1 供应链管理中的运输问题

运输是供应链的驱动要素之一，但是在供应链管理中却很少被提及，即使提到也主要是单纯地从运输自身的角度来考虑节约成本，没有从运输与供应链其他环节的相互关系出发进行分析。运输是供应链运作必需的环节，有效的运输策略甚至可以使货物不进仓库而直接在车辆间进行交换使运输设备成为流动的仓库。因此，面对全球经济体化的形势，没有良好的运输作业基础，企业很难在市场竞争中立足。供应链运输决策应考虑的问题包括以下几方面。

3.4.1.1 运输部门的激励机制

进行运输决策时应确保运输战略对企业的发展战略起促进作用。如在决策时只考虑降低运输成本而不顾客户响应程度，将使企业总成本增加。因此，企业对运输部门的业绩考核应综合考虑运输成本、受运输决策影响的库存成本，以及所达到的客户响应程度。

3.4.1.2 在自营运输和外包运输之间做出权衡

自营运输、外包运输各有优势。考虑使用自营运输、外包运输或二者兼而有之，应基于企业的运输管理能力和运输对企业发展战略的重要性。当运量较小、运输不是企业成功的关键因素时，可以将运输外包给第三方承担，以节约成本。然而，当运量大、客户响应程度重要时，运输对企业发展战略的成功影响非常大，企业应拥有自己的运输车队。

3.4.1.3 运输网络的柔性

进行运输网络设计时，应考虑需求的不确定性和运输的可利用性。忽视需求不确定性会导致大量采用廉价、非柔性的运输方式。如果运输计划不变，这种运输网络会执行得很好，然而当运输计划改变时，该网络往往就很差劲。如果企业考虑了不确定性，在运输网络设计中采用一些柔性的运输方式，虽然会昂贵一些，但可以让企业以较低的成本提供高水平的客户响应。

3.4.1.4 运输成本与其他相关成本

供应链中的运输决策必须考虑库存成本、设备和加工处理成本、供应链节点企业间的协作成本以及能够实现的客户的服务水平，对不同的运输配置进行评估，按不同的成本、收入以及协作的复杂性分成不同的等级，然后进行合适的运输决策。

A 运输与库存成本

前文已经讨论过运输对库存成本的影响。在供应链环境下，这种影响更加重要，越廉价的运输方式提前期越长，装货量也越大，库存水平升高；装载量小的运输方式可降低库存水平，但相对昂贵。在供应链环境中，运输与库存成本间的权衡不仅包括运输方式的选择，还包括供应链中库存的集中。

供应链中可以通过将分散的库存集中起来来降低安全库存量，但是库存集中策略可能会增加运输成本。当库存、设备成本占供应链总成本的比例很高时，集中库存是一个可以考虑的办法。对价值与重量比值高且具有高度需求不确定性的货物采用集中库存也是有效的。

B 运输成本与客户响应

供应链中运输成本与供应链提供的客户响应程度密切相关。如果企业的响应程度高，当天从客户接收到的订单当天完成，由于运量小、车辆利用率低，将导致很高的运输成本。反过来，如果降低响应程度，在发货前经过一段时间集中订单，将会因运量增大带来的规模经营而使运输成本降低，但集中订单因为耽搁了及时发货而使客户响应程度降低。

3.4.1.5 供应链中运输的不确定性

在供应链中运输是一个由多方共同参与的过程，它具有很强的不确定性。运输过程中出现的问题不仅会影响运输活动自身的正常进行，而且会降低供应链的整体绩效，甚至可能使供应链停止运作。如何避免运输不确定性带来的副作用是个值得关注的问题，只要有预见性和周密的规划，供应链中出现的运输问题大多可以成功解决。以下策略可供参考：

(1) 制订备选规划和具体的可选方案，使得遇到突发事件时能够从容应对，一旦运输出现问题，立即启动备选方案。

(2) 注意收集、更新有关数据，如燃料价格、承运商的经营状况等，通过对这些数据的分析，提高对运输问题的预见性。

(3) 选择承运商时，应进行全面、严格的考核分析，不能仅仅基于价格进行选择。

3.4.2 供应链运输网络

供应链环境下的运输网络可以有几种基本方案，下面我们将讨论供应链运输网络的设计方案。

3.4.2.1 供应链运输网络基本方案

A 直接运输网络

对于零售供应链而言，在直接运输网络中，所有货物直接从供应商处运达零售店每一次运输的线路都是指定的，供应链管理者只需要决定运输的数量并选择运输方式。

直接运输网络的主要优势在于无需中介仓库，而且在操作和协调上简单易行。运输决策只会对当次运输产生影响，不会影响别的货物运输。同时，由于每次运输都是直接的，从供应商到零售商的运输时间较短。

B 循环取货路线的直接运输网络

循环取货（Milkrun）路线是指一辆卡车将从一个供应商那里提取的货物送到多个零售店时所经历的线路，或者从多个供应商那里提取货物送至一个零售店时所经过的线路。在这种运输体系中，供应商通过一辆卡车直接向多个零售店供货，或者由一辆卡车从多个供应商那里装载要运送到一家零售店去的货物。一旦选择这种运输体系，供应链管理者就必须对每条循环取货路线进行规划，循环取货路线通过多家零售店在一辆卡车上的联合运输，降低了运输成本。

C 所有货物通过配送中心的运输网络

在这种运输系统中，供应商并不直接将货物运送到零售店，而是先运到配送中心，再运到零售店。零售供应链依据空间位置将零售店按区域划分，并在每个区域建立一个配送中心。供应商将货物送至配送中心，然后由配送中心选择合适的运输方式，再将货物送至零售店。

当供应商和零售店之间的距离较远、运费高昂时，配送中心（通过货物保存和转运）有利于减少供应链中的成本耗费。

如果商店的库存更新规模大到足以获取进货规模经济效益，配送中心就没有必要为其保有库存。在这种情形下，可采取货物对接的方式，即每一辆进货卡车上装有来自同一个供应商并将运送到多个零售店的产品，或每一辆送货卡车则装有来自不同供应商并将被送至同一家零售店的产品。货物对接的主要优势是：无需库存，加快了供应链中产品的流通速度，减少了处理成本。

D 通过配送中心使用循环取货线路的运输网络

如果每家商店的进货规模较小，配送中心就可以使用循环取货路线向零售商送货了。循环取货通过联合的小批量运送减少了送货成本。

3.4.2.2 量身定做的运输网络

量身定做的运输网络是上述运输体系的综合利用。它在运输过程中综合利用货物对接、循环取货路线、满载和非满载承运，甚至在某些情况下使用包裹递送，目的是根据具体情况采用合适的运输方案。

这种运输体系的管理是很复杂的，因为大量不同的产品和商店要使用不同的运送程序。量身定做的运输网络的运营要求较多的信息基础设施及其引起的投资，以便进行协调。但同时，这种运输网络也可以有选择地使用进货方法，减少运输成本和库存成本。在供应链中可以建立各种类型的量身定做的运输网络。

A 依据客户密度和距离量身定做

在设计运输网络的时候，企业必须考虑客户密度和客户到仓库的距离，依据客户密度量身定做理想的运输方案，见表3-12。

表3-12 依据顾客密度和距离制订的运输方案

顾客密度	短距离	中距离	长距离
高	采用循环取货路线的自营运输	采用循环取货路线的对接配送	采用循环取货路线的对接配送
中	采用循环取货路线的第三方运输	采用非满载承运商	采用非满载或包裹承运商
低	采用循环取货路线的第三方运输或非满载承运商	采用非满载或包裹承运商	采用包裹承运商

当密度较高、距离配送中心较近的顾客服务时，企业最好能拥有自己的卡车运输队伍，并采用循环取货路线来为顾客提供服务。如果客户虽然较密集但离仓库较远时，更好的选择是运用公共运输大卡车将货物运到离客户所在区域较近的对接中心，然后使用小卡车进行分装并使用循环取货路线送货。如果客户在空间上较分散，运用非满载运输方式或由第三方来进行循环取货路线运送是更经济的选择。如果一个企业的客户离仓库较远，而且空间上非常分散，即使非满载可能也是不可行的，这种情况下，包裹运送也许是最佳选择。

B 依据客户大小量身定做

大客户可以用满载运输进行供货，而小客户的供给则要用非满载运输或者循环取货方式运输。以相同的频率和相同的价格向大、小客户供货并非明智之举。企业的一种可行的方案是：向小客户的要价较高，而向大客户要价较低；另一种可行的方案是设计一种特殊的循环取货线路，为大客户送货的频率较高，为小客户送货的频率较低。

C 依据产品价值和需求量量身定做

价值高、需求量大的产品的补给周期库存是分散进行的，因为这样做能确保用便宜的运输方式补给订货；这类产品的安全库存则是集中进行的，因为这样做可以减少库存。对价值低、需求量大的产品来说，所有库存都必须分散进行，以接近客户并减少运输费用。对价值高、需求量小的产品，应集中所有库存以节约库存成本。对价值低、需求量小的产品来说，应将补给周期库存布局在接近客户的地方，把安全库存集中起来，以便在获取一定程度的集中优势的同时减少运输费用。其补给周期的库存更新采用廉价的运输方式，以节约运费。

案例分析

循环取货方式在上海通用汽车的实践和应用

循环取货方式（Milkrun）的本意为送奶工给若干用户送奶并回收空奶瓶所经历的路线，其完整含义是指一辆卡车按照既定的路线和时间依次到不同的供应商处收取货物，同时卸下上一次收走货物的空容器，最终将所有货物送到需求点的一种公路运输方式。该运输方式适用于小批量、多频次的中短距离运输要求，其核心是设计循环取货的运输路线。

上海通用汽车有限公司成立于1997年6月12日，是由上海汽车工业（集团）总公司与美国通用汽车公司双方合资组建，总投资15.2亿美元，双方各占50%股份。目前，上海通用拥有浦东金桥、烟台东岳、沈阳北盛和武汉分公司四大生产基地，共4个整车生产厂、2个动力总成厂，拥有别克、雪佛兰、凯迪拉克等品牌，覆盖了从顶级豪华车到经济型轿车各梯级的市场，以及MPV、SUV等细分市场。

一、未采用Milkrun方式之前的入厂物流状况

在未用Milkrun方式之前，尽管上海通用汽车遵循市场拉动的方式组织安排生产，但是国内零部件供应商的供货方式主要还是依靠供应商自己供货。在2003年前后，为上海通用汽车直接配套的国内供应商有150多家，其供货方式有如下几种形式：

（1）大件供应商实施“门对门”的直接供货，如坐椅等。

（2）供应商把零部件从其工厂送到上海通用附近的仓库进行存储、排序，再送到上海通用，如车门外饰板等。

（3）绝大多数供应商先把零部件送到上海通用的第三方物流RDC——零件再包装中心，然后由RDC配送到上海通用。

随着车型的增加、国产化率的提高以及供应商数量的增加，第三种供货方式的弊病突显。首先，随着国内供应商数量的增加，RDC及上海通用汽车公司接收零部件的过程更复杂。其次，尽管上海通用给了供应商拉动物料单，但是供应商实际还是采用推动式送货，供应商在均衡生产、库存、运输效率的考虑中，在可能情况下，会尽量地增加运量，从而增加整车厂的库存。再次，由于运输效率低，有些生产小零件的供应商在运输成本的压力下，会一次性生产产量大、运输成本最低、容积率高的零部件，其结果要么是库存高，要么是运输成本高。最后，在这种供货模式下，由于许多供应商把零部件的运输外包给社会运输单位，而这些运输单位由于在管理技术、服务方面的差距，不得不在价格方面恶性竞争，其结果是车况差、驾驶员素质差、安全运输差、及时性差，造成较大安全隐患。

二、Milkrun在上海通用汽车公司的应用

根据Milkrun的运输特点，该运输方式不仅能降低汽车整车企业的零部件库存，降低零部件供应商的物流风险，还能减少缺货甚至生产线中断的风险，从而使整车生产商及其供应商的综合物流成本下降。

循环取货是由一家（或几家）运输承运商根据预先设计的取货路线，按次序到供应商 A、B、C……取货，然后直接运送到主机厂或 RDC。

循环取货是一种非常优化的运作模式，其特点是：多频次、小批量、及时拉动。它把原先供应商送货的“推动”方式转变为上海通用委托的物流运输者取货的“拉动”方式。其优点包括：有利于空箱周转；有利于标准化作业，同一种零部件、同一条路线、同一时间可以按照小时计取货；有利于运输效率及容积率的提高，在相同产量下，运输总里程大大下降，容积率可以事先计划和在实施中尽量提高，从而运输成本将大大下降。

循环取货是由整车厂委托专业运输承包商进行运作，运输车辆的状态、驾驶员的素质和专业要求等因素得到保证，从而使安全供货得到保证。上海通用委托一家专业性物流咨询公司进行循环取货的路线和方案设计、更新和维护，委托另一家专业物流运输商进行循环取货运作。

上海通用汽车公司采用的循环取货方式如图 3-5 所示。

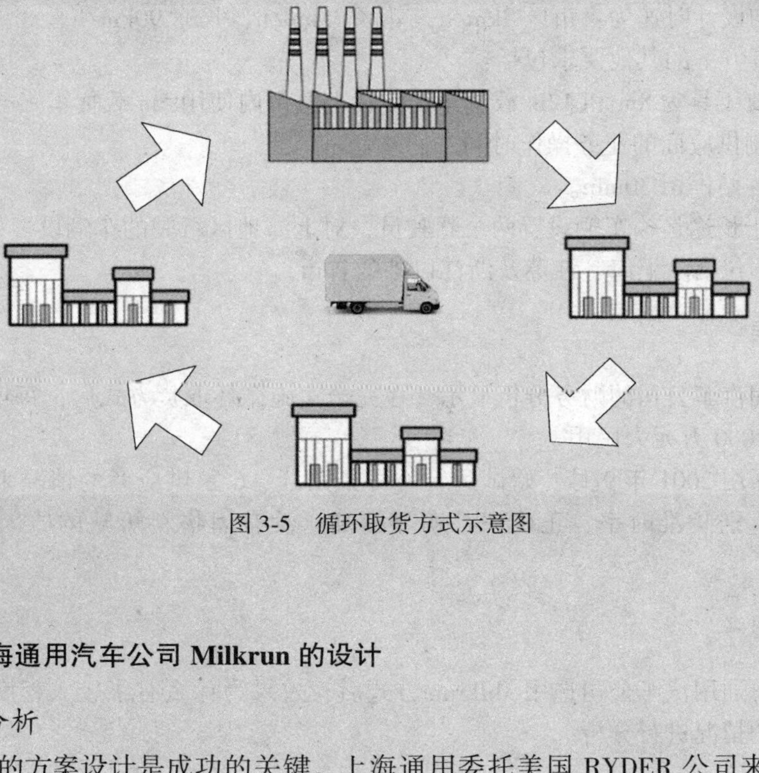

图 3-5　循环取货方式示意图

三、上海通用汽车公司 Milkrun 的设计

（一）分析

Milkrun 的方案设计是成功的关键。上海通用委托美国 RYDER 公司来承担物流策划管理的职责。

按照上海通用汽车公司 2003 年的统计，其国内供应商有 75 家位于上海，占供货比例的 80%；25 家分布在江苏，占供货比例的 16%；有 13 家分布在浙江，占供货比例的 3.01%。供应商集中在江、浙、沪一带，为循环取货的实施创造了有利的条件。

进一步分析得知，46%的供应商同时向别克轿车、别克 GL8 商务旅行车、赛欧家庭轿车以及赛欧休闲车 4 种平台供货，约 87%的供应商向 2 种以上平台供应零部件。

(二) 运输车辆参数确定

运输车辆的选定充分考虑了国内交通状况以及供应商的实际情况。在国外往往采用集装箱载货车来进行循环取货,但国内的送货平台都没有专门为集装箱载货车而设计的。经过讨论,公司选用 12m、8m 和 5m 的载货车改装成的开启式厢式车,并采用侧面开启方式,以扩大装卸工作面,提高装卸效率。运输车辆参数见表 3-13。

表 3-13 运输车辆参数

车长/m	尺寸/m			最大容积	
	长	宽	高	m^2	kg
12	12	2.4	2.4	61	12000
8	8	2.4	2.4	41	8000
5	5	2	1.9	16	2000

车辆平均设计时速为:市区 9km/h,郊区 35km/h,长途 90km/h。

循环取货方案的其他要求包括:

(1) 主要工具为 8m 和 12m 载货车,但在上海市内使用 5m 载货车。

(2) 限制供应商的业务操作时间。

(3) 每一站停留 30min。

(4) 对于长途运输车辆设置两个驾驶员,对上海地区行驶的车辆设置一个驾驶员。

方案中不包括除上海、江苏及浙江以外的省市。

四、效果

上海通用汽车公司的财务分析显示,在完全实施循环取货方式后,每年可节约零部件运输成本 1000 万元人民币。

从上海通用 2001 年 9 月开始试运行的 2 条路线、6 家供应商的情况来看,运输成本节约 30%,送货准时率、正确率都明显提高,没有因物料短缺的原因造成生产线停线。

案例讨论与思考

讨论上海通用汽车公司选用 Milkrun 方式后,效果为什么有了较大程度的改观?对于应用前后的情况进行分析。

思 考 题

3-1 运输系统为什么很重要?运输有哪些功能?

3-2 简述运输中间商在运输过程中的作用。

3-3 运输服务有哪些特征?

3-4 五种基本运输方式各自有怎样的优缺点？

3-5 影响运输决策的因素有哪些？

3-6 企业为什么要使用自营运输？

3-7 运输定价决策有哪几种？

3-8 运输合理化的表现形式有哪些？

3-9 供应链环境下运输管理应该考虑哪些问题？

3-10 某电机公司按照到货价格为电器分拨公司供应电机，电机公司负责货物的运输。运输经理有三个送货方案可以选择，相关信息见表 1。

表 1　三种运货方案

运输方式	运送时间/天	每台运价/元	运输批量/台
铁　路	16	25	10000
驼　背	10	44	7000
公　路	4	88	5000

电器分拨公司每年采购 50000 台电机，合同规定的运到价格为 500 元/台，两家公司的库存持有成本都是 25%，电机公司该选择哪种运输方式？

4 库存管理

4.1 库存概述

库存是物流运作的润滑剂，库存计划、存储是所有物流活动的基础。库存产品可得性是顾客服务中最重要的方面。库存持有成本是物流成本中所占比例最大的部分。将实物存货转化为流动资产是很困难的，因此持有库存有很大的风险。但是，对于整个企业物流系统的每一个环节而言，无论是原材料的采购、在制品的生产加工，还是产品的包装、装卸、运输、配送等，都离不开库存。库存是一项巨大、昂贵的投资，需要支付巨额的成本。努力减少库存并降低库存成本，同时提升顾客服务水平是库存管理的核心任务。

4.1.1 库存物品的战略地位

4.1.1.1 持有库存的原因

由于库存物品涉及资金占用、仓储、安全、老化、丢失、保险、包装、管理等方面的成本和费用，因此库存成本很高，但是为了平衡供给和需求之间的矛盾，使企业的整体运作顺利进行，必须保有一定量的库存物品。

库存物品在销售和生产之间起缓和供需矛盾的作用。在订单完成周期中存在各种不确定因素，并且存在交货提前期。对于客户来讲，希望在需要时能够立刻买到商品，这就要求企业进行事先安排。如果企业能够准确知道客户需要产品的时间，就可以对生产进行计划，使得产品在需要的时候生产出来，不需要或仅需很少的库存产品。但实际上，客户的需求在时间和数量上都有不确定性，这就需要企业生产出产品等待客户购买，从而保证产品或服务的可得率。另外，在生产过程中，不同环节的衔接也需要库存物品的支持。例如，生产流水线的理想状态是：第一个生产环节制造了一个部件，发送给第二个生产环节进行处理。如果第一个生产环节生产出的是废品，或由于某种原因未能及时送达第二个生产环节，就会造成生产中断。因此，生产过程的连续也需要库存物品的支持。

4.1.1.2 库存物品对企业运作的影响

（1）保证可得性，提高客户满意度。库存物品能够解决供给和需求之间的变化和不确定性问题，在企业运作过程中出现下列问题时，可以保证存货可得性，从而提高服务水平和客户满意度。

1）当需求大于预期时，或在未能预期的时间点有客户需求时。

2）当供应商送货延迟或者到货数量低于预期时。

3）当发生突发事件时。

（2）降低成本。虽然持有库存会产生成本，但也可以间接降低其他方面的运营成本，两者相抵还有可能带来成本的节约。

1）在生产过程中，尽管大批量生产会产生大量中间产品和产成品库存，但是大批量生产可以减少生产批次，使得生产具有一定的规模效益，从而降低生产成本。在采购过程中，采购部门可以通过大批量采购来争取价格折扣，大批量采购带来的成本可以被采购价格降低带来的收益所抵消。

2）在运输过程中，由于存在着运输规模效益，可以通过增加运输批量降低运价减少单位装卸成本来降低运输成本，但增加运输量会导致运输渠道两端的库存水平增加。如果运输成本的节约能够抵消库存持有成本的上升时，大批量运输是值得的。

4.1.2 库存的分类

4.1.2.1 从生产过程的角度分类

从生产过程的角度来看，物料以原材料、零部件状态进入生产过程，经过生产加工制成在制品，最终变成产成品。按照在生产过程中的不同形态，库存可以分为原材料库存、在制品库存和制成品库存三类。原材料来自供应商，在企业内部进行存储，直至投入使用。在制品是企业内部各环节操作用的半成品。制成品是指制造完毕、准备发往客户的产品。

使用这种分类方式时要注意，一个企业的制成品对于另一个企业来说可能是原材料。有些企业只有制成品存货，如零售商和批发商；而有些企业则拥有所有上述存货。此外，一些物料无法被准确地归类于上述三类存货类型之中，包括企业生产中所使用的机械设备的零部件以及易耗品，如油料、纸制品、清洁剂等。这两种物料都对生产起支持作用，但都不是最终产品的一部分。

4.1.2.2 根据存货的用途分类

A 周转库存

周转库存是指为了满足连续补货期间的平均需求而存储的必要库存。周转性库存很大程度上取决于生产批量的规模、经济运输批量、储存空间的限制、补货提前期以及供应商的数量折扣等。例如，某仓库每周销售 2 个单位的货物，但是它可能会选择每月进一次货，一次定购 8 个，来满足一定周期的产品需求。通过这种方法，来降低运输成本和采购费用，获得供应商的数量折扣。对这类库存的管理主要是处理订货批量、订货周期与储存成本、采购成本之间的优化。

B 安全库存

安全库存是为了防止供应的意外情况与需求的不确定性而设立的一种库存。例如，为了防止供应商可能发生的事故、原材料运输不能按期到达等意外情况造成材料供应短缺，需要设立安全库存；产品销售的不可预测性，也要储存一定量的成品库存；为预防本企业发生的意外情况，需要设立半成品的安全库存量。

C 中转库存

由于运输不会瞬时完成，因此在存储点和运输途中就会存在库存，这些库存主要是为了中转货物而存在的。这类库存与物流系统的设计息息相关。生产加工过程中为了平衡设备产能所产生的生产库存（In-Process Inventory）与中转库存的性质类似。

D 季节性库存

一些商品具有明显的季节性消费特征，如空调。当销售高峰期到来时，产品会供不应求；在其他季节，产品则会滞销。因此，需要在高峰季节来临之前开始生产，保持一定量的库存。这类库存管理需要考虑企业生产能力与季节库存量之间的优化。投资设备、扩大生产能力可以降低季节库存量。

E 投机库存

投机库存是指为了避免因货物价格上涨造成损失，或为了从商品价格上涨中获利而建立的库存。

上述各种库存有不同的作用和好处，见表 4-1。

表 4-1 各类库存的作用及好处

库存类型	作 用	好 处
周转库存	在生产准备、采购、运输过程中实现单件订货无法实现的规模效应	获得采购折扣减少准备次数降低运货、物料搬运和管理成本
安全库存	防范需求意外过高或过低和提前期过长或过短	减少销售机会和缺货 提升客户服务水平 降低客户反应成本
中转库存	在设施之间或之内搬运或暂存	移动仓储
季节性库存	平衡生产	减少加班和分包制造能力利用率更高
投机库存	回避价格上涨的风险	降低原材料成本

4.1.3 库存管理的目标

4.1.3.1 企业经营中库存管理的目标

管理者希望在需要的时候取得物料，并且希望能够对成本进行控制。在不同的层面上，库存管理具有不同的目标。在供应链管理层面，库存管理应致力于整个供应链中物料的有效流动；在企业整体运作层面，以库存管理支持物流运作，从而促进企业整体目标的实现；在库存管理的职能层面，当有物料需求时，库存管理者要确保物料顺利到位。

对于库存在企业中的角色，企业中的不同部门有着不同的看法。库存管理部门力图保持最低的库存水平，以减少资金占用、节约成本。销售部门愿意维持较高的库存水平，从而避免发生缺货现象，提高客户满意度。采购部门为了降低单位购买价格，往往利用数量折扣的优惠，通过一次采购大量的物资来实现最低的单位购买价格，这样做不可避免地会提高库存水平。制造部门愿意对同一产品进行长时间的大量生产，这样可以降低单位产品的固定费用，而这样又往往会增加库存水平。运输部门倾向于大批量运送，利用运量折扣来降低单位运输成本，这样会增加每次运输过程中的库存量。总之，库存管理部门和其他部门的目标存在冲突，如图 4-1 所示。为了实现最佳库存管理，需要协调和整合各个部门的活动，使每个部门不仅以实现本部门的功能为目标，更要以实现企业的整体效

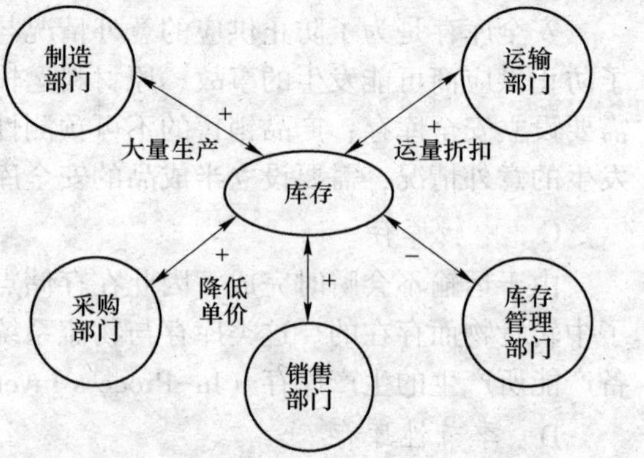

图 4-1 库存管理部门和其他部门的冲突

益为目标。

4.1.3.2 供应链中的库存管理

在复杂的供应链网络中，不同的管理者担负不同的管理任务，不同的供应链节点企业的库存，包括供应链输入端的原材料和供应链输出端的最终产品，都有复杂的关系组成供应链的各企业之间的关系在过去是相互买卖交易关系，企业并不习惯通过相互交流信息、相互协调进行库存管理，更不用说在供应链水平上分享信息和协调进行库存管理。这样往往会形成不必要的大量库存，同时，也可能降低供应链的客户满意度。

供应链环境下的库存管理和传统的库存管理有许多不同之处，这些不同点体现出供应链管理思想对库存的影响。传统的库存管理侧重于优化单个企业的库存成本，从储存成本和订货成本出发确定经济订货量和订货点。从单一的库存管理角度看，这种管理方法有一定的适用性，但是从供应链整体的角度看，单一企业库存管理的方法是不够的。供应链的库存管理不是简单的需求预测与补给，而是要通过库存管理获得供应链客户服务与供应链整体利润的优化。

不论是对于单个企业还是对于供应链而言，库存管理的主要目标都是在提升客户服务水平的同时降低库存投资。在供应链中，可以通过五个要素的逐步改进（如图 4-2 所示），实现供应链库存管理的目标。这五个要素分别为：（1）提高预测准确度；（2）减少周转时间；（3）降低采购订单成本；（4）增加供应链上库存的透明度；（5）降低库存持有量。供应链是一个整体，需要协调成员企业各方的活动，才有可能实现上述五个要素的持续改进，才能取得最佳的运作效果。

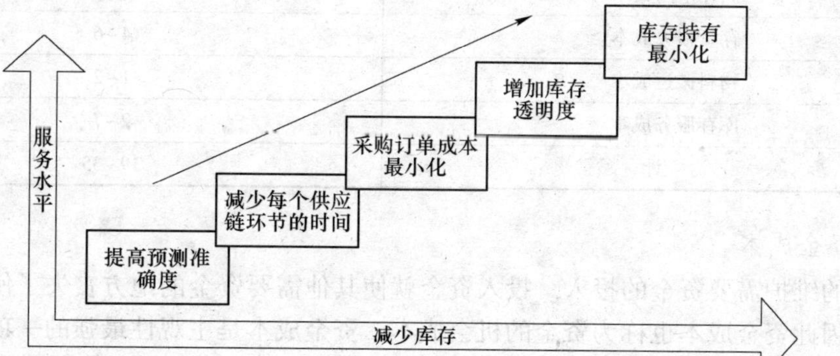

图 4-2 供应链库存控制的逐步改进

4.1.4 库存成本

只要有库存物品，就会产生成本，从整体来看，这些成本的总和通常相当于存货总价值的 20%左右。较低的存货水平可以降低企业的成本，但是当存货水平较低时，又会造成缺货，使得整体运作中断，导致更大的机会成本。因此，在确定存货水平时，必须进行权衡。存货成本主要分为四种，即单位成本、再订货成本、库存持有成本和缺货成本。

4.1.4.1 单位成本

单位成本是指生产或取得单位产品而耗费的平均成本。通常，单位成本信息比较容易得到，如可以通过供应商的报价表或发票得到。但在某些情况下，获取准确的单位成本并非易事。例如，当同时有几个供应商提供可替换的产品，并且各自的交易条款不同时，要想得到准确的单位成本信息就比较困难。

4.1.4.2 再订货成本

再订货成本指的是对某种产品实施再次订货所产生的成本，包括制作订单的相关费用、通信费用、收货费用、设备使用费以及跟进所产生的费用等。其中，需要劳动力的环节是订购过程中成本最高的环节，采购订单处理过程自动化通常能够大大减少劳动力成本并提高生产率。由于不是第一次采购的成本，所以不包括寻找供应商、检查产品质量和可靠性、询价、谈判等相关费用。在实践中，可以用采购部门的年采购总成本除以订单数量得出。

当企业自行生产某种产品的时候，再订货成本指的是批量开工成本，包括生产相关的文件档案成本、重新配置设备时的机会成本、操作人员闲置成本、试车时产生的测试物料的成本、试运行时生产效率较低所造成的机会成本等。

4.1.4.3 库存持有成本

库存持有成本是指一段时间内持有一个单位的某种产品所产生的成本。计算库存持有成本的时间段通常为一年。它由资金成本、储存空间成本、存货损失成本、物料搬运成本和库存服务成本构成（见表4-2）。

表 4-2 库存持有成本占单位成本的比率 （%）

资金成本	10~15
储存空间成本	2~5
存货损失成本	4~6
物料搬运成本	1~2
库存服务成本	2~7
合 计	19~35

A 资金成本

存货的维护需要资金的投入。投入资金就使其他需要资金的地方丧失了使用这笔资金的机会，因此资金成本也称为资金的机会成本。资金成本是主观性最强的一项成本，这部分成本往往难以估算。有些企业使用资金成本的平均值，也有些企业使用企业投资的平均回报率进行估算。

B 储存空间成本

库存物品会占用储存建筑内的空间，需要支付相应的费用，这部分成本称为储存空间成本。如果使用租借空间，储存费用一般按一定时间内储存产品的量来计算。如果使用自有仓库，则空间成本取决于所分担的运营成本，这些运营成本都是与储存空间相关的，如取暖和照明的成本；同时，还取决于与储存量相关的固定成本，如建筑和储存设施的成本。

C 存货损失成本

在库存物品的储存过程中，一部分存货可能由于损坏、损耗、被盗、变质、报废或其他原因不能再进行销售，从而产生存货损失成本。这部分成本可以用产品价值的直接损失来估算，也可以用重新生产产品或从备用仓库中供货的成本来估算。

D　物料搬运成本

物料搬运成本包括一切物料的搬运、特殊包装、冷藏、堆码产生的成本。

E　库存服务成本

库存服务成本包括存货的保险费用、税金和其他管理费用。根据产品的价值和类型以及丢失和破损的风险产生相应的保险费，并且保费和税金依产品不同而不同，在确定库存成本时必须考虑这一点。

4.1.4.4　缺货成本

当客户下达订单，但所订货物无法供货时，就会产生缺货成本。如果出现缺货，不仅会在销售额上有损失，还会对企业的商誉、未来业务的开展等造成影响。对于生产来说，任何部件的缺货都会造成严重的运作中断，需要实施紧急应对方案，重新部署运作计划。缺货成本还包括一些应对缺货的相关费用，如发布紧急订单、支付特殊送货的费用以及采用更昂贵的替代品和供应商产生的额外费用等。缺货成本往往难以估算，因为缺货对生产和销售的影响很难量化，企业在通常情况下宁愿付出一定量的库存持有成本也不愿意出现缺货的情况。

4.1.5　库存管理的基本问题及其解决方案

4.1.5.1　库存管理的基本问题

库存管理需要对有关存货的问题作出正确的决策。需要决策方面很多，仅库存控制，就需要针对以下三个问题作出决策。

A　在存货中应包括的产品

由于库存物品会产生成本，所在企业要将客户服务保持在可以接受的水平上，同时使库存水平实现最小化。这就意味着要把现有产品的存货控制在合理的水平上，杜绝向库存中加入不必要的产品，把那些不再使用的产品从库存中清除出去。

除非实施严格控制，否则库存成本往往会上升。企业为了保证较好的可得率往往会准备较多存货。另外，由于不断有新产品出现，库存中会加入新的存货品种，而那些过时的产品却往往保留在存货之中。在把新产品纳入存货之前，应该对持有该产品存货与不持有该种产品存货的成本和收益进行认真比较。只有证明持有该种产品的存货有明显好处时，这种产品才应该被纳入存货之中。同时，还应该对存货中产品的实际使用情况进行监控，一旦某种产品价格下降到没有储存的必要时，就应该立即把它从存货中清除出去。

B　对供应商发出订单的时间

企业可以用两种方式控制订单的发出时间：第一种方式是对库存状况进行连续监控，而且存货下降到一定水平，企业立即实施固定数量的订货，每次发出固定批量的订单，需求的变化可以通过改变发布订单间隔时间来应对；第二种方式是按照固定的周期盘点库存，根据库存的实际存量发出批量规模不一的订单。

C　订购的数量

每次发出订单都会产生相应的管理成本和送货成本。如果大批量、低频率订货，订货和送货的成本就可以被控制在较低的水平，但是存货水平和平均库存的价值会比较高；如果小批量、高频率订货，订货和送货的成本会比较高，但平均库存水平却会比较低。在通常情况下，需要在库存水平和订货、送货成本之间进行权衡，以实现总成本最小化。

一旦在订货的频率和数量方面作出了决策，就可以回答平均存货水平、成本、服务水平、出现缺货的可能性等一系列情况。

4.1.5.2 库存管理基本问题的解决方案

A 独立需求

当一种产品的需求相对于其他产品的需求是相对独立的，不会受到其他产品需求的影响，该种产品的需求就是由不同客户的需求叠加。在这种情况下，库存控制就是在需求预测、成本和其他变量的量化模型的基础上寻求最佳订单批量和时间点。可用的模型包括定量订货模型和周期性订货模型。

B 关联需求

当对不同产品的需求相互关联时，例如，在工厂中，一个产品由多种部件组装而成，当确定要生产一件产品时，这些部件的需求是通过生产计划相互关联的，企业可以把对产品部件的需求与生产计划进行关联，制订物料需求计划。

4.1.6 库存系统的绩效评价指标

4.1.6.1 平均库存投资

平均库存投资是指一段时间内所有物品总存货量的平均值。产品平均库存价值是其平均库存水平和单位库存价值的乘积。

4.1.6.2 库存周转率

库存周转率可以表示为年销售金额与平均库存投资的比值。例如，某种产品年销售额为100万元，平均库存投资为25万元，则其库存周转率为4。也就是说，库存资金在一年内周转了4次。较高的库存周转率往往意味着较高的库存投资回报。

4.1.6.3 产品满足率

产品满足率是指当顾客对某种产品提出需求时，库存系统中有存货，能够立刻满足顾客需求的百分率。例如，95%的产品满足率意味着当顾客提出供货需求时，有5%的货物库存系统中没有。

4.1.6.4 订单满足率

订单满足率是指当顾客发出某个订单需求时，库存系统中有该订单中所有的产品且能立刻满足顾客需求的百分率。由于顾客订单往往会同时包括多种产品，因此订单满足率常常会低于产品满足率。

4.1.7 库存的ABC分类管理

ABC分类库存管理技术，又称为库存重点管理法，起源于ABC分析法，是1951年由美国电气公司的迪克首先在库存管理中倡导和应用的。

企业的库存物资种类繁多，每个品种的价值不同，库存数量不等，有的物资品种不多但价值很大，而有的物资品种很多但价值不高。由于企业的资源有限，因此应将管理的重点放在重要的库存物资上，对库存物资进行分类管理和控制，这就是ABC分类管理方法的基本思想。

ABC 分类管理方法将库存物品按重要性程度分为特别重要的库存（A 类库存）、一般重要的库存（B 类库存）和不重要的库存（C 类库存）三个等级，然后针对不同的级别分别进行管理和控制。

库存分类可以按以下步骤进行：

（1）将商品按其库存额从大到小进行排序，并算出总库存额。

（2）计算累计库存额占总库存额的百分率。

（3）按累计库存百分率将商品划分为 A、B、C 三类。

三类库存物资的划分如图 4-3 所示。具体地说，A 类库存品种占库存品种总数的5%~20%，而其占用的资金金额占库存资金总额的 60%~70%。B 类库存品种约占库存品种总数的 20%~30%，其占用的资金金额大约占库存资金总额的 20%。C 类库存品种约占库存品种的 60%~70%，而其占用的资金金额占库存资金总额的 15%以下。

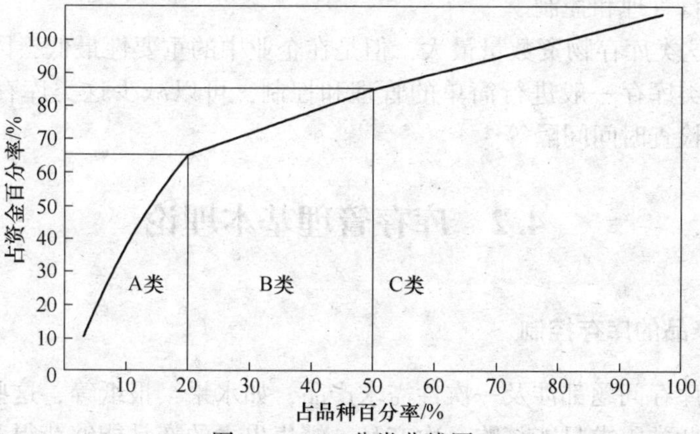

图 4-3 ABC 分类曲线图

ABC 分类方法在应用中会根据实际情况进行调整，下面是对 ABC 分类方法的调整：

（1）虽然品种分类常使用三种类别，但也有的企业使用四类或五类。

（2）在分类时可以采用更多的衡量标准，常用的衡量标准有：销售量、利润贡献、存货价值、存货使用比率。按销售量分类是最常用的方法之一，快速转移的产品（高流量的产品）一般被排在前列，随后是一些转移较慢的产品项目。高流量的产品目标一般定在较高的服务层次；

（3）重要性分析法（Critical Value Analysis，CVA）。有些物品是生产过程中不可缺少的重要部件，但其库存价值不高，在进行一般 ABC 分类时，有可能被归为 C 类物资为了避免这种情况发生就发展出了 CVA 方法。这种方法的基本类是按照工作人员的主观认定的，工作人员对每个库存品种进行重要性打分，评出的分数称为分数值（Point Value），再依据分数值的高低将物资品种划分为三至四个级别。

对库存进行 ABC 分类后，便要对不同类别的库存进行不同的管理和控制，见表 4-3。

表 4-3 ABC 分类管理

项目属性	A 类	B 类	C 类
控制程度	严格	一般	简单

续表 4-3

项目属性	A类	B类	C类
库存量计算	依模型详细计算	一般计算	简单计算或不计算
进出记录	详细记录	一般记录	简单记录
存货检查频度	密集	一般	很低
安全库存量	低	较大	大量

A 类库存：这类库存数量少，但对企业却最为重要，是最需要严格管理和控制的库存。企业必须经常对这类库存进行盘点，经常检查及详细记录和分析使用情况，加强进货、发货、运送管理，在满足企业内部需要和顾客需要的前提下，维持尽可能低的库存水平，加快库存周转率。

B 类库存：对于 B 类库存的管理强度介于 A 类库存和 C 类库存之间。对 B 类库存一般进行正常的例行管理和控制。

C 类库存：这类库存物资数量最大，但是在企业中的重要性最低，因而被视为不重要的库存。对于这类库存一般进行简单的管理和控制，可以减少这类库存的管理人员和设施，或延长库存检查时间间隔等。

4.2 库存管理基本理论

4.2.1 单周期产品的库存控制

许多实际的库存问题都涉及一次性需求产品，如水果、报纸等，这些产品过期就无法销售，为了满足此类需求只能订购一次产品。销售出去的产品能够获得利润，而销售不出去的产品则会带来损失。因此，需要知道这种一次性订单到底应该有多大。

销售单位产品所获得的单位收益为：

利润=单位价格-单位成本

单位产品销售不出去所产生的单位损失为：

损失=单位成本-单位残值

单周期产品库存控制的关键是订货批量。在单周期产品库存模型中，订货费用一次投入，为一种沉没成本，与决策无关。库存费用也视为一种沉没成本，因此，只考虑超储成本和缺货成本。

若订货批量大于实际需求，则发生超储成本（陈旧成本），对超出部分要降价处理或报废处理。

若订货批量小于实际需求，则发生缺货成本（机会成本），是由于丧失销售机会而造成的损失。

下面介绍几个主要的单周期库存模型。

4.2.1.1 期望损失最小法

比较不同订货批量下的期望损失，取期望损失最小的订货量作为最佳订货量，公式为：

$$E_L(Q) = \sum_{d>Q} C_u(d-Q)P(d) + \sum_{d<Q} C_o(Q-d)P(d)$$

式中，单位超储损失 $C_o = C - S$；单位缺货损失 $C_u = P - C$；P 为单价；Q 为订货量；d 为需求量；C 为单位成本；$P(d)$ 为需求量为 d 时的概率；S 为预定时间卖不出去的售价。

例 4-1 某种产品进价为 $C=50$ 元，售价为 $P=80$ 元。若一个月内卖不出，则每月按 $S=30$ 元卖出。求该商店应该进多少挂历？该产品每个月的需求量的概率见表 4-4。

表 4-4 产品需求量概率

需求量	0	10	20	30	40	50
概率	0.05	0.15	0.2	0.25	0.2	0.15

解：当 $d>Q$ 时，机会损失 $C_u = P-C=80-50=30$（元）；

当 $d<Q$ 时，超储损失 $C_o = C - S = 50-30=20$（元）；

当 $Q=30$ 时：

$$E_L(Q) = [20\times(30-0)\times0.05 + 20\times(30-10)\times0.15 - 20\times(30-20)\times0.20] + [30\times(40-30)\times0.20 + 30\times(50-30)\times0.15]$$
$$= 280(\text{元})$$

当 $Q=10$ 时：

$$E_L(Q) = [20\times(40-30)\times0.05] + [30\times(20-10)\times0.20 + 30\times(30-10)\times0.25 + 30\times(40-10)\times0.20 + 30\times(50-10)\times0.15]$$
$$= 580(\text{元})$$

计算出各种订货量下的损失值，选取使期望损失最小的订货量即为 Q^*。

4.2.1.2 期望利润最大法

比较不同订货量下的期望利润，取期望利润最大的订货量作为最佳订货量：

$$E_p(Q) = \sum_{d<Q}[C_u d - C_o(Q-d)]P(d) + \sum_{d>Q} C_u Q P(d)$$

此时，C_u 代表每件获得的利润。

对于例 4-1，当 $Q=30$ 时，

$$E_p(Q) = [30\times0 - 20\times(30-0)]\times0.05 + [30\times10 - 20\times(30-10)]\times0.15 + [30\times20 - 20(30-20)]\times0.20 + [30\times30 - 20\times(30-30)]\times0.25 + [30\times0.20 + 30\times0.15]\times30$$
$$= 575(\text{元})$$

同理可以计算出其他订货量下的利润值，选取利润最大的订货量。

4.2.1.3 边际分析法

当售出下一单位产品的边际收益等于下一单位产品售不出去的边际损失时就得出 Q^* 点。追加 1 个单位的订货，会使得期望损失发生变化，如果 Q 为最佳订货量，则增加或减少订货都会使损失加大。

$$\Delta E_L(Q) = E_L(Q+1) - E_L(Q)$$
$$= [\sum_{d>Q} C_u(d-Q-1)P(d) + \sum_{d<Q} C_o(Q+1-d)P(d)] -$$

$$\left[\sum_{d>Q}C_{\mathrm{u}}(d-Q)P(d)+\sum_{d<Q}C_{\mathrm{o}}(Q-d)P(d)\right]$$

$$=(C_{\mathrm{u}}+C_{\mathrm{o}})\sum_{d=0}^{Q}P(d)-C_{\mathrm{u}}\geqslant 0$$

所以，若要使预期收益和预期损失平衡，则有：

$$\sum_{d=0}^{Q}P(d)=\frac{C_{\mathrm{u}}}{C_{\mathrm{u}}+C_{\mathrm{o}}}$$

根据上式可以找到最佳订货批量。

对于例 4-1：

$$\frac{C_{\mathrm{u}}}{C_{\mathrm{u}}+C_{\mathrm{o}}}=\frac{30}{30+20}=0.6$$

因此最佳订货量 $Q^{*}=30$。

4.2.2 经济订货批量

4.2.2.1 经济订货批量模型

前面分析的模型假定决策者在一个计划期内只有一次订货，但在许多实际情况中，决策者会重复多次订货。例如，一个电视机分销商面对随机产品需求并向制造商多次重复订货。对于多周期库存模型，计算订货量最经典的模型就是经济订货批量模型。

经典经济订货批量模型由福特·哈里斯（Ford W. Harris）在 1915 年提出，尽管是个简单的模型，但说明了订货成本和储存成本之间的权衡。这个模型考虑一个存储单一产品的仓库，客户对该种产品的需求很稳定。仓库从供应商处订货，假定供应商有无穷数量的产品。模型的具体假设如下：

（1）假定市场对产品的需求已知并且具有延续性，需求速度恒定，单位时间内需求 D 件产品。

（2）假定成本已知，并且不会变化。仓库每次订货都会发生一个固定的订货成本 C。库存产品放在仓库中保管时会发生库存持有成本，h 是每单位产品存放单位时间的库存持有成本。

（3）不会出现缺货的情况。

（4）订货至交货的提前期为零，即在订单下达之际立刻到货。

（5）只对一种产品进行分析。

（6）订货批量固定在每次订货 Q 件。

上述假设条件使得库存水平的变化处在理想化的状态。需求具有连续性并且需求速度稳定意味着库存水平是以平稳的方式逐步降低，降低的速度不变。订货提前期为零，意味着我们不需要在缺货之前下订单。不会出现缺货意味着存货水平不会下降到零以下，因此也就不会出现丧失销售机会的情况。

这是一个真实库存系统的简化版本。模型中的假设条件在现实中往往不能实现。例如，长时期内需求是变化的，不会固定不变；产品补充也不可能是瞬时完成，通常要消耗一段时间；每次订货量均为固定批量也有一定限制性。但是从这个模型中得到的结论有助于我们在更复杂的现实系统中有效地制订库存策略。

在上面描述模型的最优策略中，订货将在库存降到零的时候准时收到，这称为零库存订货特点（Zero Inventory Ordering Property）。当采用在库存降到零的时候立即订货并同时收货的策略时，就会看到如图 4-4 所示的锯齿状现象。很明显，直到库存降到零时再订货是成本较低的一种策略，因为这样能够节约库存持有成本。

为了在经济批量模型中寻找最优订货策略，我们考虑库存水平是时间的函数。两次相邻补货之间的时间为一个周期。

因此，整个周期 T 内的库存成本为：

$$C_o + \frac{TQh}{2}$$

由于每次订货要发生一次固定成本，同时持有成本可以看成单位持有成本 h 和平均库存水平 $Q/2$ 及周期 T 的乘积。由于库存水平在周期 T 内由 Q 向 0 变化，单位时间的需求量稳定为 D 件，因此 $Q=TD$。我们可以将成本除以 T，并将 T 用 Q/D 替换，可得单位时间的总平均成本（如图 4-5 所示）为：

$$\frac{C_o D}{Q} + \frac{hQ}{2}$$

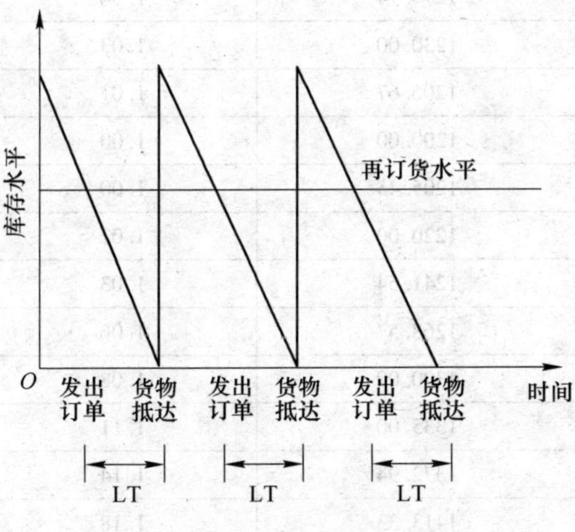

图 4-4 随时间变化的库存水平

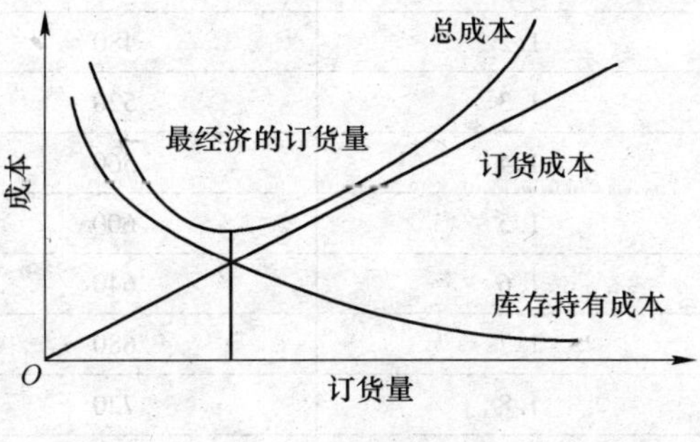

图 4-5 经济批量模型

应用微积分对上式求导，可以得出使成本最小所对应的订货量 Q^* 为：

$$Q^* = \sqrt{\frac{2C_o D}{h}}$$

例 4-2 某企业对某种产品的年度需求量为 8000 单位，每单位的价值为 10 元，订货费用为每次 30 元，库存持有成本为按库存货物价值的 30%计算，求该企业的经济订货批量（EOQ）。

解：

$$\text{EOQ} = \sqrt{\frac{2C_o D}{h}} = \sqrt{\frac{2 \times 30 \times 8000}{3}} = 400(\text{件})$$

4.2.2.2 经济订货批量的调整

A 经济订货批量的敏感性分析

经济订货批量（EOQ）的假设条件使得其适用性大打折扣，当遇到以下问题时，需要对 EOQ 进行调整：

（1）当 EOQ 计算得出的结果并不是整数单位时。

（2）供应商不愿意在标准包装的基础上进行货物分拆。

（3）送货时采用固定运输能力的车辆进行。

（4）把订单近似到相邻的数字会更便于操作。

当出现以上情况时，我们必须知道，如果不使用 EOQ 成本将会如何变化？在此用例 4-2 中的数据对订货量与总成本的关系进行敏感性分析。例 4-2 的经济订货批量为 400 件，计算订货批量为 EOQ 的 0.5~2 倍时总成本的变化及变化的百分率见表 4-5。

表 4-5 EOQ 与总成本的敏感性分析

订货批量变化倍数	调整后的订货批量/件	总 成 本/元	总成本变化百分率/%
0.5	200	1500.00	1.25
0.7	280	1277.14	1.06
0.8	320	1230.00	1.03
0.9	360	1206.67	1.01
1	400	1200.00	1.00
1.1	440	1205.45	1.00
1.2	480	1220.00	1.02
1.3	520	1241.54	1.03
1.4	560	1268.57	1.06
1.5	600	1300.00	1.08
1.6	640	1335.00	1.11
1.7	680	1372.94	1.14
1.8	720	1413.33	1.18
1.9	760	1455.79	1.21
2	800	1500.00	1.25

从表 4-5 中可以看出，订购批量是 EOQ 的一半时，总成本上升了 25%；当订购批量是 EOQ 的 2 倍时，总成本上升了 25%。在这个例子中，总成本在最小值附近相对稳定，所以在实践中，稍稍偏离 EOQ 值并不会引起成本的大幅提高。通过这个分析可以认识到，尽管经济订货批量公式是建立在假设条件的基础上的，但在实践中，如果订单批量在 EOQ 附近变动，所产生的总成本相对于最小总成本变动幅度不大。

B 经济订货批量的调整

通过敏感性分析，我们已经知道总成本对订货批量变化不敏感，而且有时通过对订货批量的调整，还能够带来一些好处。

（1）运输费率。前文的 EOQ 公式没有考虑运输成本对订货批量的影响。在供应商支付了从产地到目的地的运输费用时，这种忽略是可以的。但是，如果产品的所有权在产地已经发生转移，企业自己支付运费，那么在确定订货批量时，就必须考虑运输费率对总成本的影响。

一般来说，一次订货的批量越大，单位运输成本就越低。在卡车运输和铁路运输中大批量装运存在运费折扣是很普遍的现象。于是，在其他条件都相同的情况下，企业希望以最为经济的运输批量来进行购买，此时的订货数量也许会大于用 EOQ 方法所确定的经济订货批量。

例 4-3　某企业对某种产品的年度需求量为 2400 单位；每单位成本为 5.00 元；存货持有成本百分率为 20%；订货成本为 19 元；小批量装运的费率为 1 元/单位；大批量装运的费率为 0.75 元/单位。下面对订货批量分别为 300 个和 480 个两种方案的成本进行比较，见表 4-6。

表 4-6　两种订货批量方案的比较

	方案一 $Q=300$（小批量运输）	方案二 $Q=480$（小批量运输）
存货持有成本	150	240
订货成本	152	95
运输成本	2400	1800
总成本	2702	2135
	年度节约 567 元	

（2）批量折扣。供应商为了吸引客户一次购买更多的商品，往往规定当购买数量达到或超过某数量标准时，给予客户价格上的优惠，这就是批量折扣。

在批量折扣的情况下，企业按照与给定的数量有关的价格计算总成本，以确定相应的 EOQ 值。如果按照折扣数量订购所获得的成本降低足以弥补增加的库存成本时，那么批量折扣就是一个可行方案。

在批量折扣条件下，企业最佳的经济订货批量的选择可以按照以下步骤进行：第一步，计算出每种价格下的 EOQ；第二步，淘汰不可行的 EOQ，即那些按照不同价格计算出的经济订货批量小于所要求的最少订货批量的 EOQ；第三步，计算出可行的 EOQ 的年总成本；第四步，找出所有的折扣临界批量，按照折扣价格计算相应的年总成本；第五步，比较第三、四步的所有年总成本，并找出最小值，年总成本的最小值对应的订货批量就是最优的订货批量。

在存在多个数量折扣点时，可以使用基本的 EOQ 公式直接处理，如例 4-4。

例 4-4　某公司每年需要采购某种产品 732 件。该产品的订货成本为 45 元，储存成本为每年 15 元，该产品的折扣策略，见表 4-7。

表 4-7　产品折扣策略

订货范围	单价/元·件$^{-1}$
1~49	22
50~79	20
80~99	18
100 以上	17

解：计算通常的 EOQ，可以得出 EOQ=66（件）。

此时的总成本

$$TC_{66} = 732×20+732/66×45+1/2×66×15=15634\text{（元）}$$

由于存在更低的订货价格，但每次最少订货批量（根据表 4-7 可得）是 80 件和 100 件，现分别计算单价为 18 元和 17 元时的总成本，并进行比较。

$$TC_{80} =732×18+732/80×45+1/2×80×15=14188\text{（元）}$$

$$TC_{100} =732×17+732/100×45+1/2×100×15=13523\text{（元）}$$

由此可知，最佳订货批量 Q^* =100 件。

就运输费率和批量折扣两种情况可以看出，往往随着订购批量的增大，价格折扣会越多，并获得运输规模效益。表面看来，订购批量大于 EOQ 时似乎更为有利，然而订购批量的增大，意味着平均库存的增加。因此，我们在这两种情况下应用 EOQ 模型时，应该特别注意对产品过时的风险以及仓储成本进行合理估计。

(3) EOQ 在其他方面的调整。EOQ 模型还要在其他诸如批量生产、多产品购买、有限的资本、单位化特征、非瞬时供应等方面进行相应的决策调整和批量修正。

1）批量生产。从制造角度来看，批量生产规模是指最经济的生产批量，当最经济的生产批量大于 EOQ 时，就要对 EOQ 进行调整，使库存计划服务于生产的合理要求。

2）多产品购买。当同时购买一种以上产品时，必须考虑数量折扣和运输折扣对产品的组合所产生的影响。

3）有限的资本。有限的资本使得存货的投资预算受到种种限制而无法按 EOQ 进行订货，因此订货批量必须意识到存货投资需要在整个产品线上进行分配。

4）单位化特征。也称集装化特征，是指许多产品是按照标准进行储备和运输的，诸如货柜和托盘之类，这些标准化单位被专门设计用来适应运输工具和搬运工具。如果 EOQ 不是一种标准单位，就有可能产生明显的不经济结果，因此在确定 EOQ 批量时，应该考虑使用标准集装单位的整数倍。

5）非瞬时供应。EOQ 模型中假定了订货是集中到货而非陆续入库，在现实中往往存在着陆续入库的情形，EOQ 也要根据这种情况作出相应调整。

4.2.2.3　需求的不确定性

在 EOQ 的计算中，假设成本和需求是已知的，但在实际中往往很难做到这一点，很少有企业能够准确地知道未来的需求，而其成本的估算也难以做到准确。通过前面的分析已经知道，当订货批量在经济订货批量附近波动时，总成本是相对稳定的。对成本变化的检验可以证明需求预测出现误差并不会造成太大的影响。对于图 4-6，假设实际需求 D 与需求预测之间存在一定比例的误差 E，那么需求预测为 $D\times(1+E)$ 时，用下式计算订货批量 Q：

$$Q=\sqrt{\frac{2C_oD\times(1+E)}{h}}$$

图 4-6 是需求预测出现误差对总成本的影响。从图 4-6 中可以看出，即使需求预测小于实际需求 50%，成本也只会上升 6%左右；如果需求预测大于实际需求 50%，成本只上

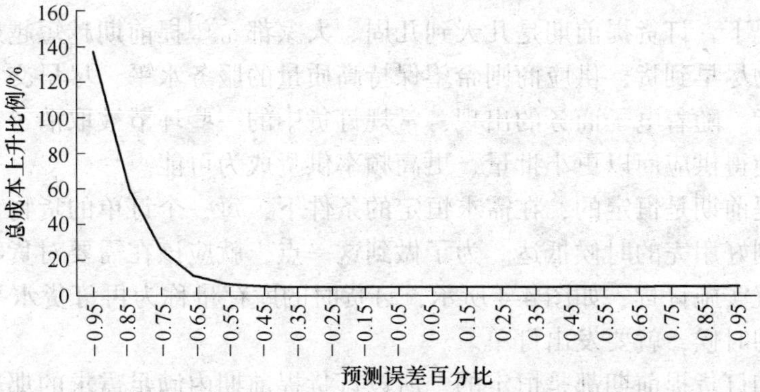

图 4-6 预测误差百分比与总成本上升比例的关系

升了2%左右。并且从图 4-6 上可以看出，这种由于需求预测出现误差而导致成本上升的关系，相对于最小成本是不对称的，在需求预测小于实际需求一侧，成本上升得更快。因此，可以得出这样的结论：如果需求具有不确定性，并且要在有限信息的基础上进行决策的话，通常发出批量大于实际需求的订单比发出批量小于实际需求的订单更有利。

4.2.3 订货时点

前面回答了库存管理的第三个基本问题——每次订货订多少，并且假设订货至交货的周期为零，即发出订单物料马上就会抵达。然而，在现实条件下，这样的情况几乎不可能出现，订货与交货之间可能会有较长的时间延迟，延迟时间可能会长短不一，在这段时间内顾客需求也可能会发生波动。企业必须确定合适的订货时点，在恰当的时候发出订单，保证满足订货与交货间隔时间内的客户需求。对于连续监控和周期盘点这两种不同的库存控制方式来说，订货时点的控制有所不同。本部分将先讨论需求订货提前期恒定时的再订货水平；然后分析在不确定情况下采用连续监控和周期盘点方式下的订货时点问题。

4.2.3.1 订货提前期

从发出订单到收到货物所需要的时间称为订货提前期。提前期的出现主有以下几个原因：

（1）订单准备工作需要时间。当一个企业决定采购某种物品时，在最终形成订单并发送给供应商前需要一定的时间。对于一些小批量订单来说，这个过程所需时间不长，所涉及的环节也不多，有些甚至可以完全实现自动化运作。但对于那些较大的订单而言，需要相当长的时间对所采购的产品进行设计，履行招投标过程以及准备资金等。

（2）把订单准确送达供应商的相关部门需要时间。采用自动化订单处理系统和电子商务可以大大缩短这部分工作所需要的时间。

（3）供应商需要时间来处理订单并准备所订购的货物。这段时间长短不一，如果仓库中恰好有所订购的物品，则可以通过库存物品来满足需求，如果所订购的物品需要进行设计和制造，则需要较长时间。

（4）从供应商处把货物送抵目的地需要时间。对于本地供应商可能只需要几个小时，而对于国际性的供应商来说则可能是几周，如果涉及特殊和复杂的运输方式的话，甚至可能长达几个月。

在通常情况下，订货提前期是几天到几周。大家都希望提前期越短越好，客户希望他们所订购的货物尽早到货，供应商则希望保持高质量的服务水平，尽早交货给客户，不愿意积压大量存货。随着电子商务的出现，常规订货中的一些环节被取消了，这样就降低了再订货成本，使得供应商以更小批量、更高频率供货成为可能。

如果订货提前期是恒定的，在需求恒定的条件下，每一个订单的货物都应该在再订货水平现有存货刚好用完的时候抵达。为了做到这一点，就应该在需要对货物进行补充之前的订货提前期就实施订货，如图 4-4 所示，订货时的库存量称为再订货水平。当存货下降到再订货水平的时候，就要发出订单。

由于需求和订货提前期都是恒定的，所以订货提前期内满足需求的那部分存货就是确定的，可以得出再订货水平如下：

$$再订货水平=订货提前期内的需求=订货提前期\times单位时间内的需求$$

$$ROP = LT \times d$$

例 4-5 某商店经营茶具，某种茶具的销售速度是每周 100 套，商店经理计算得出其 EOQ 值为 250 套。当茶具的订货提前期是 1 周时，他的最佳订货政策是什么？

解：LT = 1，$d = 100$

$$ROP = LT \times d = 1\times100 = 100\ (套)$$

即一旦存货水平下降到 100 套，商店经理就要发出一个订货量为 250 套的订单。

4.2.3.2 连续监控库存策略

为了描述库存策略，我们需要以下信息：

D——平均单位时间需求量；

S_d——分销商单位时间需求量的标准差；

LT——从供应商到分销商的补货提前期；

h——分销商在单位时间内持有单位库存的成本；

A——服务水平，即缺货的概率为 $1-\alpha$。

如果需求恒定，则订货点为 $ROP = LT \times D$。

对于多周期库存模型，不确定性来自两个方面：一方面是需求不确定性；另一方面是完成周期的不确定性，对于连续监控策略，订货时点为存货量下降到某一预先设定的值，这个值除了要考虑提前期内客户的平均需求，还要防范不确定情况下的缺货。

A 需求不确定条件下的再订货点

当需求不确定时，ROP 由两部分组成。首先是提前期内的平均需求水平，它是提前期与单位时间平均需求的乘积。这确保了当订单发出后，系统有足够的库存来满足提前期内的期望需求。提前期内的平均需求量为 LT×d。第二部分是安全库存 SS，是为了防止提前期内需求偏离平均值的库存量。

通常，我们不能直接知道 d 和 S_d，但通过汇总提前期内各单期需求的分布情况，就可以很容易地计算出这两个值。例如，假设某产品每周的需求呈正态分布，均值 $d = 100$ 件，标准差 $S_d = 10$ 件，提前期是 3 周。我们希望将每周需求分布集中成一个 3 周的提前期内的需求分布，则提前期内需求的均值 $d' = LT\times d = 3\times100 = 300$。提前期内分布的方差可以通过每周需求分布方差的加总获得，标准差就是方差的平方根，即：

$$S'_d = S_d \times \sqrt{\mathrm{LT}} = 10 \times \sqrt{3} = 17.3$$

安全库存的计算可以用下式：

$$\mathrm{SS} = z \times S'_d = z \times S_d \times \sqrt{\mathrm{LT}}$$

式中，z 是一个常数，称为安全系数。这个常数与服务水平相关。在需求不确定条件下，订货点为：

$$\mathrm{ROP} = \mathrm{LT} \times d + z \times S_d \times \sqrt{\mathrm{LT}}$$

当需求服从正态分布时，安全系数可以从表 4-8 中选择，以确保在提前期的缺货概率不超过 1−α。

表 4-8　服务水平和安全系数

服务水平	90%	91%	92%	93%	94%	95%	96%	97%	98%	99%	99.9%
z	1.29	1.34	1.14	1.48	1.56	1.65	1.75	1.88	2.05	2.33	3.08

此时的平均库存就是经常性库存与安全库存之和。

平均库存水平 = 经常性库存 + 安全库存 = $Q/2$+SS

此时的总相关成本 = 订货成本 + 经常性库存的持有成本 + 安全库存持有成本 + 缺货成本，即：

$$\mathrm{TC} = C_o \times D/Q + h \times Q/2 + h \times \mathrm{SS} + D/C_o \times k \times S'_d \times E_{(z)}$$

式中，$S'_d \times E_{(z)}$ 代表订货周期内缺货件数的期望值；$E_{(z)}$ 称为单位正态损失积分，是正态偏差 z 的函数。

B　提前期不确定条件下的再订货点

当提前期不确定时，定义平均提前期为 T，提前期的标准差为 S_{LT}，此时的安全库存量为：

$$\mathrm{SS} = z \times d \times S_{\mathrm{LT}}$$

此时的再订货点为：

$$\mathrm{ROP} = d \times \mathrm{LT} + z \times d \times S_{\mathrm{LT}}$$

C　需求和提前期不确定条件下的再订货点

可以通过将需求波动和提前期波动累加得出需求和提前期不确定条件下的标准差：

$$S'_d = \sqrt{S_d^2\,\overline{\mathrm{LT}} + \overline{d^2}S_{\mathrm{LT}}^2}$$

此时的安全库存量为：

$$\mathrm{SS} = z \times S'_d$$

此时的再订货点为：

$$\mathrm{ROP} = \overline{\mathrm{LT}} \times d + z \times \sqrt{S_d^2\,\overline{\mathrm{LT}} + d^2 S_{\mathrm{LT}}^2}$$

通过上面的分析可以看出，安全库存越高，越容易满足顾客的需求，服务水平就越高。

例 4-6　某制造商销售一种零件，每天的平均需求为 100 件，订货提前期为 4 天。

（1）设需求呈正态分布，且需求相互独立，需求的标准差为 30 件，当客户服务水平为 99%时，其安全库存量为多少？再订货点是多少？

（2）若需求稳定，但是订货完成周期服从正态分布，并且其标准差为 4 天，当客户服务水平为 99%时，该企业需要持有的安全库存量是多少？再订货点是多少？

（3）若需求服从标准差为 30 的正态分布，并且提前期也是变化的，提前期的标准差为 4 天，当客户服务水平为 99%时，该企业需要持有的安全库存量是多少？再订货点是多少？

解：

（1）LT=4 天，S_d = 30 件，d=100 件/天，服务水平为 99%，

查表 4-8 可得，当服务水平为 99%时，z=2.33。

安全库存量为：$SS = z \times S_d \times \sqrt{LT} = 2.33 \times 30 \times \sqrt{4} = 140$（件），

提前期的平均需求为：$LT \times d = 4 \times 100 = 400$（件），

所以，$ROP = LT \times d + SS = 540$（件）。

（2）安全库存量为：$SS = z \times d \times S_{LT} = 2.33 \times 100 \times 4 = 932$，

所以，$ROP = LT \times d + SS = 400 + 932 = 1332$（件）。

（3）由于需求和提前期都具有不确定性，所以求联合标准差：

$$S'_d = \sqrt{S_d^2\ \overline{LT} + \overline{d}^2 S_{LT}^2} = \sqrt{30^2 \times 4 + 100^2 \times 4^2} = 404(\text{件})$$

此时，安全库存量为：$SS = z \times S'_d = 2.33 \times 404 = 940$（件）

所以，$ROP = 400 + 940 = 1340$（件）。

4.2.3.3 周期盘点库存策略

周期盘点库存策略的订货时点是在预设的盘点周期到达时，所以对于周期盘点策略，要设定合理的盘点周期。在需求不确定的情况下，周期盘点与再订货点的情况非常相似，但也有不同。再订货点的模型中，若需求是不确定的，那么只有提前期内需求的波动对安全库存的计算产生影响，订货间隔期内需求的变化不会影响安全库存量的大小。周期盘点法则不同，要考虑订购间隔期和提前期内需求波动的影响，这就造成周期盘点模型比再订货点模型更复杂，对于这个问题，我们把近似解作为合理的答案。

周期盘点按照预定的周期（T）检查库存，盘点后的订货量就是最大值 S 与盘点时所持有的库存量之差。因此，就可以通过设定最佳盘点周期 T^* 和最大存货量 S^* 进行库存控制。

对最佳盘点周期的近似计算首先从最基本的经济订货批量 EOQ 开始：

$$Q^* = \sqrt{\frac{2C_o D}{h}}$$

盘点周期为：

$$T^* = \text{订购量} / \text{单位时间需求量} = Q^* / D$$

接下来，求订货间隔时间与提前期时间之和，求出这段时间内的需求分布。在某点上，该期间内的缺货率正好等于设定的服务水平，该点即为最高的库存水平点 S^*：

$$S^* = d \times (T^* + LT) + z \times S'_d$$

其中，$d \times (T^* + LT)$ 是订货间隔期加上提前期的需求的均值，d 是单位时间的需求量，s'_d 是 $T^* + LT$ 时间内需求分布的标准差。可以用下式计算：

$$S'_d = S_d \sqrt{T^* + LT}$$

平均库存水平为：

$$AVGS = (d \times T^*)/2 + z \times S'_d$$

例 4-7 仍用例 4-6 的数据，每天的平均需求为 100 件，订货提前期为 4 天，库存持有成本为每年 10%，订货成本 $C_o = 10$ 元/订单，每件产品的价值 $P = 10$ 元/件。求 T^* 和 S^*。

解：最佳订货批量 $Q^* = 854$（件），则

$$T^* = \text{订购量}/\text{单位时间需求量} = 854/100 = 8.54 \approx 9 \text{（天）}$$

那么，盘点周期加提前期内需求的标准差是：

$$S'_d = S_d\sqrt{T^* + LT} = 30 \times \sqrt{9 + 4} = 108$$

当服务水平为 99%时的最高库存水平为：

$$S^* = d \times (T^* + LT) + z \times S'_d = 100 \times (9 + 4) + 2.33 \times 108 = 15552(\text{件})$$

所以，库存计划是每 9 天盘点一次，每次补充订购量是 1552 件与所持库存之差。

4.2.4 需求预测

在物流管理中，存货决策的风险较大，精确、科学的库存需求预测是存货决策的基础。但是一般而言，预测总是不准确的，并且预测期越长，误差越大。但预测仍是库存管理中一个关键的工具。另外，预测也不仅仅用于库存决策，还可用于是否进入市场、是否能扩大产能、是否实施促销计划等决策。在这部分中，我们将探讨不同的预测方法，这些方法可以单独或结合使用，还将分析如何选择合适的预测方法。

各种预测工具和方法可以大致分为以下四大类：

(1) 专家意见的收集和判断方法。

(2) 消费者行为定性研究的市场研究。

(3) 通过过去的结果推测未来结果的数学方法，即时间序列法。

(4) 基于大量系统变量进行计算的数学方法，即因果方法。

4.2.4.1 需求预测方法

A 判断方法

判断方法将不同专家的意见系统地组合起来。例如，由于销售人员（或经销商）更近市场，他们通常对预期的销售有更好的把握。通过合理的方式结合每个销售人员销售预期，就可以在预测中汇集销售人员的意见。

为了达成多数人的一致，可以考虑使用专家座谈。这一方法认为通过沟通和公开地共享信息能够达成一个较好的预测。这些专家可以是公司外部的专家，也可以是公司内部各职能领域的专家。

具体而言，可用的判断方法包括以下几种：

(1) 德尔菲法。德尔菲法又称专家小组法，是一种结构化的技术，它能使一组专家达成一致，却不需要将这些专家召集到一起，它是通过函询、电话或网络的方式，向一组专家进行问卷调查。调查结果被汇总和整理，然后每个成员根据整理后的调查结果，可以调整自己的意见。这个过程通过几次的反复，最后达到一致。

运用集体讨论法时，常出现的一个问题是专家组中个别有很强影响力的人主导整个决

策过程，其他人不敢表达自己的真实想法，德尔菲法则可避免这些情况的出现。德尔菲法隐去了参与预测研究的各成员的身份，使每个人的重要性都相同，德尔菲法的操作步骤如下：

1）选择参与的专家，专家组成员应包括具有不同知识背景的人。

2）通过问卷调查从各个参与预测的专家处获得预测信息（包据对预测所假设的前提和限制）。

3）汇总调查结果，附加适当的新问题后重新发给所有专家。

4）再次汇总，提炼预测结果和条件，再次形成新问题。

5）如有必要，重复步骤4)，将最终结果发给所有专家。

经过上述步骤预测后，德尔菲法通常能得到满意的结果，该方法所需的时间取决于专家组成员数目、进行预测所需的工作量以及各个专家的反馈速度。

(2) 各部门主管集体讨论法。在进行需求预测时，召集与库存管理相关的计划，销售、采购、财务等部门的主管集中各个职能管理部门的经验与信息，以形成对库存需求的集体预测和快速决策，其缺点在于占用职能管理部门的精力和时间，而且各职能管理部门对本位利益的追逐和意见的片面性将会直接影响预测和决策的科学性。

(3) 销售人员意见汇集法。在这种方法下，充分利用销售人员对本地区经济发展状况和市场需求的熟悉度，以及服务人员对市场需求变动的敏感度。首先，做出局部的估计；然后，通过汇总各地区的预测值来形成对全国范围内库存需求的总预测。

B　市场研究方法

市场测试和市场调查对于预测是很有价值的工具，尤其是对于新产品的推出。在市场测试中，通过测试几组潜在顾客对产品的反应，可以估算整个市场对产品的预期需求。市场调查涉及收集多种潜在顾客的数据，一般通过面谈、电话调查和问卷调查等方法来收集数据。但这种方法只有当企业与客户有着良好关系时，信息的真实性和客观性才有保证。

C　时间序列方法

时间序列方法是使用大量过去的数据来估计未来需求的统计方法，它将某变量的数值（如销售量、库存需求等）在一个给定的时期内按固定时间间隔（一周、一季度、一年）以时间的先后顺序排成一个序列，从而利用具有相对稳定关系的历史数据进行预测。该技术常用于季节性变动、周期模式以及趋势值的识别。常用的时间序列方法有多种，每种方法都有不同的优缺点，下面介绍几种常用的时间序列方法。

(1) 移动平均法。移动平均法是使用最近时期库存量的平均数进行库存需求预测的方法，时期选择最常用的是1，2，3，4，…、12期。如果采用12期（如每个月），就是将前12期的平均数作为预测值，移动平均法的优点是便于计算且易于理解，其缺陷在于赋予各期以相同的权重，因而只是在需求较稳定且对变化反应迟钝时才有效。使用移动平均法必须维持和更新大量的历史数据以使预测更加准确，这种方法的关键是选择多少个需求点进行处理，从而最小化不规则效应。

(2) 指数平滑法。指数平滑法是一种更为精确的加权平均法，用上一期预测值加上时间序列该期实际与预测值差额的一定百分数即得到新的预测值。其优点在于可以快速计算新的预测值，无须大量的历史数据和更新资料。使用指数平滑法时，最重要的决策是选择平滑常数 α，它决定了预测对偏差调整的快慢。α 值越接近0，则预测对偏差的调整就越慢；越接近1，预测对偏差的调整就越迅速。

（3）外延平滑法。外延平滑法是一种可以将时间序列分析技术外延到包括趋势值和季节波动等因素的预测方法，包括趋势指数平滑技术和季节性指数平滑技术。外延平滑的计算类似于平滑模型的计算。外延平滑技术的主要特点在于它直接考虑趋势值和季节因素成分。但正因为如此，由于人们没有能力正确细分每一项预测成分（趋势或季节因素），这种过于敏感的技术会产生预测精度的问题。

D 因果方法

上面介绍的时间序列方法完全是基于要预测的数据的历史值，但是因果方法预测基于的数据不是将要预测数据的历史值，而是其他数据的函数。例如，用因果方法预测下一季度的销售，可能是基于通货膨胀、国民生产总值、失业率、天气或其他销售以外的该季度的数据。因果方法也叫做回归分析技术，包括一元线性回归、多元线性回归等多种模型。

4.2.4.2 预测技术的选择

可以按照以下三个原则来选择合适的预测技术：

（1）预测目的。如果是预测销售总额，可采用较为简单的技术，如果需要更详细的销售预测，则需要更高级的预测技术。

（2）所要预测的系统的动态性。系统如果对某些类型的经济数据有敏感性，那么因果预测是合适的。需求若具有季节变化、上升或下降的趋势，那么外延平滑法将是合适的。这些因素都会影响预测工具的选择。

（3）过去对将来影响的重要程度。如果过去很重要，时间序列方法就有意义。如果系统变化太显著使得过去的数据的作用下降，则判断方法或市场研究方法更有效。

除以上三种因素外，在产品生命周期的不同阶段也需要不同的预测技术。在产品研发阶段，市场研究方法可以显示不同产品和设计的潜在销售预期。在产品试制阶段，额外的市场研究将有价值，判断方法可能对预测产品将来的需求有用。在快速成长阶段，时间序列方法可能更有价值。一旦产品变得成熟，时间序列方法和因果方法都可能有用，其中，因果方法可以根据对经济数据的估计预测长期的销售成绩。

4.3 供应链环境下的库存问题

库存表示用于将来目的的、暂时处于闲置状态的资源。一般情况下，设置库存的目的是防止短缺，就像在水库里蓄水一样，以便保证能向外界源源不断地提供产品。另外，它还具有保持生产过程的连续性、分摊订货费用、快速满足用户订货需求的作用。在企业生产中，尽管库存是出于种种经济考虑而存在的，但库存也是一种无奈的结果，因为库存的存在是由于人们无法预测未来的需求变化，才不得已而为之。采用库存应对外界的变化，也是因为人们无法使所有的工作都做得尽善尽美，才产生了一些人们并不想要的冗余与囤积——不和谐的工作沉淀。

库存以原材料、在制品、半成品、成品的形式存在于供应链的各个环节。由于库存费用占库存物品价值的20%~40%，因此，供应链中的库存控制是十分重要的。库存决策的内容集中于运行方面，包括生产部署策略，如采用推式生产管理或拉式生产管理；库存控制策略，如各库存点的最佳订货量、最佳再订货点、安全库存水平的确定等。

绝大多数制造企业供应链是由制造和分销网络组成的，通过原材料的输入转化为中间和最终产品，并把它分销给用户，最简单的供应链网络只有一个节点（单一企业）：同时担负制造和分销功能。在复杂的供应链网络中，不同的管理者担负不同的管理任务。不同的供应链节点企业的库存，包括输入的原材料和最终的产品，都有复杂的关系。供应链的库存管理不是简单的需求预测与补给，而是要通过库存管理使用户服务与利润得到优化。其主要内容包括：采用先进的商业模式来评价库存策略、提前期和运输变化的效果；决定经济订货量时考虑供应链节点企业各方面的影响；在充分了解库存状态的前提下确定适当的服务水平。

4.3.1 供应链管理环境下的库存问题

供应链管理环境下的库存问题和传统企业的库存问题有许多不同之处，这些不同点体现了供应链管理思想对库存的影响。传统企业的库存管理侧重于优化单一的库存成本，从储存成本和订货成本出发确定经济订货量和订货点。从单一的库存角度看，这种库存管理方法有一定的适用性，但是从供应链整体的角度看，单一企业库存管理的方法显然是不够的。

目前供应链管理环境下的库存控制中主要存在三大类问题：信息类问题、供应链的运作问题、供应链的战略与规划问题。这些问题可综合成以下几个方面的内容。

4.3.1.1 缺乏供应链的整体观念

虽然供应链的整体绩效取决于各个供应链节点的绩效，但是各个部门都是各自独立的单元，都有各自独立的目标与使命，有些目标和供应链的整体目标是不一致的，更有可能是冲突的。因此，这种各行其是的山头主义行为必然导致供应链整体效率的低下。

比如，美国北加利福尼亚的计算机制造商的电路板组装作业采用每笔订货费作为其压倒一切的绩效评价指标，该企业集中精力于减少订货成本。这种做法本身并没有不妥，但是它没有考虑这样做对整体供应链的其他制造商和分销商的影响，结果该企业不得不维持过高的库存以保证大批量订货生产。而印第安纳的一家汽车制造配件厂却在大量压缩库存，因为它的绩效评价是由库存决定的，结果它到组装厂与零配件分销中心的响应时间变得更长，更加波动不定，组装厂与分销中心为了满足顾客的服务要求，不得不维持较高的库存。这两个例子说明，传统的供应链库存决策是各自为政的，没有考虑整体的效能。

一般的供应链系统都没有针对全局供应链的绩效评价指标，这是普遍存在的问题。有些企业采用库存周转率作为供应链库存管理的绩效评价指标，但是没有考虑对用户的反应时间与服务水平，用户满意度应该成为供应库存管理的一项重要指标。

4.3.1.2 对用户服务的理解与定义不恰当

供应链管理的绩效好坏应该由用户来评价，或者用对用户的反应能力来评价。但是，对用户服务的理解与定义各不相同，导致对用户服务水平的差异。许多企业采用订货满足率来评估用户服务水平，这是一个比较好的用户服务考指标。但是用户满足率本身并不能保证运作有无问题，比如一家计算机工作站的制造商要满足一份包含多产品的订单要求，产品来自各供应商，用户要求一次性交货，于是制造商就要等各个供应商的产品都到齐后才一次性装运给用户。这时，用总的用户满足率来评价制造商的用户服务水平是恰当的，但是这种评价指标并不能帮助制造商发现是哪家供应商交货迟了或早了。

传统的订货满足率评价指标也不能评价订货的延迟水平。同样具有90%的订货满足率的不同供应链，在如何迅速补给余下的10%的订货要求方面差别很大。其他的服务指标也常常被忽视，如总订货周转时间、平均回头订货、平均延迟时间、提前或延迟交货时间等。

4.3.1.3 不准确的交货状态数据

当顾客下订单时，他们总想知道什么时候能交货。在等待交货的过程中，他们也可能会对订单交货状态进行修改，特别是当交货延迟时。我们并不否认一次性交货的重要性，但必须看到，许多企业并没有及时准确地把推迟的订单交货的修改数据提供给用户，其结果当然是用户的不满和良好愿望的落空。如一家计算机公司花了一周的时间通知用户交货日期；还有一家公司30%的订单是在承诺交货日期之后交货的，40%的实际交货日期与承诺交货日期偏差10天之久，而且交货日期修改过几次。交货状态数据不及时、不准确的主要原因是信息传递系统的问题，这就是下面要谈的另外一个问题。

4.3.1.4 库存信息的共享性和实时性差

在供应链中，各个供应链节点企业的需求预测、库存状态、生产计划等都是供应链管理的重要数据，这些数据分布在不同的供应链组织之间，要做到有效地快速响应用户需求，必须实时地传递数据，为此需要对供应链的信息系统模型做相应的改变，通过系统集成的办法，使供应链中的库存数据能够实时、快速地传递。但是目前许多企业的信息系统并没有很好地集成起来，当供应商需要了解用户的需求信息时，常常得到的是延迟的、不准确的信息，由于延迟引起了误差，影响了库存量的精确度，短期生产计划的实施也会遇到困难。例如，企业为了制订一个生产计划，需要获得需求预测、当前库存状态、订货的运输能力、生产能力等信息，这些信息需要从供应链的不同节点企业的数据库获得，数据调用的工作量很大。数据整理完后制订主生产计划，然后运用相关管理软件制订物料需求计划，这样一个过程一般需要很长时间。时间越长，预测误差越大，制造商对最新订货信息的有效反应能力也就越差，生产出过时的产品和造成过高的库存也就不足为奇了。

4.3.1.5 库存控制策略简单化

无论是生产企业还是物流企业，库存控制的目的都是保证供应链运行的连续性和应对不确定需求，了解和跟踪不确定性状态的因素是第一步，第二步是要利用跟踪到的信息去制订相应的库存控制策略。这是一个动态的过程，因为不确定性也在不断地变化，有些供应商在交货与质量方面可靠性好，有些则相对差一些；一些物品的需求可预测性大，另一些物品的可预测性则小一些，库存控制策略应能反映这些情况。

许多公司对所有的物品采用统一的库存控制策略，物品的分类没有反映供应与需求中的不确定性。在传统的库存控制策略中，多数是面向单一企业的，采用的信息基本上来自企业内部，其库存控制没有体现供应链管理的思想。因此，如何建立有效的库存控制方法，并体现供应链管理的思想，是供应链库存管理的重要内容。

4.3.1.6 缺乏合作与协调性

供应链是一个整体，需要协调各方活动，才能取得最佳的运作效果。协调的目的是使满足一定服务质量要求的信息可以无缝、流畅地在供应链中传递从而使整个供应链能够根据用户的要求步调一致，形成更为合理的供需关系适应复杂多变的市场环境。例如，当用户的订货由多种产品组成，而各产品又是由不同的供应商提供，且用户要求所有的商品都一次性交货时，企业必须对来自不同供应商的交货期进行协调。如果组织间缺乏协调与合作，会导致交货期延迟和服务水平下降，同时库存水平也会提高。供应链上的各个节点企业为了应对不确定性，都设有一定的安全库存，正如前面提到的，设置安全库存是企业采取的一种应急措施。问题在于，多厂商特别是全球化的供应链中，组织的协调涉及更多的利益群体，相互之间的信息透明度不高，在这样的情况下，企业不得不维持一个较高的安全库存，为此需要付出较高的代价。

企业之间存在的障碍有可能使库存控制变得更为困难，因为各自有不同的目标和绩效评价尺度，拥有不同的仓库，也不愿意与其他部门共享资源。在分布式的组织体系中，企业之间的障碍对库存集中控制的阻力更大。

要进行有效的合作与协调，企业之间需要一种有效的激励机制。在企业内部一般有各种各样的激励机制来加强部门之间的合作与协调，但是当涉及企业之间的激励时，困难就大得多。问题还不止如此，信任风险的存在进一步加剧了问题的严重性，相互之间缺乏有效的监督机制和激励机制是供应链节点企业之间合作不稳固的原因。

4.3.1.7　产品的生产过程设计没有考虑供应链上库存的影响

现代产品设计与先进制造技术的出现，使产品的生产效率大幅提高，而且具有较高的成本效益，但是供应链库存的复杂性常常被忽视，结果所有节省下的成本都被供应链上的分销与库存成本给稀释了。同样，在引进新产品时，如果不进行供应链的规划，也会由于诸如运输时间过长、库存成本高等原因而无法获得成功。如多年前美国的一家计算机外围设备制造商，为世界各国分销商生产打印机，打印机有一些具有销售所在国特色的配件，如电源、说明书等。美国工厂按需求预测生产，但是随着时间的推移，当打印机到达各地区分销中心时，需求已经发生了改变。因为打印机是为特定国家生产的，分销商无法应对需求的变化，也就是说，这样的供应链缺乏柔性，其结果是造成产品积压产生高库存。后来，该制造商重新设计了供应链结构，主要对打印机的装配过程做了改动，工厂只生产打印机的通用组件，分销中心再根据所在国家的需求特点加入相应的特色组件，这样大量的库存就降下来了，同时供应链也具有了柔性。这就是产品“为供应链管理而设计”的思想。在这里，分销中心参与了产品装配设计这样的设计活动，这涉及组织之间的协调与合作问题，因此合作关系很重要。

另一方面，在供应链的结构设计中，同样需要考虑库存的影响。要在一条供应链中增加或关闭一个工厂或分销中心，一般是先考虑固定成本与相关的物流成本，至于网络变化对运作的影响因素，如库存投资、订单的响应时间等常常是放在第二位的。但是这些因素对供应链的影响不可低估。如美国一家IC芯片制造商的供应链结构是这样的：在美国加工芯片后运到新加坡检验，再运回美国生产地做最后的测试，包装后运到用户手中。供应链之所以这样设计，是因为考虑了新加坡的检验技术先进、劳动力素质高和税收低等因素。但是这样做显然对库存和周转时间的考虑是有欠缺的，因为从美国到新加坡一个来回至少要两周，而且还有办理海关手续的时间，这就延长了制造周期，增加了库存成本。

4.3.2　供应链的不确定性与库存

4.3.2.1　供应链的不确定性

供应链的库存水平与供应链的不确定性有很密切的关系。从供应链整体的角度看，供应链上的库存无非两种，一种是生产制造过程中的库存，一种是物流过程中的库存。库存存在的客观原因是为了应对各种各样的不确定性，保持供应链系统的正常和稳定，但是库存也同时产生和掩盖了管理中的问题。

供应链上不确定性的表现形式有两种：(1) 衔接不确定性（Uncertainty of Interface）。企业（或部门）之间的不确定性，可以说是供应链的衔接不确定性，这种衔接不确定性主要表现在合作性上。为了消除衔接不确定性，需要增加企业之间或部门之间的合作。(2) 运作不确定性（Uncertainty of Operations）。系统运行不稳定是组织内部缺乏有效的控制机制所致，控制失效是组织管理不稳定和不确定性的根源。为了消除运行于中的不确定性，需要增加组织的控制，提高系统的可靠性。

供应链的不确定性的来源主要有三个方面：供应商不确定性、生产者不确定性、顾客不确定性。不同的原因造成的不确定性表现形式各不相同。

供应商不确定性主要表现在提前期的不确定性、订货量的不确定性等。供应商不确定性的原因是多方面的，如供应商的生产系统发生故障导致的生产延迟，供应商的供应商的延迟，交通事故导致的运输延迟等。

生产者不确定性的主要原因是制造商本身的生产系统不可靠，如机器故障计划执行出现偏差等。造成生产者生产过程中在制品库存的原因也在于其对需求的处理方式。生产计划是一种根据当前生产系统的状态和未来情况做出的对生产过程的模拟，用计划的形式表达模拟的结果，并且用计划来驱动生产的管理方法。但是生产过程的复杂性使生产计划并不能精确地反映企业的实际生产条件和预测生产环境的改变，这就不可避免地造成了计划与实际执行的偏差。生产控制的有效措施能够对生产的偏差给予一定的弥补，但是生产控制必须建立在对生产信息的实时采集与处理上，使信息及时、准确、快速地转化为生产控制的有效信息。

顾客不确定性的原因主要有：需求预测的偏差、购买力的波动、从众心理和个性特征等。通常需求预测的方法都有一定的模式或假设条件，假设需求按照一定的规律运行或表现一定的规律特征，但是任何需求预测方法都存在这样或那样的缺陷，而无法确切地预测需求的波动和顾客的心理反应。在供应链中不同节点企业相互之间需求预测偏差的放大效应加剧了供应链的信息扭曲。

供应链的不确定性，从根本上讲都是三个方面的原因造成的：(1) 需求预测水平。预测水平与预测时间的长度有关，预测时间越长，预测精度就越差。另外，预测的方法也会对预测产生影响；(2) 决策信息的可获得性、透明性、可靠性。信息的准确性对预测同样会造成影响，下游企业与顾客接触的机会越多，可获得的有用信息也越多。如果远离顾客需求，信息的可获得性和准确性就差，因而预测的可靠性也较差；(3) 决策过程的影响，特别是决策人心理的影响。需求计划的取舍与修订、对信息的要求与共享，无不反映了个人的偏好。

4.3.2.2 供应链的不确定性与库存的关系

下面来分析供应链运行中的两种不确定性对供应链库存的影响：衔接不确定性与运作不确定性。

A 衔接不确定性对库存的影响

传统供应链的衔接不确定性普遍存在，集中表现为企业之间的独立信息体系（信息孤岛）现象。在竞争中，企业总是为了各自的利益而进行资源（包括物质资源和信息资源）的自我封闭，企业之间的合作仅仅是贸易上的短时性合作，人为地增加了企业之间的信息壁垒和沟通障碍，企业不得不为应对各种意外而建立库存，库存的存在实际上就是信息堵塞与封闭的结果。虽然企业各个部门和企业之间都有信息的交流与沟通，但还远远不够。企业的信息交流更多的是在企业内部而非企业之间进行。信息共享程度低是传统的供应链不确定性增加的一个主要原因。

传统的供应链中信息是逐级传递的，即上游供应链节点企业依据下游供应链节点企业的需求信息来做生产或供应决策。在集成的供应链系统中，每个供应链节点企业都能共享顾客的需求信息，信息不再是线性的传递过程，而是网络的传递过程和多信息源的反馈过程。通过建立战略伙伴关系的新型的企业合作模式和跨组织的信息系统为供应链的各个合作企业提供共同的需求信息，有利于推动企业之间的信息交流与沟通。企业有了确定的需求信息，在制订生产计划时，就可以减少为了吸收需求波动而设立的库存，使生产计划更加精确可行。对于下游企业而言，战略伙伴关系的供应链可为企业提供综合、稳定的供应信息，无论上游企业能否按期交货，下游企业都能预先得到相关信息而采取相应的措施，这样需求企业就无须过多设立库存。

B　运作不确定性对库存的影响

供应链节点企业之间的衔接不确定性通过建立战略伙伴关系的供应链联盟或供应链协作体而得以削减，同样，这种合作关系可以消除运作不确定性对库存的影响。当企业之间的合作关系改善时，企业的内部生产管理运作也会大大改善，因为如果企业之间的衔接不确定性因素减少，企业的生产控制系统就能摆脱这种不确定性因素的影响，使生产系统的控制达到实时、准确。也只有在供应链的条件下，企业才能获得对生产系统有效控制的有利条件，消除生产过程中不必要的库存。

在传统的企业生产决策过程中，供应商或分销商的信息是生产决策的外生变量，因而其无法预见外在需求或供应的变化信息，至多只能获得延迟的信息；同时，库存管理的策略也是考虑独立的库存点而不是采用共享的信息，因而库存成了维系生产正常运行的必要条件。当生产系统形成网络时，不确定性就像瘟疫一样在生产网络中传播，几乎所有的生产者都希望拥有库存来应对生产系统内外的不可预测的变化。因为无法预测不确定性的大小和影响程度，人们只好按照保守的方法设立库存来应对不确定性。

在不确定性较大的情形下，为了维持一定的用户服务水平，企业也常常维持一定的库存，以提高服务水平。在不确定性存在的情况下，高服务水平必然带来高库存水平。

4.3.3　协调库存管理

前面我们分析了不确定性对库存的影响，得出的结论是：为了降低企业的库存水平，需要增加企业之间的信息交流与共享，减少不确定性因素对库存的影响，增加库存决策信息的透明性、可靠性、实时性。所有这些都需要企业之间的协调。

供应链管理模式下库存管理的最高理想是，实现供应链节点企业的无缝连接，消除供应链节点企业间的高库存现象。下一节将从供应链集成的演变过程来探讨供应链管理环境下的库存管理策略。

4.4 供应商管理库存

前面分析了供应链管理环境下库存管理模式和传统库存管理模式的差别以及所面临的新问题。为了适应供应链管理的要求，供应链管理环境下的库存管理方法必须进行相应的改变，本节将结合国内外企业实践经验及理论研究成果，介绍一种先进的供应链库存管理技术与方法——供应商管理库存（Vendor Managed Inventory，VMI）的管理系统。VMI 不仅是降低供应链总体库存的有效方法，而且对提高供应物流的协同性来说也有重要价值。

4.4.1 管理的基本思想

长期以来，企业生产过程中的库存管理是各自为政的。整个流程各个环节中的每一个企业及部门都是各自管理自己的库存，零售商有自己的库存，批发商有自己的库存，供应商有自己的库存，各个供应链环节都有自己的库存控制策略。由于各自的库存控制策略不同，因此不可避免地产生需求的扭曲现象，即所谓的需求变异放大现象，使企业无法快速响应用户的需求。在供应链管理环境下，供应链各个环节的活动都应该是同步的，而传统的库存控制方法无法满足这一要求。随着供应链管理思想的不断深化，在 20 世纪末期，出现了一种新的供应链库存管理方法——供应商管理库存，即 VMI。这种库存管理策略打破了传统的各自为政的库存管理模式，体现了供应链的集成化管理思想，适应了市场变化的要求，是一种新的有代表性的库存管理思想。

在过去的企业管理中，库存控制决策是由库存拥有者做出的。因为无法确切知道用户需求与供应的匹配状态，所以需要库存，库存设置与管理是由同一组织完成的。这种库存管理模式并不总是最优的。例如，一个供应商用库存来应对不可预测的或某一用户不稳定的（这里的用户不是指最终用户面是指分销商或批发商）需求，用户也设立库存来应对不稳定的内部需求或供应链的不确定性。虽然供应链中每一个组织独立地保护其各自在供应链的利益不受意外干扰是有效的，但不可取，因为这样做的结果影响了供应链的优化运作。供应链的各个不同组织根据各自的需要独立运作，导致重复建立库存，因而不能产生供应链全局的最低成本，整个供应链系统的库存会随着供应链长度的增加面发生需求扭曲。VMI 库存管理系统能够突破传统的条块分割的库存管理模式，以系统的、集成的管理思想进行库存管理，使供应链系统能够获得同步化的运作。

VMI 是一种很好的供应链库存管理策略。关于 VMI 的定义可以表述：VMI 是一种在制造商（用户）和供应商之间的合作性策略，以对双方来说都是最低的成本优化产品的可获性在一个相互同意的目标框架下由供应商管理库存。VMI 的目标是通过供需双方的合作，试图降低供应链的总库存，而不是将制造商的库存前移到供应商的仓库里，从而真正降低供应链上的总库存成本。

关于 VMI 也有其他不同定义，虽然表述有所不同，但归要纳起来，VMI 策略的关键措施主要体现在如下几个原则中：

（1）合作性原则（合作精神）。在实施该策略时，相互信任与信息透明是很重要的，供应商和用户（零售商）都要有较好的合作精神，才能够相互保持较好的合作。

（2）互惠原则（使双方成本最小）。VMI 解决的不是关于成本如何分配或谁来支付的问题，而是关于减少成本的问题。通过该策略可使双方的成本都得到减少。

(3) 目标一致性原则（框架协议）。双方都明白各自的责任，观念上达成一致的目标。比如库存放在哪里，什么时候支付，是否要管理费，要花费多少等问题都要回答，并且体现在框架协议中。

(4) 总体优化原则。也就是要使供需双方能共同努力消除浪费并共享收益。

VMI 策略的主要思想是供应商在用户的允许下设立库存，确定库存水平和补给策略，并拥有库存控制的决策权。

精心设计与开发的 VMI 系统，不仅可以降低供应链的库存水平、降低成本，而且用户还可获得高水平的服务、改进资金流，与供应商共享需求变化的透明性并获得更多用户的信任。

4.4.2 实施 VMI 的意义

供应链管理中的成功通常来源于理解并管理好存货成本和消费者服务水平之间的关系，VMI 就是一种能联合合作伙伴共同减少成本、改进服务的先进理念，也说明了实施 VMI 策略的必要性。

4.4.2.1 减少供应链的总库存成本

需求的易变性是大部分供应链面临的主要问题，既损害了对客户的服务水平，也减少了企业收入。由于需求的不确定性、相互冲突的执行标准、客户行为的互相孤立、产品短缺造成的订货扭曲等原因，使供应商无法把握需求的波动性。

许多供应商被 VMI 吸引是因为它降低了需求的不确定性。尽管多批次、小批量的订单越来越多，大订单越来越少，但生产商依然需要维持超额的成品存货量，这是为了能确保响应客户订货要求，是一种成本很高的方法。VMI 能够减少生产的盲目性，在一定程度上削弱产量的峰值和谷值，从而可维持小规模的生产能力和存货水平。

用户被 VMI 吸引是因为它解决了存在冲突的执行标准带来的两难状况。比如，月末的存货水平对于作为零售商的用户是很重要的，但维持顾客服务水平也是必要的，而这些标准是冲突的。零售商在月初储备货物以保证高水平的顾客服务，然后使存货水平在月末下降以达到它们的库存目标（不管它对服务水平的影响）。在季末涉及财务报告时，这种不利的影响将更加明显。

在 VMI 中，补货频率通常由每月一次提高到每周一次，甚至每天一次，这会使双方都受益，供应商在工厂可以看到更准确的需求信息。由于可以更好地利用生产及运输资源，这就降低了成本，也降低了对缓冲存货的需求。供应商可以做出与需求相协调的补货决定，提高了“需求驱动”意识。用户从合理的低水平库存流转中受益，即使用户将所有权（物主身份）让渡给供应商，改善后的运输和仓储效率也会带来许多好处。此外，月末或季末的服务水平也会得到提高。

在零售供应链中，不同用户间的订货很少能协调，订单经常同时蜂拥而至，这就使及时实现所有的递送请求变得十分困难。在 VMI 中，整个供应链的协调将支持供应商对平稳生产的需求，而不必牺牲用户的服务和存储目标。

VMI 还有助于降低运输成本。如果处理得好，这种方法将会增加低成本的满载运输的比例，而削减高成本的未满载货的比例。这可以通过供应商协调补给过程来实现，而不是在收到订单时再被动回应。另一个值得注意的方案是设计更有效的路线规划。例如，一辆专用的货车可以在途中停车多次，为某几位邻近的顾客补货。

4.4.2.2 提高服务水平

从零售商的角度来看，服务水平常常由产品的可得性来衡量。当顾客走进商店时，想买的商品却没有，这桩买卖就失去了。其结果相当严重，因为失去一桩生意的“成本”可能是失去“信誉”。所以，在计划时，零售商希望供应商是值得信任的、可靠的。在商品销售计划中，零售商更希望供应商拥有极具吸引力的货架空间。因此，以可靠而著称的供应商可以获得更高的收入。在其他条件相同的情况下，人人都可以从改善了的服务中受益。

在 VMI 中，在多客户补货订单、递送之间的协调大大改善了服务水平。一项不重要的递送可以推迟一两天，而先完成主要的递送业务。类似地，相对于小的业务，可以先完成大的补货业务。由于有能力平衡所有合作伙伴的需求，供应商可以改善系统的工作状况，而不用让任何个体客户冒险。它们向客户保证：客户最主要的需求将会受到最密切的关注。如果没有 VMI 供应商很难有效地安排客户需求的先后顺序。

如果扩大有效解决现有问题的范围，服务水平就可以进一步提高。比如说，在缺货的时候，在一个客户的配送中心之间（或多个客户的配送中心之间）平衡存货是十分必要的。有时，在客户间实行存货的重新平衡可能是最经济的方法。如果没有 VMI，就无法这样做，因为供应商和客户都看不到整体存货的配置（分布）。在 VMI 下，当客户将货物返还给供应商时，供应商可以将其供给另一位客户，这时就实现了存货平衡。这种方法最坏的结果也就是多了些运输成本而已。

另外的一个好处就是，VMI 可以使产品更新更加方便，将会有更少的旧货在系统中流通，因此客户可以避免抢购。此外，新产品的上架速度将更快。由于信息共享，货物更新时不用为推销而着急，而且可以让零售商保持“时尚”的好名誉。

VMI 中运用的运输过程更进一步改善了客户服务。如果没有 VMI 集中的客户和分散的配送中心之间的沟通障碍，有时会使货物的运送被拒绝。VMI 的供应商会预先规划如何补货和递送，以期保证实现递送计划。

4.4.3 实施 VMI 的方法

实施 VMI 策略，要改变订单的处理方式，建立基于标准的托付订单处理模式。首先，供应商和批发商要一起确定供应商订单业务处理过程所需要的信息和库存控制参数，然后建立一种订单的标准处理模式，如 EDI 标准报文，最后把订货、交货和票据处理各个业务功能集成在供应商一边。

库存状态透明性（对供应商）是实施供应商管理客户库存的关键，它使供应商能够随时跟踪和检查到销售商的库存状态，从而快速响应市场的需求变化，对企业的生产（供应）状态进行相应的调整。为此需要建立一种能够使供应商和客户（分销商、批发商）的库存信息系统透明连接的方法。

供应商管理库存的策略实施可以分为如下几个步骤：

（1）建立客户信息系统。要有效地管理销售库存，供应商必须能够获得客户的有关信息。通过建立客户的信息库，供应商能够掌握需求变化的有关情况，把由批发商（分销商）进行的需求预测与分析功能集成到供应商的系统中来。

（2）建立销售网络管理系统。供应商要很好地管理库存，必须建立起完善的销售网络管理系统，保证自己产品的需求信息和物流畅通。为此，必须保证自己产品条码的可读性和唯一性，解决产品分类、编码的标准化问题，解决产品存储运输过程中的识别问题。

（3）建立供应商与分销商（批发商）的合作框架协议。供应商和分销商（批发商）一起通过协商，确定订单处理的业务流程以及库存控制有关的参数，如再订货点、最低库存水平等；确定库存信息的传递方式，如 EDI/Internet 等。

（4）组织机构的变革。这一点也很重要，因为 VMI 策略改变了供应商的组织模式。传统上，由财务经理处理与客户有关的事情，引入 VMI 策略后，在订货部门产生了一个新的职能，负责控制客户的库存，库存补给和服务水平。

一般来说，在以下情况下适合实施 VMI 策略：零售商或批发商的 IT 系统或基础设施无法有效管理它们的库存；制造商实力雄厚并且比零售商的市场信息量大；有较高的直接存储交货水平，因而制造商能够有效规划运输。

供应商管理存货的方式主要有四种：

（1）供应商提供包括所有产品的 VMI 管理软件进行存货决策，客户使用 VMI 管理软件执行存货决策，客户拥有存货所有权，管理存货。

（2）供应商在客户的所在地，代表客户执行存货决策，管理存货，但是存货的所有权归客户。

（3）供应商在客户的所在地，代表客户执行存货决策，管理存货，拥有存货所有权。

（4）供应商不在客户的所在地，定期派人代表客户执行存货决策，管理存货，供应商拥有存货的所有权。

通过 VMI，供应商可以客观评价放在供应商处的存货，供应商可以决定产品的标准，决定订货点、补充存货、交货的流程，建立多种库存优化模型并进行人员培训。

4.4.4 实施 VMI 的几种形式

4.4.4.1 “制造商—零售商” VMI 模式

这种模式通常存在于制造商作为供应链的上游企业的情形中，制造商对它的客户（如零售商）实施 VMI，如图 4-7 所示。图 4-7 中的制造商是 VMI 的主导者，负责对零售商的供货系统进行检查和补充。这种模式多出现在制造商是一个比较大的产品制造者的情况下，制造商具有相当的规模和实力，完全能够承担起管理 VMI 的责任。例如，美国的宝洁（P&G）就发起并主导了对国内大型零售商的 VMI 管理模式的实施。

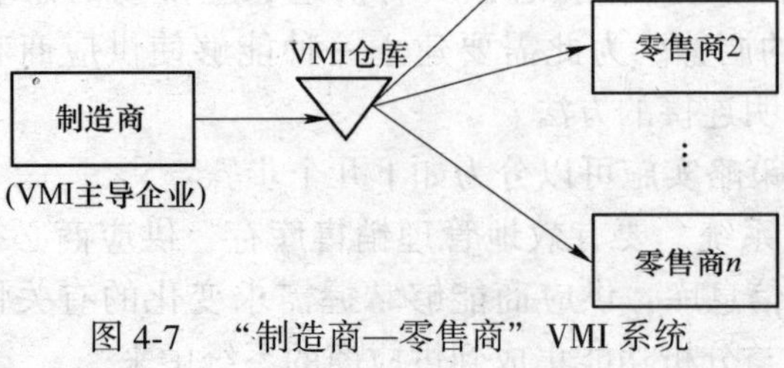

图 4-7 “制造商—零售商” VMI 系统

4.4.4.2 “供应商—制造商”VMI 模式

这种模式通常存在于制造商是供应链上实施 VMI 的上游企业的情况中，制造商要求其供应商按照 VMI 的方式向其补充库存，如图 4-8 所示。此时，VMI 的主导者可能还是制造商，但它是 VMI 的接受者，而不是管理者，此时的 VMI 管理者是该制造商上游的众多供应商。

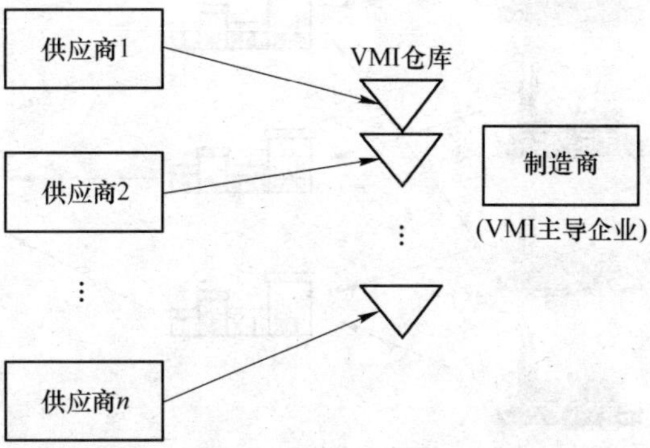

图 4-8 “供应商—制造商”VMI 系统

例如，在汽车制造业，这种情况比较多见。一般来说，汽车制造商是这一供应链上的核心企业，为了应对激烈的市场竞争，它会要求它的零部件供应商为其实施 VMI 的库存管理方式。由于很多零部件供应商的规模很小、实力很弱，完全由这些中小供应商完成 VMI 可能比较困难。另外，因为制造商要求供应商按照 JIT 的方式供货，所以供应商不得不在制造商的周边建立自己的仓库。这样，就会导致供应链上的库存管理资源重复配置。例如，有专家调研发现，采用这种 VMI 方式的供应商，为了保证对制造商的供应，要比原有模式多支出 5%的成本。虽然表面上看这些库存管理成本是由供应商支付的，但是实际上仍然会分摊到供货价格里面去，最终对制造商也是不利的。

此外，这种 VMI 的组织方式并不能保证对制造商装配环节的配套供应，装配线中断的概率很高。例如，假定上游有 10 个供应商，每个供应商负责一种零件的供应，并且每个供应商的服务水平都是 95%，那么在制造商开始装配该种产品时，10 种零件都能配套供应的概率只有 0.59，即只有 59%的概率能保证齐全配套。换句话说，在 10 次装配指令下达后，能够按期开工装配的只有约 6 次，另外 4 次则可能出现停工待料的情况。所以，近几年来这种形式的 VMI 模式越来越少了。

4.4.4.3 “供应商—3PL—制造商”VMI 模式

为了克服第二种模式的弊端，人们创造出了新的方式：“供应商—3PL—制造商”VMI 模式。这种模式引入了一个第三方物流（3PL）企业，由其提供一个统一的物流和信息流管理平台，统一执行和管理各个供应商的零部件库存控制指令，负责完成向制造商生产线上配送零部件的工作，而供应商则根据 3PL 的出库单与制造商按时结算，如图 4-9 所示。

由 3PL 运作的 VMI 仓库可以合并多个供应商交付的货物，采用了物流集中管理的方式，就形成了规模效应，降低了库存管理的总成本。

这一模式的信息流和物流流程如图 4-10 所示。这一模式的优点还有：3PL 推动了合作三方（供应商、制造商、3PL）之间的信息交换和整合；3PL 提供的信息是中立的，根据预先达成的框架协议，物料的转移标志了物权的转移；3PL 能够提供库存管理、拆包、配料、排序和交付，还可以代表制造商向供应商下达采购订单。由于供应商的物料提前集中在由 3PL 运营的仓库中，使得上游的众多供应商省去了仓储管程末端配送的成本，从而大大地提高了供应链的响应性并同时降低了成本。因此，也有人将这种 VMI 的实施模式称为 VMI-HUB。

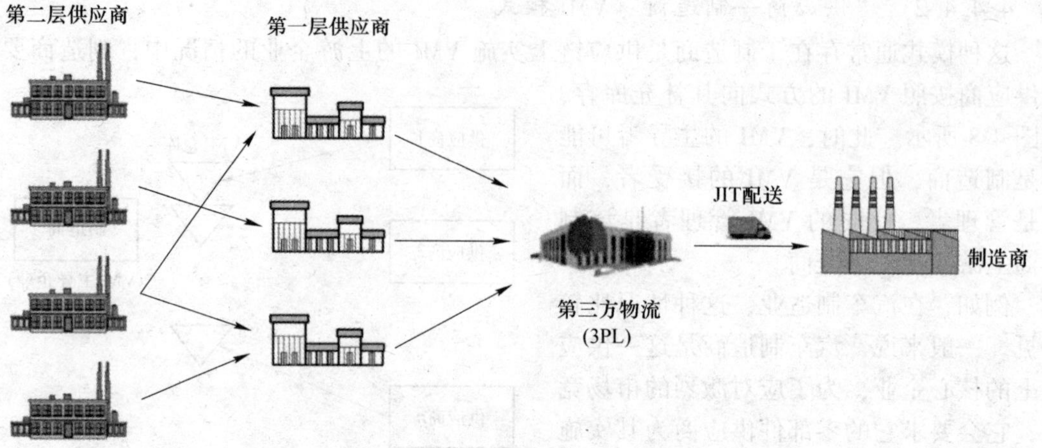

图 4-9 基于 3PL 的 VMI 实施模式

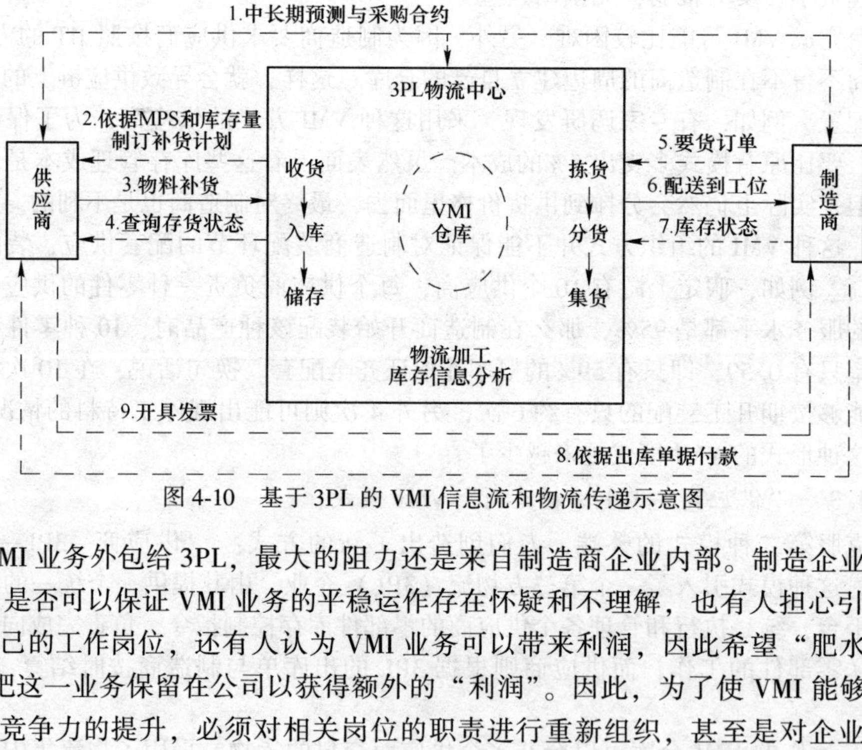

图 4-10 基于 3PL 的 VMI 信息流和物流传递示意图

将 VMI 业务外包给 3PL，最大的阻力还是来自制造商企业内部。制造企业的管理人员对 3PL 是否可以保证 VMI 业务的平稳运作存在怀疑和不理解，也有人担心引入 3PL 后会失去自己的工作岗位，还有人认为 VMI 业务可以带来利润，因此希望“肥水不流外人田”，而把这一业务保留在公司以获得额外的“利润”。因此，为了使 VMI 能够真正为供应链带来竞争力的提升，必须对相关岗位的职责进行重新组织，甚至是对企业文化进行变革。

4.4.4.4 VMI 与供应物流协同管理

在加工—装配式的供应链中，零部件加工和产品装配往往在不同地区甚至不同国家进行，而且零部件种类繁多，加工工艺多样，各个零部件供应商又是独立的利益主体，导致生产过程中计划、组织、协调的困难。零部件从各地的供应商汇集到制造商进行加工装配，而且对制造商来说，它的各个零部件供应商紧密相关，缺少任何一种零部件都无法完成生产。供应物流协同不仅需要多个供应商与制造商之间的协同，还需要供应商之间的协同，这样就避免了供应链的停工待料，也减少了多余的库存，从而提高供应链节点企业的绩效。同时，供应商与制造商达到同步运作，才具有快速响应市场需求的能力。为实现这一目标，人们通过实践发现，VMI-HUB 管理模式的扩展可以较好地解决这一问题，如图 4-11 所示。

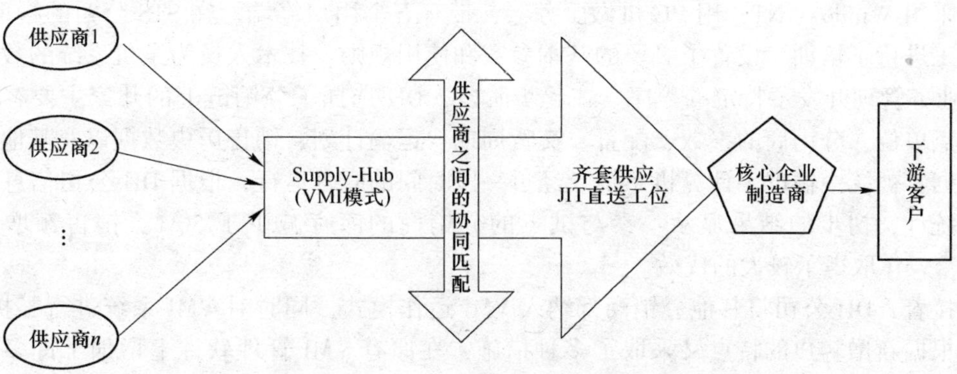

图 4-11 Supply-Hub 的供应物流协同模型

VMI-HUB 管理模式主要是由 3PL 进行运营和组织实施的。在实践中人们发现，这一模式不仅仅起到降低库存的作用，还在保证和协调零部件供应商向总装配企业同步供货，以及保证零部件的齐全配套性等方面，具有独到的价值。因此，人们又将这一模式称为 Supply-Hub，即说明它在协同供应方面的价值。

由图 4-11 可以看出，Supply-Hub 作为众多零部件供应商与核心制造商之间的协同组织，为上游的供应商提供的是“集”的服务，即根据制造商的装配计划需求集中采购、运输和存储来自多个供应商的各种零部件。最为重要的是，它能够利用自己的信息系统对装配一种产品所需的零部件进行预先匹配。如果发现某种零部件有缺货的风险，就立即采取措施进行补货，把因供应商的缺件而引起的供应链中断风险消除在萌芽状态之中。Supply-Hub 还可以在“集”的前提下按照制造商的要求将仓库中的零部件准时地直送到生产线的各个工位上，也就是说可以为制造商提供直送工位的“配”的服务。“集”的服务最能够体现多个供应商之间的协同供应，而“配”的服务则是 JIT 实施效果的直接保证。

实现多个供应商之间的协同是 Supply-Hub 的核心价值创新所在，这是因为它能够解决供应与需求双重不确定性带来的供应链风险问题。其中，除了供应商各自的供应数量、时间、质量等不确定性以外，供应的不确定性还包括相互关联的供应商与供应商之间的供应数量的匹配性、到货时间上的同步性、生产进度（周期）的一致性等方面的不确定性或不协同性，而后者才是 Supply-Hub 所要解决的主要问题。除了发展与核心制造商的纵向关系以外，供应商还需要再造供应商与供应商之间的新型战略合作关系。

案例分析

达可海德（DH）服装公司的 VMI 系统

美国达可海德（DH）服装公司为了增加销售收入、提高服务水平、减少存货成本、提高竞争力和加强与客户的联系，正在研究采取最为有效的策略。DH 公司发现有些客户希望采用 EDI 或其他先进的信息技术形成一个紧密的双方互惠、信任和信息共享的关系。在经过缜密思考后，DH公司决定采取供应商管理库存（VMI）这一战略性措施。

为对其客户实施VMI，DH公司选择了STS公司的MMS系统和VMI管理软件。DH公司采用Windows NT，用PC机做服务器，带有五个用户终端。在STS公司的帮助下，对员工进行了培训，设置了必要的基本参数和使用规则。技术人员为主机系统的数据和EDI业务管理开发了特定的程序。在起步阶段，DH选择了分销链上的几家主要客户作为试点单位。分销商的参数、配置、交货周期、运输计划、销售历史数据以及其他方面的数据，被统一输进了计算机系统。经过一段时间的磨合运行，根据DH公司信息系统部的统计，初步的结果显示：参与试点的分销商的库存减少了50%，销售额增加了23%，VMI取得了较大的成效。

接着，DH公司将其他分销商都纳入VMI运作模式，同时对VMI系统进行了扩展，并且根据新增客户的特点又采取了多种措施，在原有VMI管理软件上增加了许多新的功能。例如，某些客户可能只能提供总存储量的EDI数据，而不是当前现有库存数。为此，DH公司增加了一个简单的EDI/VMI接口程序，计算出客户需要的现有库存数。有些客户没有足够的销售历史数据用来进行销售预测。为解决这个问题，DH公司用VMI软件中的一种预设的库存模块让这些客户先运行起来，直到积累起足够的销售数据后再切换到正式的系统中去。有些分销商要求提供一个最低的用于展示商品的数量。DH公司与这些客户一起工作，一起确定他们所需要的商品和数量（因为数量太多影响库存成本），然后用VMI中的工具设置好，以备今后使用。

VMI系统建立起来后，客户每周将销售和库存数据传送到DH公司，然后由主机系统和VMI接口系统进行处理。DH公司用VMI系统，根据销售的历史数据、季节款式、颜色等不同因素，为每一个客户预测一年的销售和库存需要量。

为把工作做好，DH公司应用了多种不同的预测工具进行比较，选择出其中最好的方法用于实际管理工作。在库存需求管理中，他们主要做的工作是：计算可供销售的数量、计算安全库存、安排货物运输计划、确定交货周期、计算补库订货量等。所有计划好的补充库存的数据都要复核一遍，然后根据下一周（或下一天）的业务，输入主机进行配送优化，最后确定出各配送中心装载/运输的数量。DH公司将送货单提前通知各个客户。

一般情况下，VMI系统需要的数据通过ERP系统获得，但是DH公司没有ERP。为了满足需要，同时能够兼顾VMI客户和非VMI客户，DH公司选用了最好的预测软件，并建立了另外的VMI系统数据库。公司每周更新数据库中的订货和运输数据，并且用这些数据进行总的销售预测。结果表明，DH公司和其客户都取得了预期的效益。

案例讨论与思考

4-1 从DH公司主导实施VMI的过程看，你认为DH公司的实施策略是成功的吗？成功之处体现在哪里？

4-2 通过这一案例的学习，你对VMI有哪些新的看法？

思　考　题

4-1 对整个供应链来说，什么是库存？举例说明。

4-2 订货点法库存管理策略包括哪几种？

4-3 简述 VMI 的基本思想。如果您是一位采购经理，如何在实际管理中运用 VMI？

4-4 描述 VMI 实施过程中多功能小组的建立与控制过程。

4-5 比较联合库存管理思想与多级库存管理思想之间的异同点。

4-6 供应链库存管理中涉及的成本主要包括哪些？

4-7 如何对库存物品进行分类管理？

5 供应链管理环境下的生产计划与控制

5.1 传统生产计划与控制模式

供应链管理思想对企业管理影响最大的领域之一是传统生产计划与控制模式。我们知道企业的经营活动是以顾客需求为驱动、以生产计划与控制活动为中心展开的，只有通过建立面向供应链管理的生产计划与控制系统，企业才能真正从传统的管理模式转向供应链管理模式。我们探讨现行生产计划与控制模式和供应链管理思想的差距，其目的就是要找出现行生产计划与控制模式和供应链管理思想不相适应的地方，从而提出新的适应供应链管理的生产计划与控制模式，为供应链管理运行机制的建立提供保证。

传统的企业生产计划是以某个企业的物料需求为中心展开的，缺乏和供应商及客户之间的互动和协调，企业在计划制订过程中没有考虑供应商以及分销商的实际情况，致使这些合作伙伴在运营中的不确定性事件对本企业的库存和服务水平影响较大，库存控制策略也难以发挥作用。在实际运作中，供应链上任何一个企业的生产和库存决策都会影响供应链上其他企业的决策。或者说，一个企业的生产计划与库存优化控制不但要考虑企业内部的业务流程，更要从供应链的整体出发，进行全面的优化控制，跳出以某个企业物料需求为中心的生产管理界限，充分了解用户需求并与供应商在运营上协调一致，实现信息的共享与集成，以顾客化的需求驱动顾客化的生产计划，才能使供应链获得柔性敏捷的市场响应能力。

传统生产计划与控制模式和供应链管理思想的差距主要表现在如下几个方面。

5.1.1 决策信息来源的差距

生产计划的制订要依据一定的决策信息，包括大量的基础数据、生产能力数据及订单数据等。在传统的生产计划决策模式中，计划决策的信息来源范围较小，主要有两个方面的来源：一个是需求信息，另一个是企业资源信息。需求信息又来自两个方面：一个是用户订单，另一个是需求预测。通过对这两方面信息的综合，得到制订生产计划所需要的需求信息。企业资源信息则是指生产计划决策的约束条件。在以后的讨论中，我们将看到供应链管理环境下需求信息和企业资源的概念与传统概念是不同的，在供应链管理环境下，需求信息和资源信息不仅来自企业内部，还来自供应商、分销商和用户。信息多源化是供应链管理环境下的主要特征，是供应链管理环境下生产计划的特点，因此信息的多源化为生产计划的优化扩大了空间，但是也对管理人员的能力提出了更高的要求。

5.1.2 决策模式的差距

传统的生产计划决策模式是一种集中式决策，而供应链管理环境下生产计划的决策模式是分布式的，是群体决策过程。基于多代理的供应链系统是立体的网络，各个节点企业具有相同的地位，有本地数据库和领域知识库，在形成供应链时，各节点企业拥有暂时性的监视权和决策权，每个节点企业的生产计划决策都受到其他企业生产计划决策的影响，需要一种协调机制和冲突解决机制。当一个企业的生产计划发生变化时，需要其他企业的计划也做出相应的改变，这样供应链才能获得同步响应。

5.1.3 信息反馈机制的差距

企业的计划能否得到很好的贯彻执行，需要有效的监督控制机制作为保证。要进行有效的监督控制，必须建立一种信息反馈机制。传统的企业生产计划的信息反馈机制是一种链式反馈机制，也就是说，信息反馈是企业内部从一个部门到另一个部门的直线式的传递，因为递阶组织结构的特点，信息的传递一般是从底层向高层信息处理中心（权力中心）反馈，形成和组织结构平行的信息递阶的传递模式。

供应链管理环境下企业信息的传递模式和传统企业的信息传递模式不同。以团队工作为特征的多代理组织模式使供应链具有网络化结构的特征，因此供应链管理模式不是递阶管理，也不是矩阵管理，而是网络化管理。生产计划信息的传递不是沿着企业内部的递阶结构（权力结构），而是沿着供应链不同的节点方向（网络结构）。为了做到供应链的同步化运作，供应链节点企业之间信息的交互频率也比传统企业的信息传递频率高得多，因此应采用并行化信息传递模式。

5.1.4 计划运行环境的差异

供应链管理的目的是使企业能够适应剧烈多变的市场环境需要。企业置身于这样一个复杂多变的环境中，增加了影响企业生产计划运行的外界环境的不确定性和动态性。供应链管理环境下的生产计划是在不稳定的运行环境下进行的，因此要求生产计划与控制系统具有更高的柔性和敏捷性，比如提前期的柔性、生产批量的柔性等。传统的 MRP Ⅱ 就缺乏柔性，因为它以固定的环境约束变量应对不确定的市场环境。供应链管理环境下的生产计划涉及较多的是订单化生产，这种生产模式动态性更强。因此，供应链管理环境下的生产计划与控制要更多地考虑不确定性和动态性因素，使生产计划具有更高的柔性和敏捷性，以便企业能对市场变化做出快速反应。

5.2 供应链管理环境下的生产计划与控制基本内容

5.2.1 概述

供应链是一个跨越多企业、多厂家、多部门的网络化组织，其用户也是全球性的。一个有效的供应链节点企业计划系统必须保证企业能快速响应市场上不同用户的需求，如图 5-1 所示。有效的供应链计划系统集成企业所有的计划和决策业务，包括需求预测、库存计划、资源配置、设备管理、物流优化、生产作业计划、物料需求与采购计划等。供应链是由不同的企业组成的企业网络，有紧密型的联合体成员，有协作型的伙伴企业，有动态联盟型的战略伙伴。作为供应链的整体，以核心企业为龙头，把各个参与供应链的企业有效地组织起来，优化整个供应链的资源，以最低的成本和最快的速度生产最好的产品，最快地满足用户需求，以达到快速响应用户需求的目的。这是供应链节点企业计划管理最根本的目的和要求。

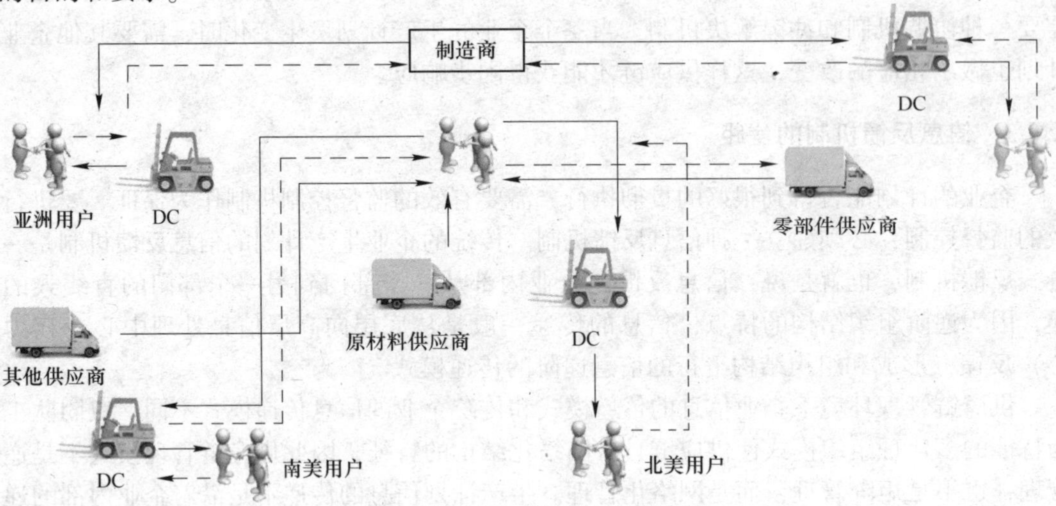

图 5-1 分布式生产计划与控制系统

供应链节点企业的计划工作需要考虑如下几个方面的问题：

(1) 供应链节点企业计划的方法与工具。供应链节点企业计划的方法与工具主要有 MRP Ⅱ，JIT，DRP/LRP。

(2) 供应链节点企业计划的优化方法。供应链节点企业计划可以采用以下优化方法：约束理论（Theory of Constraint，TOC）；线性、非线性及混合规划方法；随机库存理论与网络计划模型。

(3) 供应链节点企业的计划类型。根据供应链节点企业的计划对象和优化状态空间，可分为全局供应链计划和局部供应链计划。

(4) 供应链节点企业计划的层次性。根据供应链节点企业计划的决策空间，可分为战略供应链计划、战术供应链计划和运作供应链计划三个层次。

5.2.2 供应链节点企业同步化计划的提出

目前许多软件商都在推出供应链管理软件，ERP 是其中最具代表性的一个。ERP 是对 MRP Ⅱ的发展。ERP 的特点在于财务控制和多工厂生产的协调与结合，但 ERP 未能给企业提供周密的供应链计划，在供应链节点企业的运行动态跟踪上略显不足，因而难以对现实供应链管理系统的运作提供支持。

在当今顾客驱动的环境下，制造商必须具有面对不确定性的事件不断修改计划的能力。要做到这一点，企业的制造过程、数据模型、信息系统和通信基础设施必须无缝连接且实时运作，因而供应链节点企业同步化计划的提出是企业最终实现供应链管理目标的必然选择。

供应链节点企业的同步化计划能使计划的修改或执行中的问题在整个供应链上获得共享与支持，物料和其他资源的管理在实时牵引方式下进行，而不是无限能力假设下的推动过程。

供应链节点企业的同步化计划通过改进 MRP Ⅱ或在 ERP 中加入新的技术来实现，充分利用开放系统的概念，通过集成工具，协同同步化供应链管理。同时，同步化计划能够支持供应链分布、异构环境下的“即插即用”要求。要实现这一点，必须使供应链中的信息达到同步共享。建立在EDI/ Internet之上的供应链信息集成平台，为供应链节点企业之间的信息交流提供了共享窗口和交流渠道，同时保证了供应链节点企业同步化计划的实现。因此，新的供应链节点企业生产计划与控制系统和组织模型要充分考虑这一特点。

供应链节点企业同步化计划的提出是为了挑战供应链运行中的各类约束。供应链运行的约束有来自采购和生产的约束，也有来自销售的约束，这些约束会导致"组合约束爆炸"。因此，要实现供应链节点企业的同步化计划，一方面，要建立起不同的供应链系统之间的有效通信标准，如基于因特网的TCP/IP协议等，以形成信息交流和协作的规范化、标准化等；另一方面，要建立起协调机制和冲突管理服务。供应链系统各个代理之间既有同步的协作功能，也有独立的自主功能。当供应链的整体利益和各个代理的自身利益相冲突时，必须得到快速的协商解决，供应链的同步化才能实现。因此，建立分布的协调机制对供应链节点企业同步化计划的实现是非常重要的。

要实现供应链节点企业的同步化计划，必须建立起代理之间透明的合作机制。供应链节点企业之间的合作方式主要有同时同地、同时异地、异时同地和异时异地等四种情形。因此，供应链节点企业的合作模式表现为四种：同步模式、异步模式、分布式同步模式、分布式异步模式。基于多代理的供应链组织管理模式实现了由传统的递阶控制组织模式向扁平化网络组织的过渡，实现了网络化管理。

5.2.3　供应链管理环境下的生产计划

供应链管理环境下的生产计划与传统的生产计划有显著的不同，因为在供应链管理环境下，与企业具有战略伙伴关系的企业的资源通过物资流、信息流和资金流的紧密合作而成为企业制造资源的拓展。在制订生产计划的过程中，主要面临以下三方面的问题。

5.2.3.1　柔性约束

柔性实际上是对承诺的一种完善。承诺是企业对合作伙伴的保证，在这一基础上企业间才能具有基本的信任，合作伙伴也因此获得了相对稳定的需求信息。然而，由于承诺的作出在时间上超前于承诺本身付诸实现的时间，因此尽管承诺方一般来讲都尽力使承诺与未来的实际情况接近，但误差却难以避免。柔性的提出为承诺方缓解了这一矛盾，使承诺方有可能修正原有的承诺。可见，承诺与柔性是供应合同签订的关键要素。

对生产计划而言，柔性具有多重含义。

（1）显而易见，如果仅仅根据承诺的数量来制订计划是容易的。但是，柔性的存在使这一过程变得复杂了。柔性是供需双方共同制订的一个合同要素，对于需求方而言，它代表对未来变化的预期；而对供应方而言，它是对自身所能承受的需求波动的估计。本质上看，供应合同采用有限的、可预知的需求波动来约束供需双方，解决不可控制需求波动对双方不良影响的问题。

（2）下游企业的柔性对企业的计划产量造成的影响在于：企业必须选择一个在已知的需求波动下最为合理的产量。企业的产量不可能覆盖整个需求的变化区域，否则会造成不可避免的过量库存。在库存费用与缺货费用之间达到一个均衡点是确定产量的一个标准。

（3）供应链是上下游贯通的，企业在确定生产计划时还必须考虑上游企业（供方）的利益。在与本企业的供应合同之中，供方企业除了表达对自身所能承受的需求波动的估计外，还反映了对自身生产能力的权衡。因此，供方企业在制订生产计划时，应该尽量使需求与合同的承诺量接近，以帮助客户企业达到最优产能利用。

5.2.3.2 生产进度

生产进度信息是企业检查生产计划执行状况的重要依据，也是滚动制订生产计划的过程中用于修正原有计划和制订新计划的重要信息。在供应链管理环境下，生产进度计划属于可共享的信息。这一信息的作用在于：

(1) 供应链上游企业通过了解对方的生产进度情况实现准时供应。企业的生产计划是在对未来需求作出预测的基础上制订的，它与生产过程的实际进度一般是不同的，生产计划信息不可能实时反映物流的运动状态。供应链节点企业可以借助现代网络技术，使实时的生产进度信息为合作方所共享。上游企业可以通过网络和双方通用的软件了解下游企业真实的需求信息，并准时提供物资。在这种情况下，下游企业可以避免不必要的库存，上游企业也可以灵活主动地安排生产和调拨物资。

(2) 原材料和零部件的供应是企业进行生产的首要条件之一。在供应链管理环境下，企业可以通过信息共享了解到上游企业的生产进度，然后适当地调节生产计划，使供应链上的各个环节紧密地衔接在一起。其意义在于可以避免企业之间出现供需脱节的现象，从而保证供应链的整体利益。

5.2.3.3 生产能力

企业完成一份订单不能脱离上游企业的支持，因此在编制生产计划时要尽可能借助外部资源，有必要考虑如何利用上游企业的生产能力。任何企业在现有的技术水平和组织条件下都具有一个最大的生产能力，但最大的生产能力并不等于最优生产负荷。在上下游企业间形成稳定的供应关系后，上游企业从自身利益出发，更希望所有与之相关的下游企业在同一时期的总需求与自身的生产能力相匹配。上游企业的这种对生产负荷量的期望可以通过合同、协议等形式反映出来，即上游企业提供给每一个相关下游企业一定的生产能力，并允许一定程度的浮动。这样，在下游企业编制生产计划时就必须考虑到上游企业这一能力上的约束。

5.2.4 供应链管理环境下生产计划的制订

在供应链管理环境下，企业的生产计划编制过程有了较大的变动，在原有的生产计划制订过程的基础上增添了新的特点。

5.2.4.1 具有纵向和横向的信息集成过程

这里的纵向指供应链由下游向上游的信息集成，而横向生产指相同或类似产品的企业之间的信息共享。在生产计划制订过程中上游企业的生产能力信息在生产计划的能力分析中独立发挥作用。通过在主生产计划和投入产出计划中分别进行粗细能力平衡，上游企业承接订单的能力和意愿都反映到了下游企业的生产计划中。同时，上游企业的生产进度信息也和下游企业的生产进度信息一道作为滚动编制计划的依据，其目的在于保持上下游企业间生产活动的同步。

外包决策和外包生产进度分析是集中体现供应链横向集成的环节。外包所涉及的企业都能够生产相同或类似的产品，或者说在供应链网络上属于同一产品级别的企业，企业在编制主生产计划时所面临的订单，在两种情况下可能转向外包：一是企业本身或其上游企业的生产能力无法承受需求波动所带来的负荷；二是所承接的订单通过外包所获得的利润大于企业自己进行生产的利润。无论在何种情况下，都需要承接外包的企业的基本数据来支持企业的获利分析，以确定是否外包。同时，由于企业对该订单的客户有着直接的责任，因此也需要承接外包的企业的生产进度信息来确保对客户的供应。

5.2.4.2 丰富了能力平衡在计划中的作用

在通常的概念中，能力平衡只是一种分析生产任务与生产能力之间差距的手段，然后根据能力平衡的结果对计划进行修正。在供应链管理环境下的生产计划编制过程中，能力平衡发挥了以下作用：

（1）为主生产计划和投入产出计划进行修正提供依据，这也是能力平衡的传统作用。

（2）能力平衡是进行外包决策和零部件（原材料）急件外购的决策依据。

（3）在主生产计划和投入产出计划中所使用的上游企业能力数据，反映了其在合作中所愿意承担的生产负荷，可以为供应链管理的高效运作提供保证。

（4）在信息技术的支持下，对本企业和上游企业的能力状态的实时更新使生产计划具有较高的可行性。

5.2.4.3 计划的循环过程突破了企业的限制

在企业独立运行生产计划系统时，一般有三个信息流的闭环，而且都在企业内部：

（1）主生产计划—粗能力平衡—主生产计划。

（2）投入产出计划—能力需求分析（细能力平衡）—投入产出计划。

（3）投入产出计划—车间作业计划—生产进度状态—投入产出计划。

在供应链管理环境下，生产计划的信息流跨越了企业间的界限，从而增加了新的内容：

（1）主生产计划—供应链节点企业粗能力平衡—主生产计划。

（2）主生产计划—外包工程计划—外包工程进度—主生产计划。

（3）外包工程计划—主生产计划—供应链节点企业生产能力平衡—外包工程计划。

（4）投入产出计划—供应链节点企业能力需求分析（细能力平衡）—投入产出计划。

（5）投入产出计划—上游企业生产进度分析—投入产出计划。

（6）投入产出计划—车间作业计划—生产进度状态—投入产出计划。

需要说明的是，以上各循环中的信息流都只是各自循环所必需的信息流的一部分，但可对计划的某个方面起决定性的作用。

5.2.5 供应链管理环境下生产控制的新特点

供应链管理环境下的企业生产控制模式和传统的企业生产控制模式不同。供应链管理环境下需要更多的协调机制（企业内部和企业之间的协调），体现了供应链的战略伙伴关系原则。供应链管理环境下的生产协调控制主要包括如下内容。

5.2.5.1 生产进度控制

生产进度控制的目的在于依据生产作业计划，检查零部件的投入和产出数量、产出时间和配套性，保证产品能准时装配出厂。供应链管理环境下的进度控制与传统生产模式的进度控制不同，因为许多产品是协作生产和转包的业务，与传统的企业内部的进度控制相比，其控制的难度更大，必须建立一种有效的跟踪机制进行生产进度信息的跟踪和反馈。生产进度控制在供应链管理中具有重要作用，因此必须研究解决供应链节点企业之间的信息跟踪机制和快速反应机制。

5.2.5.2 供应链的生产节奏控制

供应链节点企业的同步化计划需要解决供应链节点企业之间的生产同步化问题，只有各供应链节点企业之间以及企业内部各部门之间保持步调一致，供应链的同步化才能实现。供应链形成的准时化生产系统要求上游企业准时为下游企业提供必需的零部件。如果供应链中有一个企业不能准时交货，都会导致供应链不稳定或中断（Breakdown），供应链对用户的响应性下降，因此严格控制供应链的生产节奏对供应链的敏捷性是十分重要的。

5.2.5.3 提前期管理

基于时间的竞争是一种新的竞争策略，具体到企业的运作层，主要体现为提前期的管理，这是实现快速反应和有效用户反应策略的重要内容。供应链管理环境下的生产控制中，提前期管理是实现快速响应用户需求的有效途径。缩短提前期、提高交货准时性是保证供应链获得柔性和敏捷性的关键。对供应商不确定性的有效控制是供应链提前期管理中的一大难点，因此建立有效的供应链提前期的管理模式和交货期的设置系统是供应链提前期管理中值得研究的问题。

5.2.5.4 库存控制和在制品管理

库存在应对需求不确定性方面有其积极的作用，但库存又是一种资源浪费。在供应链管理模式下，实施多级、多点、多方管理库存的策略，对提高供应链管理环境下的库存管理水平、降低制造成本有重要意义。这种库存管理模式涉及的部门不仅仅是企业内部。基于JIT的供应与采购、供应商管理库存、联合库存（Pooling）管理等是供应链库存管理的新方法，对降低库存都有重要作用。因此，建立供应链管理环境下的库存控制体系和运作模式，对提高供应链的库存管理水平有重要作用，是供应链节点企业生产控制的重要手段。

5.3 供应链管理环境下的生产计划与控制系统模型

5.3.1 供应链管理环境下的集成生产计划与控制系统的总体构想

5.3.1.1 供应链管理环境下的生产计划与控制系统中几个概念的拓展

A 供应链管理对资源概念内涵的拓展

传统的制造资源计划对企业资源这一概念的界定是局限于企业内部的，统称为物料（Materials），因此ERP的核心是物料需求计划（MRP）。在供应链管理环境下，资源分为内部资源（In-source）和外部资源（Out-source），因此在供应链管理环境下，资源优化的空间由企业内部扩展到企业外部，即从供应链整体系统的角度进行资源的优化。

B 供应链管理对能力概念内涵的拓展

生产能力是企业资源的一种，在ERP系统中，经常把资源问题归结为能力需求问题，或能力平衡问题。但正如资源概念一样，ERP对能力的利用也仅局限于企业内部。供应链管理把资源的范围扩展到供应链系统，其能力的利用范围也因此扩展到了供应链系统的全过程。

C 供应链管理对提前期概念内涵的拓展

提前期是生产计划中的一个重要变量，在ERP系统中这是一个重要的设置参数。但ERP系统中一般把它作为一个静态的固定值来对待（为了反映不确定性，后来人们又提出了动态提前期的概念）。在供应链管理环境下，并不强调提前期的固定与否，重要的是交货期，要求准时交货，即供应链管理强调准时采购、准时生产、准时配送。

5.3.1.2 供应链管理环境下的生产管理组织模式

在供应链管理环境下，生产管理组织模式和现行生产管理组织模式的一个显著区别就是，供应链管理环境下生产管理是开放性的，以团队工作为组织单元的多代理制的，图5-2显示了这种多代理制的供应链生产管理组织模式。在供应链联盟中，企业之间以合作生产的方式结成联盟，企业生产决策信息通过EDI/Internet实时地在供应链联盟中由企业代理通过协商决定，企业建立一个合作公告栏（在互联网上），实时地与合作企业进行信息交流，在供应链中要实现委托代理机制，对企业应建立一些行为规则，包括自勉规则、鼓励规则、激励规则、信托规则、最佳伙伴规则。

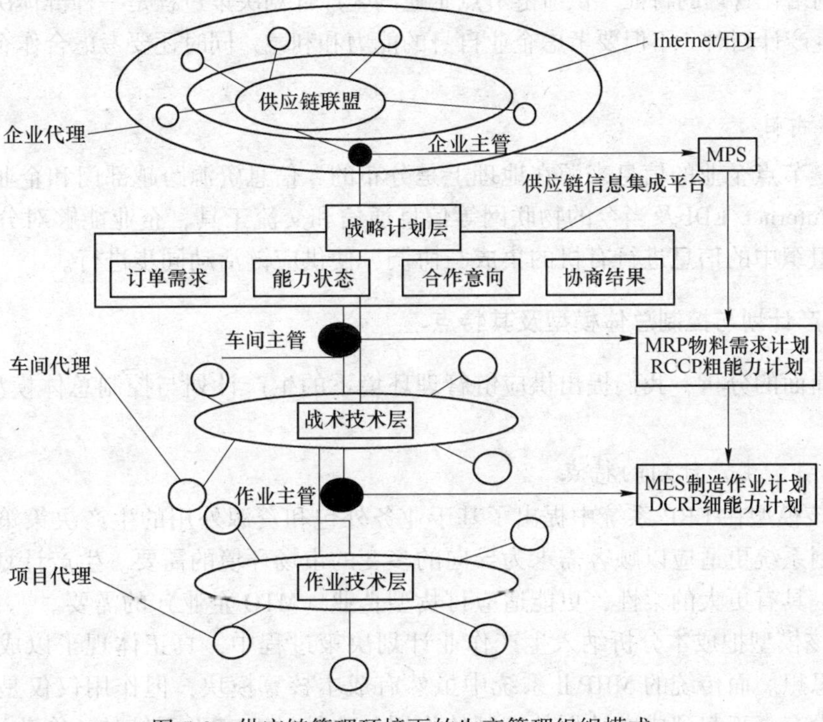

图5-2 供应链管理环境下的生产管理组织模式

企业内部也采用基于多代理制的团队工作模式，团队有一个主管负责团队之间的协调。协调是供应链管理的核心内容之一，供应链管理的协调主要有三种形式，即供应—生产协调、生产—分销协调、库存—销售协调。

5.3.1.3 供应链管理环境下生产计划的信息组织与决策特征

供应链管理环境下生产计划的信息组织与决策过程具有如下几个方面的特征。

A 开放性

经济全球化使企业进入全球开放市场。不管哪个行业，无论什么企业形态抑或供应链体系，开放性已成为当今企业组织发展的趋势。供应链是一种网络化组织，供应链管理环境下的企业生产计划信息已跨越了组织的界限，形成开放性的信息系统，决策的信息资源来自企业的内部与外部，并与其他组织共享。

B 动态性

供应链管理环境下的生产计划信息具有动态的特性，是市场经济发展的必然。为了适应不断变化的顾客需求，使企业具有敏捷性和柔性，生产计划的信息要随市场需求的更新而变化。模糊的提前期和模糊的需求量要求生产计划具有更多的柔性和敏捷性。

C 集成性

供应链是集成的企业群体，是一种扩展的企业组织模式，因此供应链管理环境下的企业生产计划信息是不同信息源的信息的集成，集成了供应商、分销商的信息，甚至消费者和竞争对手的信息。

D 群体性

供应链管理环境下的生产计划决策过程具有群体特征，因为供应链是分布式的网络化组织，具有网络化管理的特征。供应链节点企业的生产计划决策过程是一种群体决策过程，企业在制订生产计划时，不但要考虑企业自身的能力和利益，同时还要考虑合作企业的需求与利益。

E 分布性

供应链节点企业的信息来源在地理上是分布的，信息资源跨越部门和企业，甚至全球化，通过 Internet/EDI 及当今的物联网等信息通信和交流工具，企业能够对分布在不同区域和不同组织中的信息进行有机的集成与协调，使供应链活动同步进行。

5.3.2 生产计划与控制总体模型及其特点

根据前面的分析，我们提出供应链管理环境下的生产计划与控制总体模型，如图 5-3 所示。

5.3.2.1 生产计划的特点

（1）该模型在 ERP 系统中提出了基于业务外包和资源外用的生产决策策略，使生产计划与控制系统更适应以顾客需求为导向的多变的市场环境的需要。生产计划与控制系统更加灵活，具有更大的柔性，更能适应订货型企业（MTO 企业）的需要。

（2）该模型把成本分析纳入生产作业计划决策过程中，真正体现了以成本为核心的生产经营思想。而传统的 MRPⅡ系统中虽然有成本核算模块，但作用仅仅是事后结算和分析，并没有真正起到成本计划与控制的作用，这是对 MRPⅡ系统的一个改进。

（3）基于该模型的生产计划与控制系统充分体现了本书提出的关于供应链管理的、基于价值增值与用户满意的计划与控制管理模式。

5.3.2.2 生产控制模式的特点

在生产控制模式方面，这一模型也有一定的特色。

A 订货决策与订单分解控制

在对用户订货与订单分解控制的决策方面，模型设立了订单控制系统，用户订单进入该系统后，要进行三个决策过程：（1）价格/成本比较分析；（2）交货期比较分析；（3）能力比较分析。最后进行订单的分解决策，分解产生了两种订单（在管理软件中用不同的工程号表示）：外包订单和自制订单，如图 5-4 所示。

B 面向对象的、分布式、协调生产作业控制模式

从宏观上讲，企业是这样的对象体：它既是信息流、物流、资金流的始点，也是三者的终点。对生产型企业来说，其对象体包括产品、设备、材料、人员、订单、发票、合同

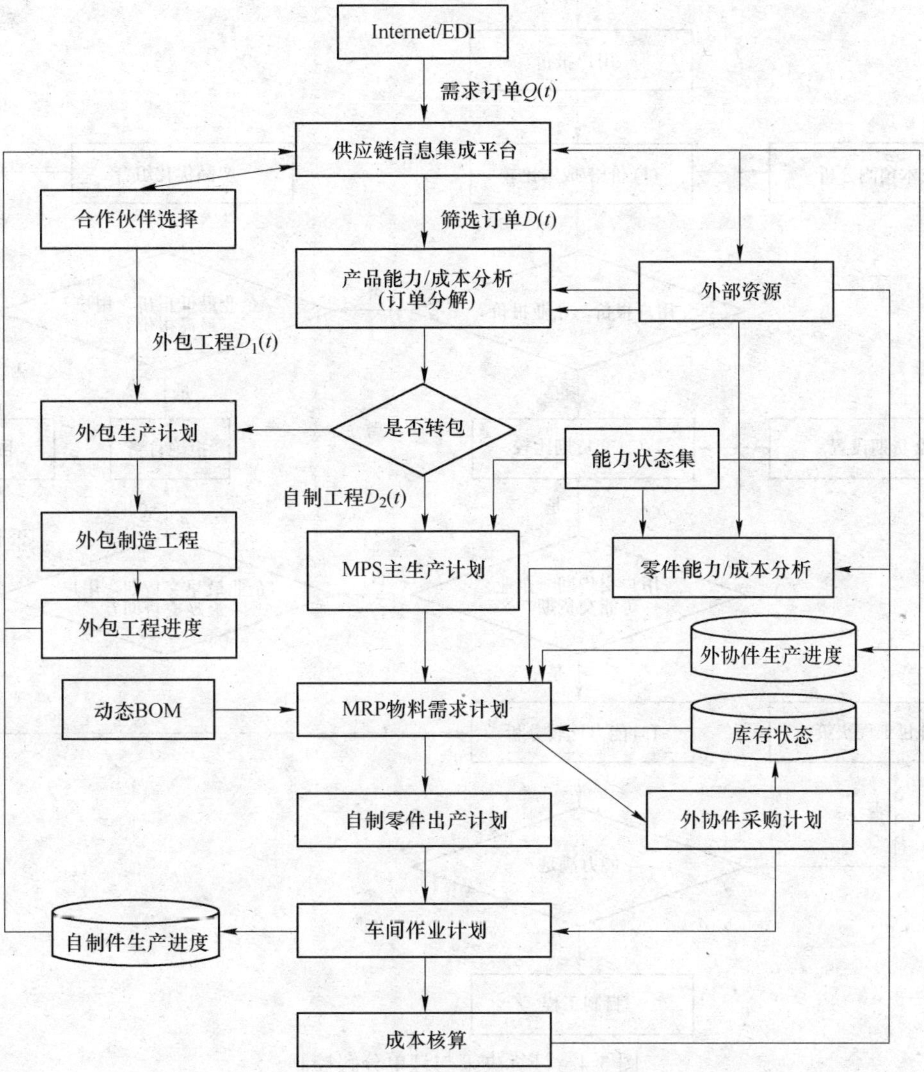

图 5-3 供应链管理环境下的集成生产计划与控制总体模型

等要素。供应商和制造商企业之间最重要的联系纽带是订单，企业内部及企业间的一切经营活动都围绕订单运作，通过订单驱动其他企业活动，如采购部门围绕订单采购，制造部门围绕订单生产，装配部门围绕订单装配，这就是供应链的订单驱动原理。

面向对象的生产作业控制模式从订单概念的形成开始就考虑了物流系统各目标之间的关系，形成面向订单对象的控制系统。订单在控制过程中，主要实现如下几个方面的作用和任务：

（1）对供应链的整个活动过程（产、供、销）进行面向订单的监督和协调检查。

（2）规划一个订单工程的计划完成日期和完成工作量指标。

（3）对订单工程对象的运行状态进行跟踪监控。

（4）分析订单工程完成情况，和计划进行比较分析。

（5）根据顾客需求变化和订单完成情况提出切实可行的改进措施。

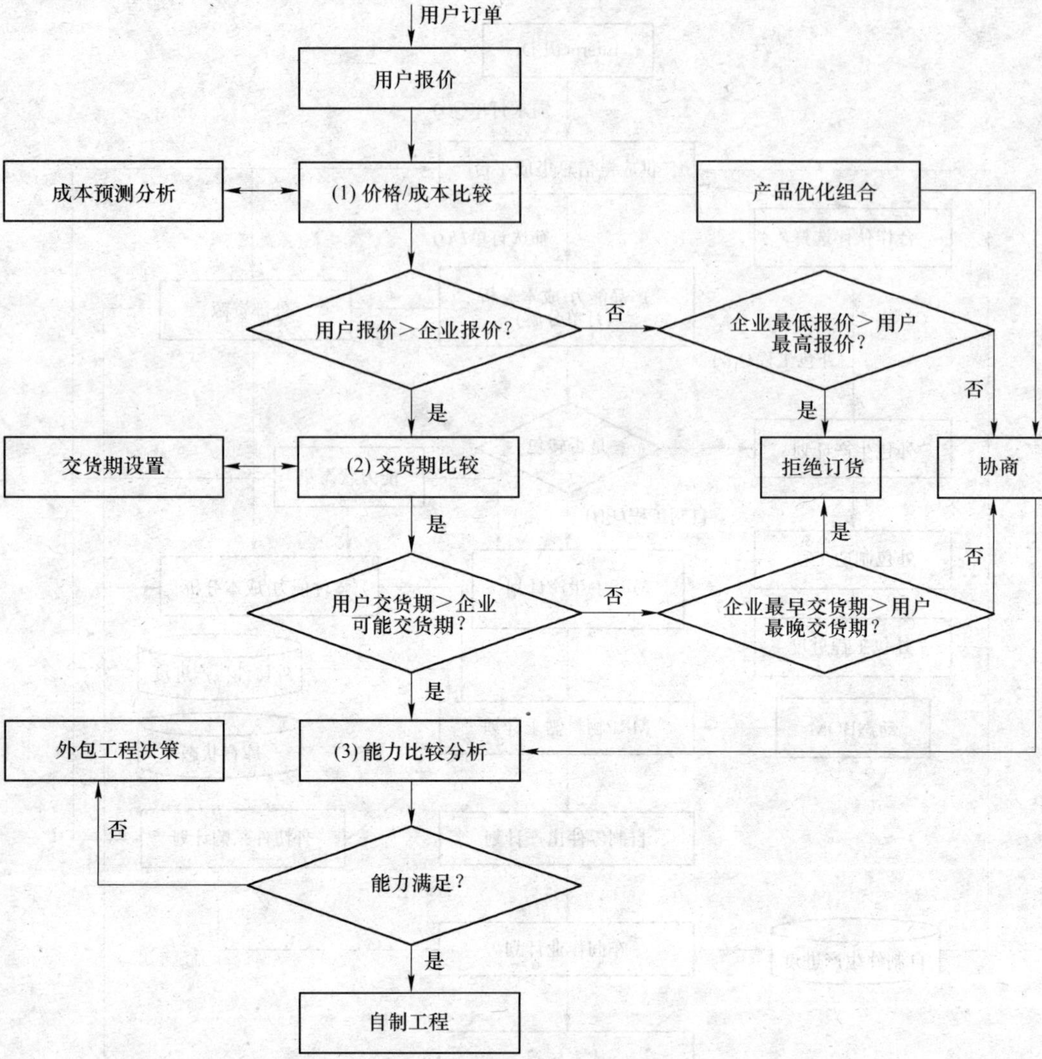

图 5-4　订货决策与订单分解控制

订单控制过程可以用如图 5-5 所示的订单运行图简要加以说明。

面向对象的、分布式、协调生产作业控制模式有如下特点：

(1) 体现了供应链的集成观点，从用户订单输入到订单完成，供应链各部门的工作紧紧围绕订单来运作。

(2) 业务流程和信息流保持一致，有利于供应链信息跟踪与维护。

(3) 资源的配置原则更为明确统一，有利于资源的合理利用与管理。

(4) 顾客需求订单转化为生产计划订单（采用模糊预测理论和质量功能开发相结合），使生产计划的执行更靠近顾客需求。

(5) 体现供应链综合集成模式的纵横一体化企业集成思想，在供应链的横向上采用订单驱动的方式，在纵向上则采用 MRP/OPT 基于资源约束的生产控制方法。

供应链管理环境下这种面向对象的、分布式、协调生产作业控制模式的最主要特点是信息的相互沟通与共享。建立供应链信息集成平台（协调信息的发布与接收），及时反馈

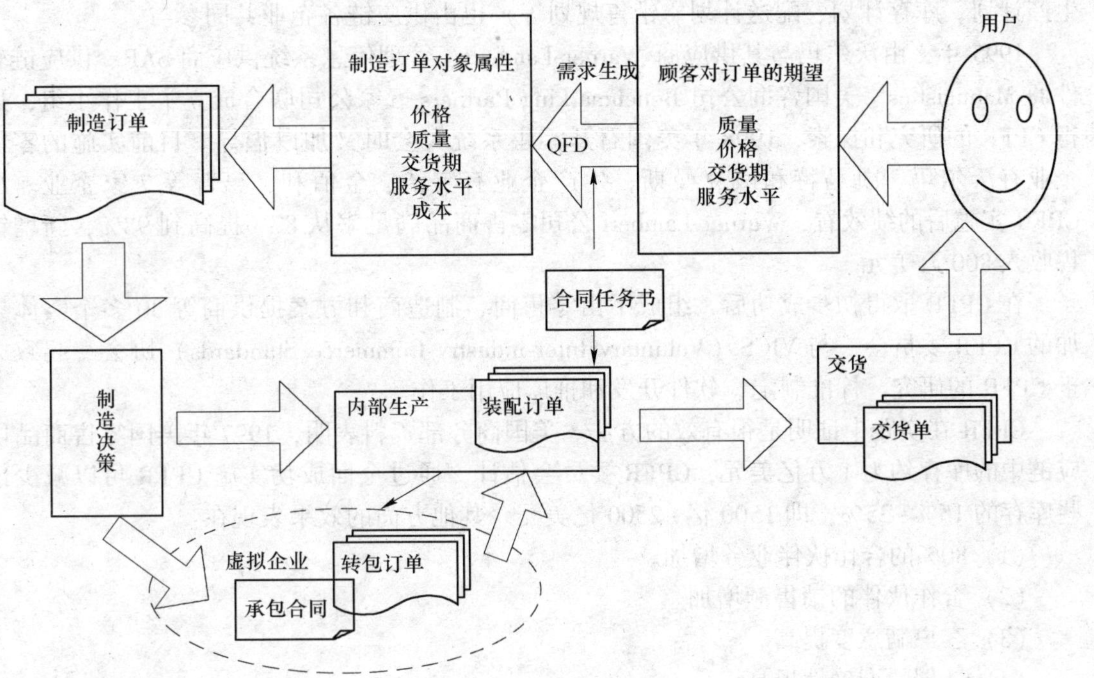

图 5-5 订单运行流程

生产进度的有关数据，修正生产计划，以保持供应链各企业都能同步执行。

5.3.3 合作计划、预测和补货三位一体的计划管理模式

5.3.3.1 合作计划、预测和补货的概念与应用

合作计划、预测和补货（Collaborative Planning, Forecasting and Replenishment, CPFR）是近来出现的供应链管理的一种新模式，尤其是在用于供应链管理环境下的生产计划与控制时，它能够克服单个企业独自制订计划带来的种种问题。

CPFR 是一种供应链计划与运作管理的新的哲理，它应用一系列的处理和技术模型，提供覆盖整个供应链的合作过程，通过共同管理业务过程和共享信息来改善零售商和供应商的伙伴关系，提高预测的准确度，最终达到提高供应链效率、减少库存和提高消费者满意程度的目的。CPFR 有三个指导性原则：

（1）供应链业务伙伴框架结构和运作过程以消费者为中心，并且面向价值链的运作。

（2）供应链业务伙伴共同负责开发共享的消费者需求预测系统，这个系统驱动整个价值链计划。

（3）供应链业务伙伴均承诺共享预测，并在消除供应过程的约束上共担风险。

5.3.3.2 CPFR 的产生和发展

CPFR 的形成始于沃尔玛所推动的 CFAR（Collaborative Forecast and Replenishment）。CFAR 是利用因特网通过零售企业与生产企业的合作，共同做出产品需求预测，并在此基础上实施连续补货的系统。后来，在沃尔玛的不断推动之下，基于信息共享的 CFAR 系统向 CPFR 发展。CPFR 是在 CFAR 共同预测和补货的基础上，进一步推动共同计划的制订，即不仅合作企业实行共同预测和补货，同时将原来属于各企业内部事务的计划工作（如

生产计划、库存计划、配送计划、销售规划等）也由供应链各企业共同参与。

1995 年，由沃尔玛与其供应商 Warner-Lambert、管理信息系统供应商 SAP、供应链软件商 Manugistics、美国咨询公司 Benchmarking Partners 五家公司联合成立了工作小组，进行 CPFR 的研究和探索，1998 年美国召开零售系统大会时又加以倡导。目前实施的零售企业有沃尔玛、凯马特和威克曼斯，生产企业有宝洁、金佰利、惠普等 7 家企业。从 CPFR 实施后的绩效看，Warner-Lambert 公司零售商品满足率从 87%提高到 98%，新增销售收入 800 万美元。

在 CPFR 取得初步成功后，组成了由零售商、制造商和方案提供商等 30 多个实体参加的 CPFR 委员会，与 VICS（Voluntary Inter-industry Commerce Standards）协会一起致力于 CPFR 的研究、标准制定、软件开发和推广应用工作。

CPFR 在实践中证明是很有效的方法。美国商务部资料表明，1997 年美国零售商品供应链中的库存约为 1 万亿美元，CPFR 委员会估计，通过全面成功实施 CPFR 可以减少这些库存的 15%~25%，即 1500 亿~2500 亿美元。其他方面的效果表现在：

（1）80%的合作伙伴业务增加。

（2）合作伙伴的销售额增加。

（3）客户满意度提高。

（4）计划的准确性提高。

由于 CPFR 巨大的潜在效益和市场前景，一些著名的企业软件商，如 SAP、Maugistics、Logility 和 Synara Software 等公司都在开发 CPFR 软件系统和从事相关的服务。

5.3.3.3　CPFR 与其他合作模式的关系

在 CPFR 提出之前，关于供应链伙伴的合作模式主要有合作预测与补货（Aggregate Forecasting and Replenishment，AFR）、联合管理库存（Jointly Managed Inventory，JMI）和供应商管理库存（Vendor Managed Inventory，VMI）等。

AFR 是商业贸易伙伴交互作用中应用最广泛的方法，用于预测的核心数据来自于销售历史数据，采用制造者推动供应链的方法。AFR 缺乏集成的供应链计划，可能会导致高库存或低订单满足率。VMI 可以避免 AFR 的一些问题，VMI 的一个关键技术是应用供应链的能力管理库存，这样需求和供应就能结合在一起，使制造者能够得到零售分销中心仓库返回的数据和 POS（Point of Sale）数据，并利用这些信息规划整个供应链的库存配置。VMI 方法虽然有诸多优点，但缺乏系统集成。JMI 方法相对较新，这种方法以消费者为中心，着眼于计划和执行更详细的业务。供应链经常应用团队（Team Work）方法进行关键问题处理，使其在了解对方的运作和增强相互作用等方面得到改善，其结果有助于发展贸易伙伴的信任关系。JMI 在每个公司内增加了计划执行的集成并在消费者服务水平、库存和成本管理方面取得了显著的效果，但 JMI 的建立和维护成本高。

5.3.3.4　CPFR 的业务模型

CPFR 的业务模型包括 9 个主要流程活动（如图 5-6 所示）：

（1）供应链伙伴之间达成 CPFR 的合作协议。这一步是供应链合作伙伴（如零售商、分销商和制造商等）为合作关系建立共同的规则，共同达成一个通用业务协议，包括对合作的全面认识、合作目标、机密协议、资源授权、合作伙伴的任务和成绩的检测。

（2）制订联合工作计划。供应链合作伙伴相互交换战略和业务计划信息，以发展联

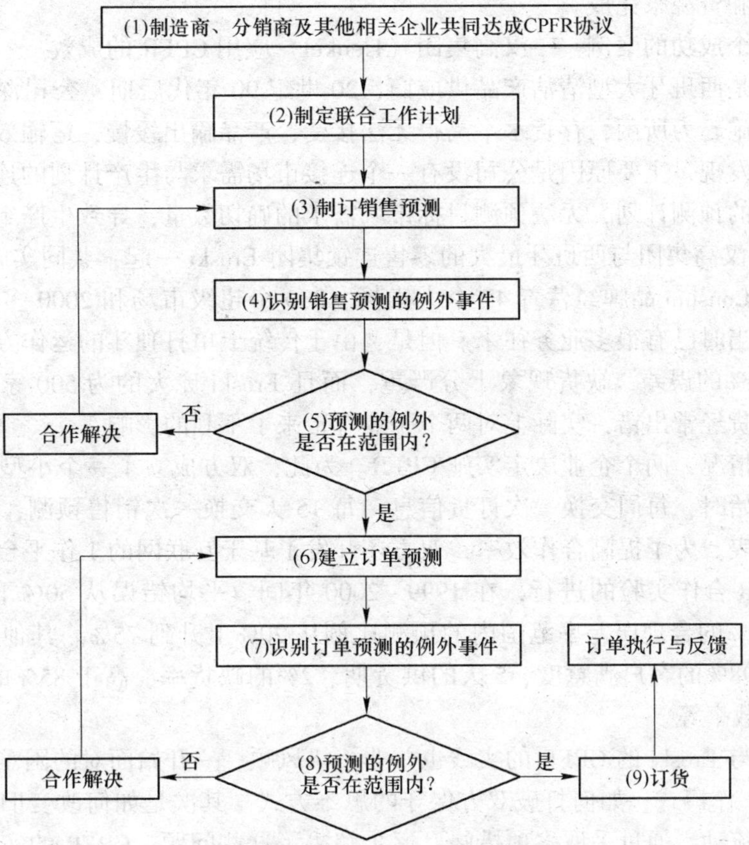

图 5-6 CPFR 的工作流程

合工作计划。合作伙伴首先建立战略合作伙伴关系，然后定义分类任务、目标和策略，并建立合作项目的管理简况（如订单最小批量、交货期订单间隔等）。

(3) 制订销售预测。利用零售商的 POS 数据、因果关系信息、已计划事件信息，创建一个支持联合工作计划的销售预测。

(4) 识别销售预测的例外情况。识别分布在销售预测约束之外的项目，每个项目的例外准则需在第 1 步中得到认同。

(5) 合作解决销售预测例外干扰。通过查询共享数据、电子邮件、电话、交谈、会议等解决销售预测例外情况，并将产生的变化提交给销售预测（第 3 步）。

(6) 建立订单预测。合并 POS 数据、因果关系信息和库存策略，产生一个支持共享销售预测和联合工作计划的订单预测，提出分时间段的实际需求数量，并通过产品及接收地点反映库存目标。订单预测周期内的短期部分用于产生订单，订单预测周期外的长期部分用于计划。

(7) 识别订单预测的例外情况。识别分布在订单预测约束之外的项目，例外准则在第（1）步已建立。

(8) 合作解决订单预测例外干扰。通过查询共享数据、电子邮件、电话、交谈、会议等调查研究订单预测例外情况，并将产生的变化提交给订单预测（第（6）步）。

(9) 订单产生。将订单预测转换为已承诺的订单，订单产生可由制造厂或分销商根据能力、系统和资源来完成。

这里有一个成功的案例——汉高集团（Henkel）应用CPFR的成效。

汉高集团是西班牙大型清洁产品供应商，20世纪90年代后期，公司深受订货预测和供应链管理实施乏力所困，存货水平高得无法接受，产品输出缓慢，运输效率低下。

通过分析发现，主要原因是公司没有一个连接市场需求与生产计划的连贯系统，无法整合连续补充的预测计划，无法预测目标市场需求的确切数量，导致生产组织的盲目性。

1999年，汉高集团与西班牙最大的零售连锁集团Eroski一起，共同实施了CPFR。

Eroski以Consum品牌经营着47个大卖场、800个超级市场和2000多个特许经营超市。两家公司当时已有很多业务往来。但是，由于传统上单打独斗的运作方式，汉高的销售预测中有50%的误差，缺货现象十分严重，而且Eroski庞大的为500家商店提供服务的中转仓库出货经常出错，实际上对两个企业都带来了不利的影响。

针对这种情况，两个企业决定实施CPFR。为此，双方成立了一个小型的工作小组来开展工作。开始时，每周交换一次订货信息，每15天交换一次销售预测，每4个月交换一次促销计划表。为了提高合作效率，双方还开发了基于互联网的工作平台。

随着CPFR合作实验的进行，在1999~2000年间，平均错误从50%下降到5%。同时，控制在20%的合理误差率范围内的预测比例从20%上升到75%。其他方面也取得了满意的效果：98%的客户满意度、5天的供货期、2%的缺货率、高于85%的预测可靠性、98%的卡车满载率等。

汉高集团与Eroski的CPFR的实践也并非一帆风顺。一开始面对的困难就是如何建立CPFR的复杂工作模式，如何打破双方保守的思维方式。其次是如何改变旧有的习惯，鼓励数据的自由流动。通过采取多项措施，逐步解决了这些问题，CPFR的实践取得了预期的效果。

5.3.3.5 CPFR实施中的关键因素

在CPFR实施过程中，获得成功的关键因素有：

（1）以双赢的态度看待合作伙伴和供应链的相互作用。企业必须了解整个供应链过程，以发现自己的信息和能力在何处有助于供应链，进而有益于最终消费者和供应链合作伙伴。换句话说，基于CPFR的供应链成功的关键之一是从“非输即赢”的传统企业关系到“双赢”合作关系的转变。

（2）为供应链成功运作提供持续保证，并且共同承担责任。这是基于CPFR的供应链成功运作所必需的企业价值观。每个合作伙伴对供应链的保证、权限和能力不同，合作伙伴应能够调整其业务活动以适应这些不同。无论在哪个职责层，合作伙伴坚持其保证和责任将是供应链成功运作的关键。

（3）实现跨企业、面向团队的供应链。团队不是一个新概念，建立跨企业的团队造成了一个新问题：团队成员可能参与其他团队，并与其合作伙伴的竞争对手合作。这些竞争对手之间存在竞争关系，团队联合的深度和交换信息的类型可能造成多个CPFR团队中人员的冲突。在这种情况下，必须有效地构建支持完整团队和个体关系的公司价值系统。

（4）制定和维护行业标准。CPFR实施的一个重要组成部分就是对行业标准的支持。每个企业有一个各自开发的过程，这会影响公司与合作伙伴的联合。行业标准的制定必须既便于实行的一致性，又允许企业间的不同，这样才能有效应用。开发和评价这些标准，有利于合作伙伴的信息共享和合作。

5.3.4　供应链管理环境下多工厂生产计划优化

为了使供应链上的相关企业获得最大收益，在制订生产计划时也应该考虑整个供应链的影响，供应链管理环境下的多工厂生产计划问题就是这样提出的，国内外很多学者对此进行了深入研究，图 5-7 即为一个例子。

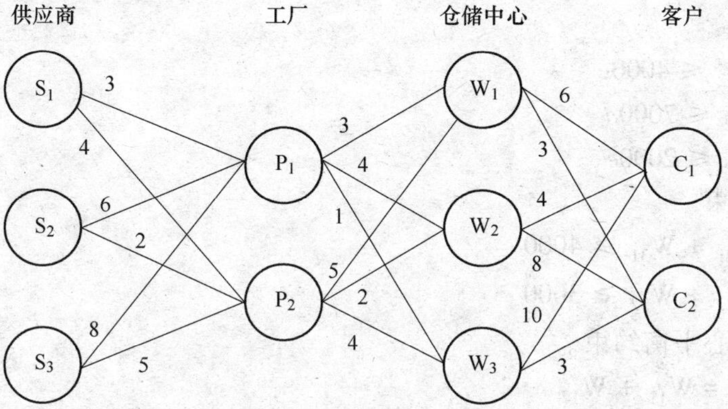

图 5-7　供应链管理环境下的多工厂生产系统

下面简要介绍供应链管理环境下的多工厂生产计划的问题。假设该供应链上有两个生产厂，可由三家供应商提供零部件，产品可由三个仓储中心向两个市场分拨。

假设：S_i 为供应商（$i=1, 2, 3$）；P_j 为工厂（$j=1, 2$）；W_k 为仓储中心（$k=1, 2, 3$）；C_l 为市场（$l=1, 2$）。

另设：S_{ij} 为供应商 i 向工厂 j 供应数量（$i=1, 2, 3$；$j=1, 2$）；P_{jk} 为工厂 j 向仓储中心 k 供应数量（$j=1, 2$；$k=1, 2, 3$）；W_{kl} 为仓储中心 k 向市场 l 的供应数量($k=1, 2, 3$；$l=1, 2$)。

供应链上各个部分的生产能力（单位/年）、成本及需求数据如下：

供应商：$S_1=2000$ 单位，$S_2=3000$ 单位，$S_3=4000$ 单位。

工厂：$P_1=5000$ 单位，$P_2=6000$ 单位。

仓储中心：$W_1=4000$ 单位，$W_2=7000$ 单位，$W_3=2000$ 单位。

市场需求量：$C_1=4000$ 单位，$C_2=3000$ 单位。

设置工厂的固定成本：$P'_1=500000$ 元，$P'_2=750000$ 元。

设置仓储中心的固定成本：$W'_1=80000$ 元，$W'_2=60000$ 元，$W'_3=45000$ 元。

单位产品的运输成本如图 5-7 中的数字所示。

供应链管理环境下生产计划与物流组织优化的计算公式为：

$$\min_{总成本} = 3S_{11} + 4S_{12} + 2S_{22} + 8S_{31} + 5S_{32} + 3P_{11} + 4P_{12} + P_{13} + 5P_{21} + 2P_{22} + 4P_{23} + 6W_{11} + 3W_{12} + 4W_{21} + 8W_{22} + 10W_{31} + 3W_{32} + 500000a + 750000b + 80000c + 60000d + 45000e$$

约束条件为：

(1) 供应约束。

对供应商：

$S_{11} + S_{12} \leqslant 2000$

$S_{21} + S_{22} \leqslant 3000$

$S_{31} + S_{32} \leqslant 4000$

对工厂：

$P_{11} + P_{12} + P_{13} \leqslant 5000a$

$P_{21} + P_{22} + P_{23} \leqslant 6000b$

对仓储中心：

$W_{11} + W_{12} \leqslant 4000c$

$W_{21} + W_{22} \leqslant 7000d$

$W_{31} + W_{32} \leqslant 2000e$

（2）需求约束。

$W_{11} + W_{21} + W_{31} \geqslant 4000$

$W_{12} + W_{22} + W_{32} \geqslant 3000$

（3）仓储中心平衡约束。

$P_{11} + P_{21} = W_{11} + W_{12}$

$P_{12} + P_{22} = W_{21} + W_{22}$

$P_{13} + P_{23} = W_{31} + W_{32}$

（4）工厂生产平衡约束。

$S_{11} + S_{21} + S_{31} = P_{11} + P_{12} + P_{13}$

$S_{12} + S_{22} + S_{32} = P_{21} + P_{22} + P_{23}$

（5）其他约束。

$a, b, c, d, e = 0$ 或 1

非负条件。

$S_{ij} \geqslant 0, P_{jk} \geqslant 0, W_{kl} \geqslant 0$

用 LINGO8. 0 版本可以很快求出最优解，总成本为 1389000 元。

$$\begin{aligned}\text{总成本} &= 3 \times 1000 + 4 \times 1000 + 2 \times 3000 + 5 \times 2000 + 4 \times 1000 + 2 \times 6000 + \\ &\quad 4 \times 4000 + 8 \times 3000 + 500000 + 750000 + 60000 \\ &= 1389000 \text{（元）}\end{aligned}$$

最优计划方案如图 5-8 所示。

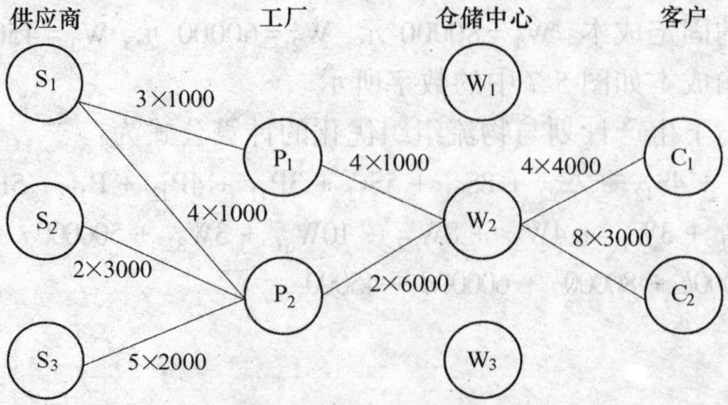

图 5-8　供应链管理环境下的多工厂生产计划优化结果

案例分析

海尔供应链整体生产能力的战略部署

一、基本信息概述

2005年8月12日，一个阳光明媚的日子，海尔物流中心负责人走出公司副总裁的办公室时，依然沉浸在刚才向副总裁汇报工作的兴奋中。对海尔实行物流再造以来所取得的效益，上级给予高度的评价，对于接下来的挑战，他充满了信心。

海尔集团自1999年开始成功地进行了以市场链为纽带的业务流程再造，取得了可观的效益，但海尔物流与未来企业发展方向的要求相比仍存在差距，从这个意义上说，海尔物流依然任重道远。要想更好地解决成本、速度、收益等众多问题，还必须在物流运作上做文章。作为一个海尔人，他又一次陷入了深思。

二、海尔公司背景

海尔集团是在1984年引进德国利勃海尔电冰箱生产技术而成立的青岛电冰箱总厂基础上发展起来的国家特大型企业。经过短短15年的时间，海尔集团已从亏损147万元的集体小厂迅速成长为拥有白色家电、黑色家电、米色家电在内的96个门类、15100多个规格的产品群，并出口到世界100多个国家和地区的特大型企业。2004年，海尔全球营业额突破1016亿元，海尔蝉联中国最有价值品牌第一名，品牌价值高达616亿元。在世界品牌实验室（World Brand Lab）独家编制的2005年度世界品牌500强排行榜上，海尔再次入围世界品牌百强，荣居第89位。2005年8月30日，英国《金融时报》公布“中国十大世界级品牌”调查结果，海尔荣居榜首。

为应对网络经济和加入WTO的挑战，海尔从1998年开始实施以市场链为纽带的业务流程再造。第一个五年中，海尔主要实现组织结构的再造，将传统企业金字塔式的直线职能结构改变为扁平化、信息化和网络化的市场链流程，以订单信息流为中心带动物流、资金流的运动，加快了与用户零距离、产品零库存和零营运资本“三个零”目标的实现。目前，海尔是这样布置物流的：海尔的七个工业园主要分为三个部分：（1）以青岛地区的工业及周边的工厂为出口基地，利用廉价的劳动力、成本低廉的海运进行出口。（2）以合肥为主的工业园包括在广东、贵州的工厂，形成本地化的生产基地，节省了物流成本。（3）以美国为代表的海外十个工厂，形成本土物流，基地、生产、采购、销售全部本土化，使物流成本大幅降低。

海尔物流明显类似美国物流中央化的模式，在实施的初期，收到了比较好的效果。物流本部成立前，海尔的库存时间为30天。经过一年的努力，2001年减至13天。2002年海尔的目标是将库存从15亿元降为3亿元，从库存占用资金和采购资金两方面反映物流成本的降低。海尔物流本部将分散在各个产品事业部的采购业务合并，实施统一采购，以达到在最低成本下实施准时化采购。对大到几百元的设备，小到办公用品（如圆珠笔等）进行统一采购操作，实施统一采购后使部分零部件降价达5%~8%。对于大型企业集团的采购，海尔的效益是非常可观的。

在取得收益的同时，海尔努力想使物流运作在自己的控制掌握下，但是由于中国国情、物流基础、实际运作等方面与海尔的设想出现了偏差，海尔在运行两年后出现了成本、速度、收益等众多问题。

为了保证海尔订单牵引模式向纵深发展，在今后的市场竞争中如何保证其生产发展所需要的生产能力就成为其面临的战略问题之一。

三、海尔的产业链运作模式

（一）海尔准时化采购

海尔物流整合了集团内分散在28个产品事业部的采购和原材料仓储配送，通过整合内部资源来获取更优的外部资源，建立起强大的供应链资源网络，供应商结构得到根本优化。能够参与前端设计与开发的国际化供应商比例从整合前的不到20%提高到目前的82%，通用电气、艾默生、巴斯夫、DOW等59家世界500强企业都已成为海尔的合作伙伴。

海尔实行并行工程，一批跨国公司以其高科技和新技术参与到海尔产品的前端设计中，不但保证了海尔产品技术的领先性，增加了产品的技术含量，同时大大加快了开发速度。

海尔采购订单滚动下达到供应商，一般的订单交付周期为10天，加急订单为7天。战略性物资如钢材，每个月采购一次，但每三个月与供应商谈判一次协商价格。另有一些供应商通过寄售等方式为海尔供应，即将物资存放在海尔物流中心，但在海尔使用后才结算，供应商可通过B2B网站查询寄售物资的使用情况，属于寄售订单的海尔不收取相关仓储费用。准时化采购要考虑销售的淡季和旺季问题，在旺季之前要提前预算。目前，海尔一个月的预测精度可达到80%；三个月的预测精度为50%。另外，海尔的准时化采购一般不能退货，无逆向物流，不能取消订单。

（二）海尔供应商管理

海尔从1998年开始供应商网络的优化，打散了原来的供应商体系，重新选择供应商，以形成强强联合、合作共赢。海尔的供应商从2200多家优化到721家，其中世界500强企业有59家，从侧重质量转向侧重全过程的激励与控制。对供应商的主要激励措施是配额分配，配额比例由原来的人工统计数字到现在的由系统根据质量考评、供货考评和价格排名三个综合因素决定，而价格排名根据BBP平台网上招标的结果来确定。

海尔对供应商资源整合带来的效益显而易见，不仅可以采购到高质量的零部件，还给海尔带来了巨大的经济效益，仅1999年降低的采购成本就达5亿元，2001年在1999年的基础上又降了10亿元。

海尔对供应商的评价主要侧重质量、成本、交货期及能否参与早期设计过程等方面，具体考核指标包括设计控制、文件和资料控制、采购和仓库、顾客提供物资、产品标识和可追溯性、工序控制、检验与试验、内部质量审核、培训等方面。而对供应商的评价包含在对供应商的质量体系的考核评价中。海尔对三个月绩效不合格的供应商进行严格淘汰，对存在一定问题的供应商，要求其进行整改，保障供货的准时性。

（三）海尔电子采购平台

海尔物流与供应商还搭建起了公平、互动、双赢的采购协作平台。在企业外部，CRM与BBP平台搭建起企业与用户、企业与供应商沟通的桥梁。通过海尔的BBP采购平台，所有的供应商均在网上接收订单，并通过网络查询计划与库存状态，及时补货，实现准时化供货；供应商在网上还可接收图纸与技术资料，使技术资料的传递时间缩短了一半。另外，海尔与招商银行联合，与供应商实现网上货款支付（实现网络结算的供应商占70%~80%）。一方面，付款及时率与准确率均达到100%；另一方面，每年可节约供应商上千万元费用。通过BBP采购平台，海尔加快了整条供应链的反应速度，与供应商真正实现了双赢。

海尔又搭建起全球网上招标平台（www. ihaier. com），使全球供应商可以网上注册登记，查看合作招标项目、在线模拟招标、在线招投标、网上反向拍卖（海尔大部分零部件价格通过网上招标和反向拍卖实现）、网上查询招标公示等。全球网上招标平台建成后，不仅使海尔供应商的网络能力迅速提高，而且实现了公平、公开、公正的招标原则，提高了招标过程的透明度，使海尔能够广纳全球网络资源，提升企业的核心竞争力。

通过海尔的电子采购平台，物流本部的订单周期缩短，及时性、准确性提高。以前从收到计划到把采购订单传递到供应商手中需要5~7天，现在供应商第二天就可以到BBP网站上查看从ERP系统自动传到BBP系统中的采购订单并打印送货单，准确率大大提高。

（四）海尔产业链供应模式

随着海尔经营规模的扩大和流程再造的实施，海尔物流从2001年开始，除了不断优化内部的供应链外，还在产业链的上游打破了与供应商之间传统的买卖关系。在青岛、合肥、大连、武汉、贵州等制造基地建设以海尔为中心的产业链，引进艾默生、三洋等数十家国际顶尖供应商在当地投资建厂，建立配套工业园，而供应商可以直接参与海尔的产品设计，一个具有国际竞争力的家电优势产业集群初步形成。全球供应链资源网的整合使海尔获得了快速满足用户需求的能力。

截至2004年年底，海尔在青岛城区与开发区等周边地区累计引进供应商74家，其中国外企业33家（目前位于胶州的海尔国际工业园已经聚集了三洋压缩机、艾默生电机等20多家国际化分供商），国内行业龙头企业24家；从珠三角地区吸引企业14家，长三角地区吸引企业5家；组件、部件配套企业12家，零部件配套企业55家，原材料配套企业7家。累计引进资金42. 5亿元，解决劳动力就业近4万人。

海尔的产业链建设通过工业园的布局模式来体现产业链供应模式的规模效应和集群效应。未来的海尔工业园布局模式如图5-9所示，供应商位于海尔工业园内，与海尔的生产线之间仅一个大棚之隔。供应商零部件生产完成后，可以利用专用的工装容器，直接通过工厂之间的运输通道准时运送到海尔的生产线，提高供应的准时性，体现了海尔“以时间消灭空间”的理念。

2004年以前主要吸引供应商在海尔周边建厂，2004年开始海尔自己购买土地、建厂房，出租给供应商，提高了工业园的吸引力。而海尔品牌和供应商的集群可以进一步提升双方的速度竞争优势、成本竞争优势和市场竞争优势。对于海尔而言，可以依靠其强大的研发和制造优势，保证海尔产品技术的领先性，增加产品的技术含量，保持发展优势。

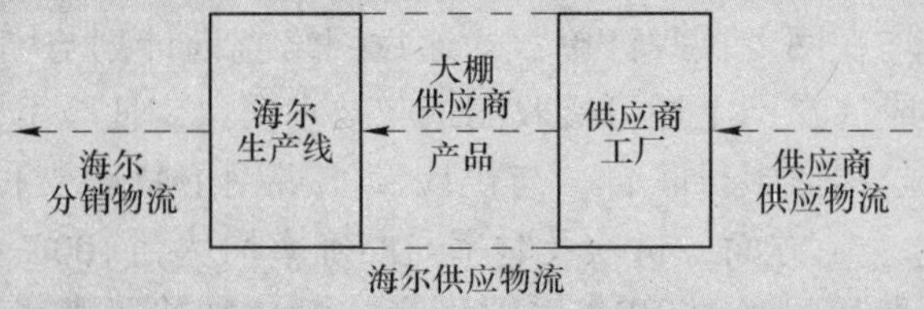

图 5-9　海尔工业园产业链布局模式示意图

对于海尔内部来讲，产业链的建设使海尔供应链的响应速度更快、成本更低，不断超越竞争对手。供应商在周边建厂后，由于距离缩短，实现了准时供货，园区内的供应商生产完成之后，直接向海尔的生产线按订单供货，实现了线到线（line to line）的供货，以最快的速度响应全球用户的订单；同时供应商参与到海尔产品的前端设计与开发中，海尔能够根据用户的要求与供应商零距离沟通，保障了海尔整机技术的领先性，如艾默生参与到海尔洗衣机电机的开发中，形成了技术领先的变频洗衣机；三洋参与到海尔冰箱的设计开发中，变频冰箱技术领先创造了市场；另外，一些电源线、钣金厂参与到海尔标准化的整合工作中，使海尔零部件的数量大大减少，通用化大大提高，增强了海尔成本的竞争力。由于零距离的响应，在物流成本与物流质量方面实现了零库存与零缺陷，做到了与供应商的双赢，整条供应链的竞争力不断增强。

对于海尔的供应商来讲，通过与海尔合作，可享受到青岛市提供的优惠产业政策，实现了与海尔的零距离，一方面，可以提高质量、成本、交货期的竞争力，不但获得了更多、更稳定的海尔内部的大订单，而且还可获得全球其他企业的订单，保证了高盈利水平；另一方面，其新材料与新技术可以优先应用到海尔的各种产品上，实现了技术优先转化为生产力，大大提高了竞争力。

通过海尔近 7 年家电产业链的建设，青岛地区的家电产业链正在形成：

（1）中国北方最大的家电用压缩机配套基地，年产压缩机 1200 万台。

（2）全国最大的家电用塑料加工配套基地，塑料配套的加工能力达到 15 万吨。

（3）全国最大的家电用钣金加工配套基地，钣金配套的加工能力达到 35 万吨。

（4）全国家电最完整的产业链，能垂直整合 5 层上下游的供应商。

（5）从产业链到产业平台逐步升级，初步融入大青岛的跨国采购中心的框架中。由于海尔产业链各环节的供应商出口份额逐年增加，海尔物流全球采购额不断扩大，与大青岛的跨国采购中心迅速接轨，形成了产业链带动跨国采购与出口的半岛产业平台。

对于青岛市政府来讲，通过创造一流的投资环境，青岛逐步形成家电产业链制造基地，不但发展了当地经济，而且增加了当地的就业。2004 年，海尔在青岛地区的采购额达 244 亿元，仅当地化配套就占 51%，使青岛、山东成为全国家电零部件制造聚集的强市与强省。另外，随着海尔配套厂的逐步扩大，其研发中心也纷纷转移到青岛，如艾默生已经将全球电机的研发中心逐步转移到青岛，使青岛制造基地的技术水平不断提升。

案例讨论与思考

从海尔的供应链整体能力战略布局的做法来看，你认为真正发挥这种产业链的作用能够给供应链管理绩效水平带来哪些变化？有没有风险？怎样消除潜在的风险？

思 考 题

5-1 经典生产组织的特点包括哪些？供应链管理环境下生产计划与控制又具有哪些特点？两者有什么区别？

5-2 供应链管理环境下同步生产组织的特点是什么？组织同步生产应该遵循什么原则？

5-3 供应链管理环境下同步生产组织的协调机制应从哪几个方面入手建立？

5-4 供应链管理环境下企业间的信息集成主要在哪几个部门之间展开？举例说明。

5-5 合作计划、预测和补货（CPFR）的核心思想是什么？实施 CPFR 的难点是什么？如何才能有效应用 CPFR？

5-6 多工厂生产计划优化的意义何在？落实多工厂生产计划的困难有哪些？

6 物流与供应链管理

6.1 物流管理的基本概念

6.1.1 引言

供应链管理是对供应链中的信息流、物流、商流、资金流、工作流以及合作伙伴关系等活动进行设计、组织和控制的过程。近年来，供应链管理与物流网络的问题越来越受重视。十几年前，物流管理还不像企业的核心职能（如设计、制造、销售等）那样受重视，但现在人们已经认识到，未来企业竞争的成功不仅在于产品不断更新换代以满足客户需求，而且还要看其物流管理的水平。供应链管理的重点之一就在于对物流活动的管理。

消费者购买产品不仅会考虑产品本身的使用质量，而且会考虑服务质量。因此，供应链管理就要提供一个连接供应商到用户的物流业务过程，以保证在正确的时间为正确的用户提供满足以上要求的合适的产品。供应链管理的目的就在于控制供应链每一层次之间的物料流和信息流，使供应链的效率最大化，最终达到满足用户需求的目的。现代物流管理强调用户与供应商之间协调运行，强调把供应商和用户更多地融入企业策略和管理决策中，以强化联系和整合供应链。供应链与物流网络的有效集成整合是未来的发展趋势。

过去物流与供应链管理一直是在各自的产业界讨论与应用。直到进入 21 世纪，随着世界经济、信息技术和物流实践的迅速发展，业界才开始从整体上认识物流，将内外部物流结合，将物流的若干要素有机地联系在一起，追求物流网络的总体效果。供应链管理强调的就是物流网络中内外物流元素的结合。

6.1.2 物流管理的定义

物流管理的英文为 Logistics Management，本意指的是军事后勤管理。1993 年版《韦氏词典》对物流的解释是：军事科学的分支，包括物资、人员和设备的获得、维护和运输。美国军方文件 JCS Pub 1-02 excerpt 的解释是：对运输和后勤保障资源的计划与执行的科学，包括军用物资调度的设计与开发；军用物资的采购、储存、运送、维护；人员和物资装备储运中心的建设、维修等。显而易见，Logistics Management 指的就是军事后勤的管理。由于企业在市场上的竞争除了生产与销售，还需要有一个强有力的支持和保障系统，因此人们借鉴军事后勤管理的理论与方法，将其移植到企业管理领域。同时，为便于理解和接受，企业界根据 Logistics 管理的对象主要是原材料、零部件、产成品的流动过程及伴随的服务，形象地称其为物流，而且重新作出了定义。

作为社会经济活动和企业管理中的概念，目前在国际上比较流行的是美国供应链管理专业协会（Council of Supply Chain Management Professional，CSC-MP）对 Logistics Management 的定义。美国供应链管理专业协会的前身是美国物流管理协会（Council of Logistics Management，CLM）。1985 年，美国物流管理协会对物流的定义为：物流是以满足客户需求为目的，以高效和经济的手段来组织原料、在制品、制成品以及相关信息从供应到消费的运动和储存的计划、执行和控制的过程。1991 年，美国物流管理协会将 1985 年定义中的“原料、在制品、制成品”修改为“产品、服务”。1998 年，美国物流管理协会又在 1991 年定义的开头加上“物流是供应链过程的一部分”。现在，美国供应链管理专业协会对物流的定义是：物流是供应链过程的一部分，是以满足客户需求为目的，以高效和经济的手段来组织产品、服务以及相关信息从供应到消费的运动和储存的计划、执行和控制的过程。

欧洲物流协会对物流的定义为：物流是在一个系统内对人员或商品的运输安排及与此相关的支持活动的计划、执行与控制，以达到特定的目的。

日本对物流的定义为：物流是物质资料从供给者向需求者的物理性移动，是创造时间性、场所性价值的经济活动。从物流的范畴来看，包括包装、装卸保管、库存管理、流通加工、运输、配送等各种活动，如果不经过此过程，物就不能移动。

英国著名物流专家马丁·克里斯托弗教授在他的物流定义中更多地强调了物流对企业经营的重要性：“物流是战略性地管理原材料、零部件及产成品的采购、移动及储存（包括相关信息流）的过程，它贯穿整个企业及其营销渠道，以合理的成本满足客户需求，使企业目前和将来的盈利能力最大化。”

我国关于物流的定义在《物流术语》国家标准中给出的是：物品从供应地向接收地的实体流动过程，根据实际需要，将运输、储存、装卸、搬运、包装流通加工、配送、信息处理等基本功能实施有机结合。

本书对物流管理的定义是：物流是供应链管理的一个组成部分，是对供应链上各种物料（包括原材料、零部件、产成品）、服务及信息从起始点到终点流动过程的计划、组织和控制活动的总称，它充分运用信息技术，将运输、仓储、装卸、加工、整理、配送等有机结合，以合理的价格为用户提供一体化的综合服务。

各国对物流管理的定义虽然表述不同，但都包含了以下基本内容：

（1）物流产生的目的是满足消费者的需求，或全面实现某个战略、目标或任务。

（2）物流是一个空间上的物理性移动过程，存在一个起点和一个终点，并且从起点到终点的物理性移动过程包括几个基本的环节：装卸、运输、供应仓储、采购。

（3）物流过程中移动的主体是货物及与之相关的信息。这里，货物包括原材料、中间过程的库存、最终产品；相关信息包括在流通过程中发生的必需的各种单证、消费者需要的各种信息和物流活动管理者需要的各种信息。

（4）物流是一种管理活动，必须进行恰当的计划、实施与控制，确保物流过程中各个环节功能最优化，保证物流过程的有效性。

（5）物流管理的分析方法是把一个企业乃至一个供应链作为一个有机的整体来研究。企业的各个部门间、供应链上的各企业间存在相互影响、相互制约的关系，物流分析的方法就是充分考虑到这种互动关系，从系统的角度来分析问题。如果一个企业的储运部门运作出现问题，其根本原因可能不在该部门内部，而是生产部门或销售部门的问题所造成的，这就为解决问题提供了新的思路和方法。

（6）加强物流管理是对企业或供应链进行整体优化。由于在企业或供应链中存在上述互动关系，物流管理在进行优化时就强调要注意避免造成局部最优而总体次优的情况。典型的例子就是运输与仓储成本的相互关系，过分强调节约运输成本可能造成库存及仓储成本的增加，特别是目前在企业经营遍及全球、产品生命周期不断缩短的情况下，其结果可能是总成本的增加。

通常，可以这样理解物流管理，物流管理是指经济主体为满足顾客的需求或其他目标所发生的从供应起点到需求终点的物质、服务以及信息的，以及为使该过程有效且低成本地进行而从事的计划、实施和控制行为。

6.1.3 物流管理的发展

物流管理的概念是在发展过程中不断变化和完善的。追溯物流管理概念和理论的发展历史，目前学术界有两种主要观点，认为物流管理发展有两条主线。

6.1.3.1 源自“Physical Distribution”的发展

最早出现的“ Physical Distribution”（可以译为配送，也有人将其译为物流，但指的是流通领域里的分销过程的活动，简称 PD）概念，是 1921 年由美国学者阿奇·萧在《市场流通中的若干问题》（Some Problem in Market Distribution）一书中提出的。同一时期，英国的利费哈姆勋爵成立了即时送货股份有限公司，其宗旨是在全国范围内把商品及时送到批发商、零售商以及用户的手中。这一举动被一些物流学者誉为有关“物流活动的早期文献记载”。

1935 年，美国销售协会最早对 PD 进行了定义：Physical Distribution 是包含于销售之中的物质资料和服务，是从生产地到消费地的流动过程中所伴随的种种活动。20 世纪 50~70 年代，物流研究的对象主要是与商品销售有关的实体运动，因此通常仍然采用 PD 一词。

1956 年，日本通产省派人员考察美国，发现日本称为“流通技术”的内容相当于美国 Physical Distribution 的内容，从此便把流通技术按照美国的简称叫做 PD，使 PD 这个术语得到了广泛的使用。1964 年，日本池田内阁将 PD 改称为“物的流通”，简称“物流”，并在日本政府文件中正式采用。

6.1.3.2 源自“Logistics”的发展

第二次世界大战期间，美国在军用物资的战时供应中，首先采用了后勤管理（Logistics Management）这一概念，对军用物资的运输、补给、屯驻等进行全面管理。从此，后勤管理逐渐形成了单独的学科。其特点是应用运筹学和管理学的理论和方法，对军事上的后勤活动进行计划和优化管理。第二次世界大战结束后，后勤管理方法被引入企业管理领域，称为“Business Logistics Management”，其定义是“包括原材料的采购、产品分配、运输、库存控制、储存用户服务等业务活动”，其领域统括原材料采购、生产管理和产品销售。如果把市场竞争看做战场上的战斗的话，那么原材料的采购、产品分配、运输、库存控制、储存、用户服务等业务活动就是支持这种战斗的庞大的“后勤”系统，一个企业的产品是否有竞争力，不仅要看它的产品性能、市场营销等方面的优势，还要看它能否支持整个竞争活动的“后勤”系统，即现在人们所说的物流系统。

与 Physical Distribution 相比，Logistics 的概念较宽广、连贯，更具整体性作为一种管理理念和方法更加适应经济发展的需要。而 Physical Distribution 的概念则较狭窄，一般是指销售领域，随着经济活动实践越来越深入，其局限性也逐渐凸显。多年的研究和实践都证明，企业经济效益的取得，仅关注销售领域是不够的，必须有更大的系统和更强的综合战略，即在销售领域之外的生产和生产之前的供应领域内也存在着改善管理的潜力，需要在更宽泛的领域内建立新的概念。Logistics 正是这样一个新概念。

1986 年，美国全国配送管理协会（National Council of Physical Distribution Management，NCPDM）正式更名为美国物流管理协会，即 Physical Distribution 概念发展为 Logistics 概念。此后，包括日本在内的其他国家对 PD 概念的理解就基本演进到 Logistics 的概念。2005 年，美国物流管理协会又一次更名为供应链管理专业协会。

6.1.4 物流的分类

按照不同的标准，物流可作不同的分类。通常物流可以按以下几种方式分类：

（1）按物流的范畴，可分为社会物流和企业物流。社会物流属于宏观范畴，包括物流设备制造、运输、仓储、包装装卸、配送、信息服务等，公共物流和第三方物流贯穿其中；企业物流属于微观物流的范畴，包括生产物流、供应物流、销售物流、回收物流和废弃物物流等，如图 6-1 所示。

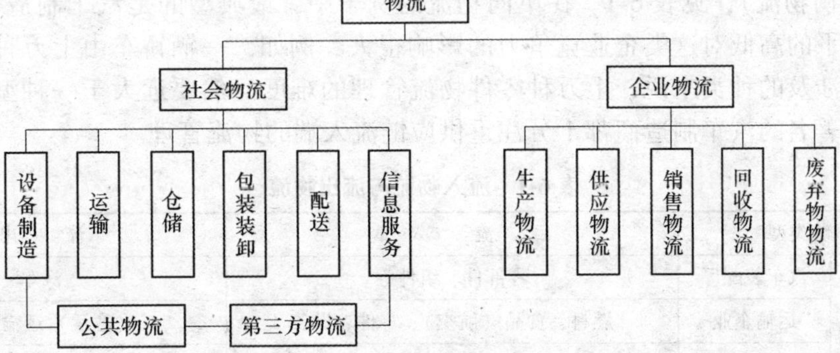

图 6-1 物流的分类

（2）根据作用领域的不同，可分为生产领域的物流和流通领域的物流。生产领域的物流贯穿生产的整个过程。生产的全过程从原材料的采购开始，便要求有相应的供应物流活动，即采购生产所需的材料；在生产的各工艺流程之间，需要原材料、半成品的物流过程，即所谓的生产物流；部分余料、可重复利用的物资的回收，就是所谓的回收物流；废弃物的处理则需要废弃物物流。

流通领域的物流主要是指销售物流。在当今买方市场条件下，销售物流活动带有极强的服务性，以满足买方的需求，最终实现销售。在这种市场前提下销售往往以送达用户并经过售后服务才算终止，因此企业销售物流的特点便是通过包装、送货、配送等一系列物流实现销售。

（3）根据发展的历史进程，可分为传统物流、综合物流和现代物流。

传统物流的主要业务集中在仓储和运输与配送上，主要是为其他企业提供专业的仓储和运输服务，基本上不涉及或较少涉及其他服务。

综合物流不仅提供仓储和运输服务，还包括许多协调工作，是对整个供应链的管理，如对一些分销商的管理，还包括订单处理、采购等内容。由于很多精力放在供应链管理上，责任更大，管理也更复杂，这是它与传统物流的区别。

现代物流是为了满足客户需要而进行的从起点到终点的原材料、中间过程库存、最终产品和相关信息有效流动的计划、组织和控制的一体化、门到门的物流服务。

(4) 根据提供服务的主体不同，可分为代理物流和企业自营物流。

代理物流也叫第三方物流（Third Party Logistics，3PL），是指由供方与需方的第三方完成物流服务的运作模式。交易双方的企业将物流外包给第三方企业，由第三方物流企业承担交易双方的部分或全部物流功能。

企业自营物流是指企业利用自身的物流资源完成从原材料采购进厂、经过多道工序加工成零件并组装成产品，到最后交付给客户的过程。由于这一过程是企业自己组织和管理的，所以称为自营物流。

(5) 按物流的流向不同，可分为流入物流和流出物流。流入物流是企业从生产资料供应商进货所引发的产品流动，即企业从市场采购的过程；流出物流是从企业到消费者之间的产品流动，即企业将产品送达市场并完成与客户交换的过程。

根据流入物流和流出物流对企业竞争力影响的重要性不同，又可分为单向物流和双向物流（或平衡物流），见表6-1。在单向物流的例子中，最典型的是汽车制造企业。流入物流管理水平的高低对这类企业竞争力的影响很大。例如，一辆轿车由上万种零件构成，从物流管理涉及的种类来说，上万种零件物流管理的难度显然要远大于一种型号的汽车。因此，世界著名的汽车制造商都十分注重供应链流入端的物流管理。

表6-1　流入物流与流出物流

物流系统类型		流　入	流　出
流入为主的物流系统	汽车装配厂	零部件、组件等	汽车
	运输企业	燃料、食品（航空）、零件、设备	（客运）运输服务
	财务公司	管理和办公设备	财务服务
	独立的零售店	零售设施	无（商品不能流动）
流出为主的物流系统	采掘业	生产设施	大量的煤、矿石等
	林产品企业	生产设施	大量的木材
双向平衡的物流系统	日用品制造商	零部件	面向最终用户的大量食品
	食用加工商	生鲜食品、罐头、瓶子	面向最终用户的包装食品
	批发商	商品	商品

6.1.5 物流的功能

物流通常具有以下几种功能。

6.1.5.1 运输功能

空间距离是经济发展的阻力，运输则是克服这种经济阻力，使商品产生值增量的过程，是物流活动的核心。运输包含从生产地到消费地的干线运输，也包含消费地向消费者配送时的短距离运输（如最后一公里配送），主要指借助交通工具，在一定时间内实现物资的空间位移，包括供应及销售物流中的车、船、飞机等方式的运输，生产物流中的管道、传送带等方式的运输。运输是物流一个必不可少的基本功能。运输过程是生产过程的前导与后续，是沟通产销部门的重要桥梁。

物流中的合理运输，就是遵循商品流通规律、交通运输条件、货物的合理流向及市场供需情况，以最快的速度、最少的环节、最短的距离、最低的费用完成货物的运输任务。其中，运输距离、运输环节、运输工具、运输时间、运输费用等都是影响运输的重要因素。值得注意的是，这些因素有时是互相联系、互相影响的，这就要求根据具体情况综合分析、全面比较，寻求最佳运输方案。

经济性和安全性是运输十分重要的质量指标。一般来说，在市场经济条件下，运输市场是一个买方市场，价格成为运输供给者竞争的核心，这也是货主自求低成本的期望所决定的。但是，经济性并不影响安全性的重要地位，尽管不同的货物对于安全性的要求不同，但安全性仍然是运输质量的最重要的因素。集装箱运输的出现本身就是经济性与安全性的综合体现，集装箱运输在管理上的简化和技术上的进步更是使两者进一步统一起来。

6.1.5.2　储存功能

储存是为了克服生产与消费在时间上的差异，衔接产需，缓冲供求。储存是物流的主要功能之一，是物资流转不可缺少的重要环节，是社会化大生产的必要条件。储存包括堆存、保管、保养、维护等活动。科学合理的储存管理能保证生产顺利进行，加速物资周转，但不适当的特别是过多的储存将占压流动资金，造成浪费，而储存量过少又会出现停工待料，不能保证生产销售连续进行。

在储存管理上应做到合理储存，即储存量合理，储存结构合理，储存时间合理，储存分布合理，而对储存的具体要求是：库存多（充分利用仓容），保管好，进出快，损耗少，费用省，保安全。对于不同的物资，储存的要求具有不同的侧重点。比如，对粮食这一特殊的物资既要保证储存数量，又要保证储存质量，不能造成浪费。

6.1.5.3　配送功能

配送是指根据用户的要求，在物流配送中心分配货物，并将所配的货物交付收货人。配送是物流产生社会经济效益的重要环节，通过配送中心统筹安排减少乃至消除迂回运输、重复运输、空载运输等不合理运输现象，减少不必要的中间环节，加快物资周转速度。

6.1.5.4　装卸搬运功能

装卸搬运功能包括对输送、保管、包装、流通加工等物流活动进行的衔接活动，以及在保管等活动中为进行检验、维护、保养所进行的装卸活动。装卸搬运是物流活动中的基本单元，也是连接运输、储存、配送、包装、流通加工等活动的中间环节。若没有装卸搬运，不同物流环节就不可能顺畅地联结在一起，也就无法实现物流服务的目标。装卸搬运是一项十分艰苦而又繁杂的工作，为了提高装卸作业效率，降低劳动强度，发展装卸搬运机械化、自动化、智能化、连续化势在必行。

装卸搬运在整个宏观物流中虽然只是“基本单元”，但是从局部、微观的角度来研究，它本身又是一个不可忽视的系统。科学合理地组织装卸搬运系统可以减少作业环节与装机容量，优化工艺路线，达到与先进技术装备的配套。通过装卸搬运机械化的实施，既可降低装卸搬运成本，节约费用，又可降低工人作业强度，保证装卸搬运质量。

6.1.5.5 包装功能

包装功能包括产品的出厂包装，生产过程中在制品、半成品的包装，以及在物流过程中的分装、再包装等活动，同时还包括为达到上述目的而进行的操作活动。我国的《包装通用术语》（GB 4122—1983）中对包装作出了明确的定义：“所谓包装是指在流通过程中保护产品、方便储运、促进销售，按一定技术方法而采用的容器、材料及辅助物等的总体名称。”

作为物流过程的一个重要环节，包装分为商业包装和工业包装。有人认为包装是生产过程的终点和物流过程的起点，包装的方法是由物流的方式决定的，这既取决于货主对物流的要求，也取决于商品本身的物理特性和化学特性。包装不仅要从运输角度满足保护物品、单元化和彼此区别等功能要求，而且要反映物流过程中必须通过包装反映的物流信息，因此包装的设计十分重要，必须根据物流方式的不同要求进行具体的包装设计。

6.1.5.6 流通加工功能

流通加工又称流通过程的辅助加工活动，是物资从生产领域向消费领域流通的过程中，为了弥补生产不足或为了满足客户的需求、促进销售、增加流通部门效益、提高物流效率而进行的辅助性加工活动。这种加工活动不仅存在于社会流通过程，也存在于企业内部的流通过程。

流通加工的经济效益具有广阔的前景。例如，将原木或大规格锯材直接供给使用部门，其平均利用率不到50%；而在流通部门中实行集中下料，根据用户的不同要求供应不同规格的成材，可以使原木的利用率提高到97%以上。许多发达国家和地区在物流过程中都伴有流通加工业务。日本东京、大阪、名古屋等地区的90多家物流公司中，一半以上拥有流通加工业务，其规模相当大，并取得了很好的经济效益。

6.1.5.7 信息处理功能

物流过程是一个多环节的复杂组合，把众多的环节及其功能整合成一个有机的系统并形成单一的功能整体，以追求整体功能的最优化，信息是其中的关键。物流信息是指在物流活动过程中，反映物流活动的实际和特征的各种知识资料、消息、情报、数据、文件、图纸等的总称。在物流、商流的过程中，伴随着大量的信息流，收集、检索和处理信息是十分重要的。信息传递的快慢及准确与否直接影响物流系统效益的发挥。用计算机处理和加工物流信息，获得指导物流活动的可靠情报，对物流的组织具有极为重要的作用。

物流是一个全球化的概念，有“物流无国界”之说。对于一个范围广、环节复杂的系统，要满足顾客随时提出的任何物流的需要，必须建立一个庞大而又灵活方便的信息管理系统。虽然现代信息技术已经提供了相当完整的技术支持，但对于所有的物流服务提供者来说，这仍是一个艰巨的课题和努力的方向。

上述各种功能要素中，运输及储存分别解决了供给者与需要者之间场所和时间的分离问题，是物流创造场所效用及时间效用的主要功能要素，因而在物流系统中处于主要功能要素的地位。

现代物流与传统储运有很大的区别。传统储运指的是我国在实行计划经济体制商品资源短缺的情况下，对各种商品特别是生产资料，实行指令性计划分配和供应的储运方式。

(1) 商物（商流、物流）合流，物流紧跟商流；物流活动的功能主要是创造空间效用和时间效用。

(2) 保证国家指令性计划分配指标的落实成为物流活动的首要目标，物流的经济效益目标被放在次要位置。

(3) 物流环节相互割裂，系统性差。

(4) 物流活动的技术手段落后，物流管理专业人才匮乏。

现代物流是涉及社会经济生活各个方面的错综复杂的社会大系统。具体地看，现代物流涉及原材料供应商、生产制造商、批发商、零售商以及最终消费者，即供应链系统的全过程。由于现代物流的宗旨是以最优的经济效益、最快捷的优质服务来满足消费者的需求。而消费者的需求又是千变万化的，商品的流动要达到准确、快速地满足消费者需求的目的，就离不开信息流动，信息系统构成了现代物流的中枢。

现代物流是相对于传统储运而言的。具体说来，现代物流与传统储运有以下本质上的区别：

(1) 理念不同。现代物流的理念是：走向市场，参与竞争，以市场为导向，以客户为本，一切为客户。而传统储运主要是封闭的自我服务理念和纵向一体化的陈旧做法。

(2) 原动力不同。现代物流的原动力来自消费者需求的拉动，即由消费者需求开始，通过物流大系统各个环节的信息传递，最终决定商品生产企业应如何进行生产，因而现代物流也称为反应式物流。而传统储运的推动力是生产的需要导致的储运活动。

(3) 主要功能不同。现代物流是一体化服务功能，主要包括包装功能、装卸功能、运输功能、保管功能、流通加工功能、配送功能、物流信息处理功能等，它根据客户的需求完成一揽子服务。而传统储运服务则比较单一，主要包括商品的收货入库、储存保管、搬运装卸和发货等，除此之外其他活动基本上不会涉及。

(4) 系统性不同。现代物流与社会进行有机的联系，是支持供应链运营必不可少的社会化服务过程，而传统储运是孤立、封闭在一个企业内部的活动。

6.2 物流网络与供应链管理

6.2.1 物流网络在供应链管理中的地位

一般认为，供应链是物流、信息流、资金流三个流的统一，物流网络很自然地成为供应链管理体系的重要组成部分。物流管理在供应链管理中有着重要的作用。这一点可以通过价值分布来考察。表 6-2 为供应链上的价值分布。不同的行业和产品类型，供应链价值分布不同，但是我们可以看出，物流价值（采购和分销之和）在各种类型的产品和行业中都占到了整个供应价值的一半以上，制造价值则不到一半。在易耗消费品和重工业品中，物流价值的比例更大，达 80% 以上，充分说明了物流的价值意义。供应链是一个价值增值链，有效地管理好物流过程，对于提高供应链的价值增值水平，有着举足轻重的作用。

表 6-2 供应链上的价值分布 （%）

产　　品	采购	制造	分销
易耗消费品（如肥皂、香精）	30~50	5~10	30~50
耐用消耗品（如轿车、洗衣机）	50~60	10~15	20~30
重工业品（如工业设备、飞机）	30~50	30~50	5~10

从传统的观点看，物流对制造企业的生产起到了一种协助作用，被视为辅助的功能部门。但是，随着现代企业生产方式的转变，即从大批量生产转向精细的准时化生产，这时的物流（包括采购与供应），都需要转变运作方式，实行准时化供应和准时化采购等。另一方面，顾客需求的瞬时化要求企业能以最快的速度把产品送到用户手中，企业必须提高快速响应市场的能力。所有这一切都要求企业的物流系统具有和制造系统协调运作的能力，以提高供应链的敏捷性和适应性。因此，物流管理不再仅仅是传统的保证生产过程连续性的问题，而是要在供应链管理中发挥更重要的作用：

（1）创造用户价值，降低用户成本。

（2）协调制造活动，提高企业的敏捷性。

（3）提供用户服务，塑造企业形象。

（4）提供信息反馈，协调供需矛盾。

要实现以上目标，物流网络应做到准时交货、提高交货的可靠性、提高响应性、降低库存费用等。现代市场环境的变化要求企业加速资金周转，快速传递与反馈市场信息，不断沟通生产与消费的联系，提供低成本的优质产品，生产出满足顾客需求的顾客化的产品，提高用户满意度。因此，只有建立敏捷高效的供应链物流系统，才能达到提高企业竞争力的要求。供应链管理将成为21世纪企业的核心竞争力，而物流管理又将成为供应链管理的主要构成部分。

6.2.2 供应链管理环境下物流网络的特征

6.2.2.1 供应链管理环境下的物流网络环境

企业竞争环境的变化导致企业管理模式的转变，供应链管理思想就是在新的竞争环境下出现的。新的竞争环境体现了企业竞争优势要素的改变。20世纪70年代以前，成本是主要的竞争优势；80年代则是质量作为竞争优势；90年代是交货时间，即所谓基于时间的竞争；到21世纪初，这种竞争优势就转移到所谓的敏捷性上。在这种环境下，企业的竞争就表现在如何以最快的速度响应市场要求，满足市场不断变化的多样化的需求上。企业必须能在实时的需求信息下，快速组织生产资源，把产品送到用户手中，并提高产品的用户满意度。在激烈的市场竞争中，企业都感到一种资源饥渴的无奈，传统的单一企业竞争模式已经很难使企业在市场竞争中保持绝对的竞争优势。信息时代的到来进一步加大了企业竞争的压力，信息资源的开放性打破了企业的界限，建立了一种超越企业界限的新的合作关系，为创造新的竞争优势提供了有利的条件。因此，供应链管理的出现就迎合了这种趋势，顺应了新的竞争环境的需要，使企业得以从资源的约束中解放出来，创造新的竞争优势。

供应链管理实质上是一个扩展了的企业概念。扩展企业的基本原理和思想体现在以下几个方面：（1）横向思维（战略联盟）；（2）核心能力；（3）资源共享；（4）群组与工作流（团队管理）；（5）竞争性合作；（6）同步化运作；（7）用户驱动。这几个方面的特点不可避免地影响到物流环境。供应链管理环境下的物流环境特点见表 6-3。

表 6-3 供应链管理环境下的物流环境特点

竞争的需求	竞争特征	物流管理要素
对顾客化产品的开发、制造和交货速度	敏捷度	通过畅通的运输通道快速交货
资源动态重组能力	合作性	通过先进的信息网络实现信息共享，实现物流资源的动态变化
物流系统对变化的实时响应能力	柔性	多种形式的运输网络、信息获取途径
用户服务能力的要求	满意度	多样化产品、个性化和亲和服务、质量可靠

6.2.2.2 供应链管理环境下物流管理的新特点

由于供应链管理环境下物流环境的改变，新的物流管理和传统的物流管理相比呈现出不同的特点。这些特点反映了供应链管理思想的要求和企业竞争的新策略。

首先我们考察一下传统的物流管理情况。图 6-2 为传统的物流系统模型。在传统的物流系统中，需求信息和反馈信息（供应信息）都是逐级传递的，上级供应商不能及时掌握市场信息，因而对市场信息的反馈速度比较慢，从而导致需求信息的扭曲。

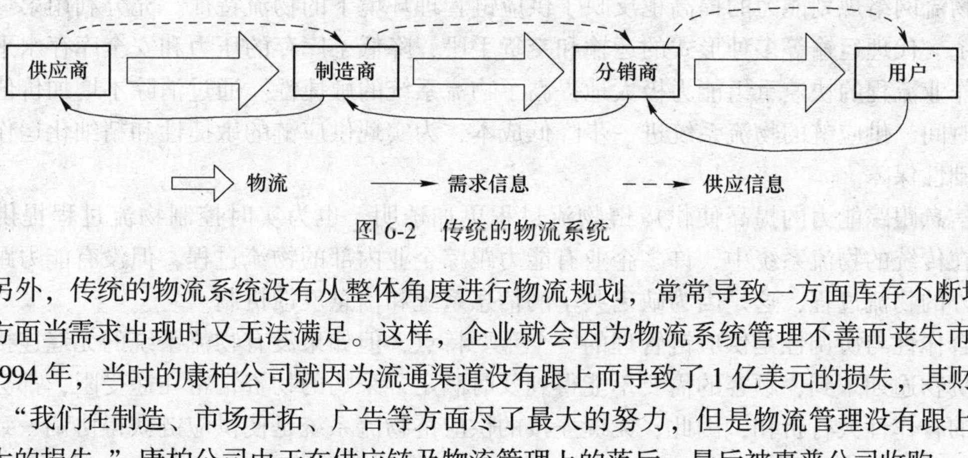

图 6-2 传统的物流系统

另外，传统的物流系统没有从整体角度进行物流规划，常常导致一方面库存不断增加，另一方面当需求出现时又无法满足。这样，企业就会因为物流系统管理不善而丧失市场机会。1994 年，当时的康柏公司就因为流通渠道没有跟上而导致了 1 亿美元的损失，其财务经理说："我们在制造、市场开拓、广告等方面尽了最大的努力，但是物流管理没有跟上，这是最大的损失。"康柏公司由于在供应链及物流管理上的落后，最后被惠普公司收购。

简言之，传统物流管理的主要特点是：

（1）纵向一体化的物流系统。

（2）不稳定的供需关系，缺乏合作。

（3）资源的利用率低，没有充分利用企业的有用资源。

（4）信息的利用率低，没有共享有关的需求资源，需求信息扭曲现象严重。

图 6-3 为供应链管理环境下的物流系统模型。和传统的纵向一体化物流系统模型相比，信息的流量和并行传递的范围大大增加。需求信息和反馈信息传递不是逐级进行的，而是网络式的，企业通过信息传递网络可以很快掌握供应链上不同环节的供求信息和市场信息。因此，供应链管理环境下的物流系统中需求信息和供应信息始终同步运行，达到充分的信息共享。

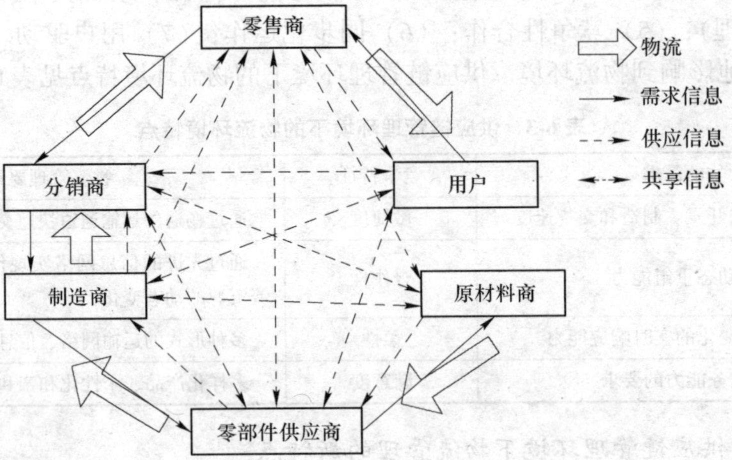

图 6-3 供应链的物流与信息

共享信息对供应链管理是非常重要的。由于可以做到信息共享，供应链上任何节点的企业都能及时掌握市场的需求信息和整个供应链的运行情况，每个环节的物流信息都能透明地与其他环节进行交流与共享，从而避免了需求信息的失真。

物流网络规划能力的提高也反映了供应链管理环境下的物流特征。充分利用第三方物流系统、代理运输等多种形式的运输和交货手段，降低了库存的压力和安全库存水平。

作业流程的快速重组能力极大地提高了物流系统的敏捷性。通过消除不增加价值的过程和时间，供应链的物流系统进一步降低成本，为实现供应链的敏捷性和精细化运作提供了基础性保障。

信息跟踪能力的提高使供应链物流过程更加透明，也为实时控制物流过程提供了条件。在传统的物流系统中，许多企业有能力跟踪企业内部的物流过程，但没有能力跟踪企业之外的物流过程，这是因为缺乏共享的信息系统和信息反馈机制。

合作性与协调性是供应链管理的一个重要特点，但如果没有物流系统的无缝连接，运输的货物逾期未到，顾客的需要不能得到及时满足，采购的物资常常在途受阻，都会使供应链的合作性大打折扣，因此，无缝连接的供应链物流系统是使供应链获得协调一致运作的前提条件。

灵活多样的物流服务提高了用户的满意度。通过制造商和运输部门的实时信息交换，及时地把用户关于运输、包装和装卸方面的要求反映给相关部门，提高了供应链管理系统对用户个性化响应的能力。

归纳起来，供应链管理环境下物流管理的特点可以用如下几个术语简要概括：(1)信息—共享；(2)过程—同步；(3)合作—互利；(4)交货—准时；(5)响应—敏捷；(6)服务—满意。

6.2.3 供应链管理与物流网络的整合

早期的供应链管理研究是以产品制造为中心，尽量提高生产率，降低成本提高产量，它是企业实施敏捷制造的重要技术之一。供应链管理思想的推出为企业内部资源与外部资源物流网络的有效整合、优化调配提供了理论依据，为企业集中精力关注供应链上的所有活动并作出正确决策提供了有效方法。

供应链管理环境下的物流管理与传统企业的物流管理的意义和方法不同。由于企业经营思想的转变，为保证供应链节点企业之间的同步化、并行化运作，实现快速响应市场，物流系统管理将面临一系列的转变，主要解决以下几个方面的问题：

（1）实现快速、准时交货的措施问题。

（2）低成本、准时化的物资采购策略问题。

（3）物流信息的准确传递、反馈与共享问题。

（4）物流系统的敏捷性和灵活性问题。

（5）供需协调，实现无缝供应链连接问题。

为有效管理物流网络活动，提高企业竞争优势，必须与供应商及客户合作，结合所有物流活动，形成整合式管理，并重视成员间的紧密联系。供应链管理最基本的出发点就是信息共享与共同规划，改善和提高整个供应链以及物流网络的效率。

进厂物流和出厂物流结合的物流供应链管理是将物流活动视为由原材料采购、生产、分配、销售和产品到达最终用户所组成的一定流量的环环相扣的“链”，它通过综合从供应商到消费者供应链的运作，使物流与信息流达到最优化。企业追求全面的物流网络的综合效果，而不是单一的、孤立的片面效果。供应链管理是全过程的战略管理，其目的不仅是降低成本，更重要的是提供用户期望以外的增值服务，以产生和保持竞争优势。从某种意义上讲，供应链是物流网络的充分延伸，是产品与信息从原材料到最终消费者之间的增值服务。

供应链的物流管理不再把库存当做维持生产和销售的被动措施，而将它作为一种供应链的平衡机制。通过简化供应链等方法消除薄弱环节，以此寻求总体平衡。通过物流网络准时化要求，供应链上的所有要素同步运作，减少无效作业，采购、运输、库存、生产、销售及供应商、用户的营销系统的一体化，促进物料与产品的有效流动，物料通过每个配送渠道的整体流动的最高效率，以杜绝生产与流通过程的各种浪费。通过快速响应预测未来需求而作出快速反应，重组自己的业务活动，以减少前导时间和成本，最终缩短产品在供应链上的时间。通过有效客户响应消除系统中不必要的成本和费用，降低供应链各个环节如生产、库存、运输等方面的成本，为最终给客户带来更大的效益而进行密切合作。因此，物流网络在供应链管理中扮演着举足轻重的角色，它为供应链成员提供个性服务，满足生产和需要的时效性、正确性，解决物流系统共同化等高难度问题。

6.3 供应链中的物流组织与管理

6.3.1 流入物流——企业供应物流

6.3.1.1 流入物流的概念

企业为保证自身生产的节奏，实现准时化生产或精细生产的物料的准时化补充，需要不断组织原材料、零部件、燃料、辅助材料供应的物流活动，这种物流活动对企业生产的正常、高效进行起着重大作用。以成本驱动的流入物流组织的设计比传统的以运输能力和成本为核心的组织模式更为有效。流入物流组织的设计必须考虑整个流入物流网络（从供应商到生产线）的能力和成本，它的目标也是围绕降低交货成本的。流入物流主要是指企业的供应物流，也就是原材料、零部件的采购与调达。企业供应物流不仅是一个保证供应的目标，而且是以最低的成本、最少的时耗和最高的配套率来组织供应物流活动，因此难度很大。企业竞争的关键在于如何降低这一物流过程的成本，这可以说是企业物流的最大难点。为此，企业供应物流就必须解决有效的供应网络问题、供应方式问题、零库存问题等。

有效的流入物流组织可以实现以下目标：

（1）降低运输成本。

（2）减少人力和物流设备占用，降低采购环节库存水平。

（3）提高零部件供应的齐全配套水平。

为了削减商品制造过程中大量零部件的库存占用费用，提高企业的竞争能力，应建立排除在途库存的生产体系。它的基本思想是："在必要的时间，对必要的零部件从事必要量的采购。"在具体方法上，企业以时间为单位来划分各时间段所需的零部件，相应零部件的订货单位也小型化，以此为基础向零部件生产商订货，并要求在规定的时间内送到装配工厂。

6.3.1.2 流入物流的重要性与采购改善

据有关方面统计，一般企业的采购支出占其销售收入的60%~70%，采购中每节约1元的成本就会直接转化为1元的利润，而靠增加销售来获取1元的利润，则需要多卖十几元或几十元的产品。对一个利润水平为几个百分点的大型业来说，通过采购如能节省1%的成本，则整个公司的净利润会百分之百地增长。

6.3.1.3 供应物流的过程

供应物流过程因不同企业、不同供应环节和不同的供应链而有所区别。这个区别就使企业的供应物流出现了许多不同种类的模式。尽管不同的模式在某些环节具有非常复杂的特点，但是供应物流的基本流程是相同的。其过程主要包括以下几个环节：

（1）取得资源。取得资源是完成后续所有供应活动的前提条件。取得什么样的资源，这是核心生产过程提出的，同时也要按照供应物流可以承受的技术条件和成本条件辅助这一决策。

（2）组织到厂物流过程。取得的资源必须经过物流才能到达企业。这个物流过程是企业外部的物流在物流过程中，往往要反复运用装卸、搬运、储存、运输等物流活动才能使取得的资源到达企业的门口。

（3）组织厂内的物流。如果企业外物流到达企业的"门"，便以此"门"作为企业内外划分的界限。例如，以企业的仓库为外部物流终点，便以仓库作为划分企业内外物流的界限，这种从"门"和仓库开始继续到达车间或生产线的物流过程，称作供应物流的企业内物流。

传统的企业供应物流都是以企业仓库作为调节企业内外物流的一个结点。企业的仓库在工业化时代是一种非常重要的设施。

6.3.1.4 供应物流的组织方式

企业的供应物流有三种组织方式：第一种是委托销售企业代理供应物流方式；第二种

是委托第三方物流企业代理供应物流方式；第三种是企业自采物流供应方式。

这三种方式都有一定的适应性。传统上，当销售商处于主导地位时，一般由企业完成供应物流过程；当企业处于主导地位时，销售商会送货上门。从目前国际上的发展趋势来看，委托第三方物流完成供应物流的组织过程是主流。

由于我国企业长期受“大而全”、“小而全”管理模式的影响，生产、流通各环节相互脱节，各物流有关行业、部门、企业均自成体系，各自为政、独立运作的思想理念和运作模式根深蒂固。据有关部门调查，在工业企业中，36%和46%的原材料物流由企业自身和供应方企业承担，而由第三方物流企业承担的仅为18%。这是值得我们认真思考的。

6.3.2 内部物流——企业生产物流

6.3.2.1 内部物流的概念

企业生产物流涉及生产运作管理，指企业在生产工艺中的物流活动，也是生产企业的车间或工序之间，其原材料、零部件或半成品按工艺流程的顺序依次流过，使其最终成为产成品，送达成品库暂存的过程。这种物流活动是与整个生产工艺过程伴生的，实际上构成了生产工艺过程的一部分。过去，人们在研究生产活动时，注重一个一个的生产加工过程，而忽视了将每一个生产加工过程串在一起，使得一个生产周期内，物流活动所用的时间远多于实际加工的时间。因此，企业生产物流的研究可以大大缩短生产周期节约劳动力。

6.3.2.2 内部物流的重要性与库存管理改进

对应于供应物流的采购管理改善，在企业的生产物流组织中，关键就是库存管理的改善。

物料的配套管理是企业最关心的问题之一。从最早的 MRP 到后来的 MRP Ⅱ，ERP，如何有效地降低库存都是这些系统的核心功能。在解决库存管理问题的过程中，物流管理是解决库存结构不合理的重要手段，也是 ERP 系统中最核心的基础数据，可以说，正确的物流管理是解决产品结构不合理问题的基础。只有物流管理准确了，才可以做到按需采购、按需储存、按需发料，但不幸的是，许多企业就是在物流管理结构尚不准确的时候实施 ERP。连基础都没有，项目如何能成功？

对物料实物管理水平的提高，需要依靠硬环境和软管理两方面同时提高。硬环境主要是指仓库的厂房设施、通风状况等方面的环境；软管理是指借助先进的管理模式和先进的信息系统及时发现和解决管理中的问题，提高整体运作水平。

6.3.2.3 生产物流过程的组织

企业生产物流过程大致为：原材料、零部件、燃料等辅助材料从企业仓库和企业的“门”开始，进入生产线开始端，再随生产加工过程各个环节运动，在运动过程中，本身被加工，同时产生一些废料、余料（进入逆向物流），直到生产加工终结，再运送至产成品仓库，企业生产物流过程便终结了。

传统上，生产物流的组织是由企业自己完成的。随着供应链管理思想的发展，现在出现了委托第三方物流直接将物料配送到工位的模式。

6.3.3 流出物流——企业销售物流

6.3.3.1 流出物流的概念

企业销售物流是企业的流出物流，是将生产出的产品向批发商、零售商传递的物流，它是企业为保证自身的经营效益，伴随销售活动，通过购销或代理协议，将产品所有权转移给用户（或者说将产成品转移到流通环节）的物流活动。在现代社会中，市场是一个完全的买方市场，销售物流活动带有极强的服务性，以满足买方的需求，最终实现销售。在这种市场前提下，销售往往以送达用户并经过售后服务才算终止，因此销售物流的空间范围很大，这便是销售物流的难点所在。在这种前提下，企业销售物流的特点便是通过包装、送货、配送等一系列物流实现销售。这就需要研究送货方式、包装水平、运输路线等，并采取诸如少批量、多批次、定时定量配送等各种特殊的物流方式达到目的，因而其研究领域是很广的。

目前，随着电子商务对客户体验的要求越来越高，很多厂商正在考虑构建自己的物流系统，以解决最后一公里的产品配送难题。构建厂商到零售商的直接物流体系时，一个最明显的措施是实行厂商物流中心的集约化，将原来分散在各支店或中小型物流中心的库存集中在大型物流中心，通过数字化设备或信息技术实现进货、保管、在库管理、发货管理等物流活动的效率化、省力化和智能化。原来的中小批发商或销售部转变为厂商销售公司的形式，专职从事销售、促进订货等商流服务。物流中心的集约化从配送的角度来看造成了成本上升，但是它削减了与物流相关的人工费、保管费、在库成本等费用，从整体上提高了物流效率。

6.3.3.2 流出物流的重要性与销售管理改进

企业流出物流的组织要从销售管理的改善着手。销售环节是企业最容易出问题的地方。因为销售是将企业的投入最终转变为现金再回笼的过程，对于销售环节中的问题，也可以从管理基础和管理工具两个方面寻求解决的办法。

比如，销售中最容易出现的“两张皮”现象（销售部门的数据与财务部门的数据对不上），就是依靠管理工具来解决。通过企业联网，销售部门和财务部门可以共用一套基础数据，避免了信息孤岛。财务部门的数据是通过正式开具的发票统计形成的，销售部门的数据则是在此基础上增加了已开提货单但尚未开发票部分的数据，根本上解决销售中的“两张皮”问题。

客户的信用管理是销售过程中另一个重要的管理问题，这主要是通过提高基础数据的准确性来完成的。因为客户的信用一方面是靠外部调查、收集获得，另一方面是通过在本企业中不断积累客户的历史资料获得，例如其提货数量回款周期等方面的数据可以不断积累。

6.3.3.3 流出物流过程

销售物流的起点一般情况下是生产企业的产成品仓库，经过分销物流，完成长距离、干线的物流活动，再经过配送完成市内和区域范围的物流活动，到达企业、商业用户或最终消费者。销售物流是一个逐渐发散的物流过程，这和供应物流形成了一定的镜像对称，通过这种发散的物流，资源得以广泛配置。

6.3.3.4 销售物流的组织模式

销售物流有三种主要的模式：(1) 由生产企业自己组织销售物流；(2) 委托第三方组织销售物流；(3) 由购买方上门取货。其中，委托第三方物流完成分销物流是主流模式，但是如同供应物流的问题一样，销售物流在我国的社会化程度并不高。据有关部门调查，在工业企业中，产品销售物流中，由企业自理、用户自理的比例分别是 24.1%和 59.8%，而由第三方物流企业承担的仅为 16.1%。在商业企业中，由企业自理和供货商承担的物流活动分别为 76.5%和 17.6%。这种以自我服务为主的物流活动影响着供应链物流的整体绩效，我们必须打破这种自我循环的运作模式，提高物流活动的社会化程度，才能降低供应链总成本。

6.3.4 逆向物流——企业废弃物物流

企业废弃物物流是指对企业排放的无用物进行运输、装卸、处理等的物流活动。企业在生产、供应、销售活动中总会产生各种边角余料和废料，这些东西的回收是需要伴随物流活动的，而且在一个企业中，回收物品处理不当，往往会影响整个生产环境，甚至影响产品质量，还会占用很大的空间造成浪费。

6.4 企业物流管理与决策

6.4.1 企业物流管理概述

从企业经营的角度看，物流是企业赖以生存和发展的重要支撑和保障系统。企业的正常运转要保证按生产计划采购和运达各种原材料及外购件，同时要将产品不断运出企业，这正是依靠物流及有关活动加以创造和提供保证的。企业生产过程的连续性和衔接性，靠的正是生产过程中不间断的物流活动，有时生产过程本身便与物流活动结合在一起，物流的支持保证作用是不可或缺的。

关于企业物流的内涵及范畴，可理解为企业物流是以企业经营为核心的物流活动，是具体的微观物流活动的典型领域。

企业经营系统活动的基本结构是投入—转换—产出，对于生产类型来讲，是原材料、燃料、人力、资本等的投入，经过制造或加工转换为产品或服务；对于服务型企业来讲，则是设备、人力、管理和运营转换为对用户的服务。物流活动便是伴随着企业的投入—转换—产出而发生的。与投入相对应的是企业外供应物流或进厂物流，与转换相对应的是企业内生产物流或企业内转换物流，与产出相对应的是企业销售物流或出厂物流。由此可见，在企业经营活动中，物流是渗透到各项经营活动之中的。

具体而言，企业物流包括以下运作内容：

（1）企业生产物流，即原料及辅料从企业仓库或企业“门”进入生产线的开端，随生产加工过程流经各个环节，直到生产加工终结，再流至生产成品仓库。研究注重减少物流活动时间，缩短生产周期，节约劳动力。

（2）企业供应物流，即组织原料、辅料供应的物流活动。关注如何降低这一物流过程的成本，解决有效的供应网络、供应方式、零库存等问题。

（3）企业销售物流，即伴随销售活动，将产品所有权转移给用户的物流活动。其特点是：通过包装、送货、配送等一系列物流实现销售，这需要研究送货方式、包装水平、运输路线等，并采取诸如少批量、多批次、定时定量配送等各种特殊的物流方式达到目的。

（4）企业回收物流（包括废弃物物流），即企业在生产、供应、销售活动中总会产生各种边角余料和废料，这些物品的回收也同样需要物流系统提供支持和服务。如果回收物品处理不当，往往会影响整个生产环境，甚至影响产品的质量，占用很大的空间，造成浪费。

6.4.2 物流管理在企业竞争中的作用

显而易见，抓好企业物流管理，对于提高企业在市场上的竞争力具有十分重要的意义。从实际调查报告看，物流成本对企业运作绩效有很大的影响。表 6-4 给出了美国某机构的调查研究结果，从中可以看出，物流成本在不同行业对企业效益的影响程度是不同的，但它们的共同特点是，对企业的绩效都有重要的影响。

表 6-4 物流成本在不同企业中的比例 （%）

	流入与流出物流运输	库存维持	仓储	管理	接收与发运	包装	订单处理	总计
所有制造企业	6.2	3.6	3.6	0.5	0.8	0.7	0.5	15.9
化工与塑料	6.3	1.6	3.3	0.3	0.7	1.4	0.6	14.2
食品加工	8.1	0.3	3.5	0.4	0.9	—	0.2	13.4
医药	1.4	—	1.2	0.7	0.5	0.1	0.5	4.4
电子	3.2	2.5	3.2	1.2	0.9	1.1	0.5	12.6
造纸	5.8	0.1	4.6	0.2	0.3	—	0.2	11.2
机床与工具	4.5	1.0	2.0	0.5	0.5	1.0	0.5	10.0
其他	6.8	1.0	2.9	1.2	1.4	0.4	0.4	14.1
所有商业企业	7.4	10.3	4.2	1.2	0.6	1.2	0.7	25.6
消费品	8.1	8.5	4.0	1.3	0.9	0.9	0.5	24.2
工业品	5.9	13.7	2.9	0.7	0.2	2.0	1.0	26.4

一般来说，衡量供应链竞争力和运作绩效的指标有很多，比较常用的主要指标有供应链对客户订货需求的响应周期、供应链运作的总成本、供应链的总库存水平、向客户承诺交货期的交付可靠性，以及对客户的服务水平等。物流过程对这几个主要指标的影响都是很大的。

因此，抓好物流过程的管理就成为所有企业关注的事情。除了表 6-4 反映出的事实外，物流在企业取得竞争优势中的关键作用还可以体现在以下几个方面。

6.4.2.1 物流过程对供应链响应周期

这是对供应链竞争力影响最大的一个方面。供应链响应周期是指整个供应链从接到客户订单到最终交货的时间间隔。调查表明，在供应链总的生产周期中，真正花在生产过程上的时间不到总周期的 5%，剩余的 95%都消耗在等待储存过程中，这不但使响应周期延长，而且增加了成本。另据有关报道，欧洲一家日杂公司的经理说，其产品从渔场码头到工厂加工再到超级市场，需要150天的时间，而真正消耗在生产中的时间只有45min。在对美国食品杂货业的一次调查中发现，麦片生产厂的产品从工厂到超级市场，途经一连串的分销商、批发商、集运人，居然要104天。这些事实告诉人们，物流过程管理水平的高低对于供应链响应周期的影响是巨大的。

6.4.2.2 物流过程对供应链总成本的影响

物流过程管理水平的高低反映在供应链总成本上，可以从物流费用占总费用的比例看出来。在发达国家，如美国和加拿大，物流费用占总费用的9%~10%，而我国企业物流费用占总费用的比例高达20%~40%（不同的统计口径得到的数据可能不一样）。仅此一点就足以说明物流过程对供应链竞争力的影响。根据美国研究人员对供应链绩效的研究报道，每1美元中就有0.85美元流向仓储和运输过程，这充分说明了物流过程引起的费用之高。另据有的供应链实践经验，如果供应链的物流费用下降0.1%，就相当于生产效率提高10%，这是多么大的效益！这些数据都说明了物流过程对整个供应链竞争力的影响。在我国企业，物流成本占总成本的比例之所以很高，与物流过程在整个供应链中的组织水平有很大关系。在供应链生产过程中，由于各个环节之间的组织协调很差，各种零部件、产成品的运输时间、交货时间、到货时间不同步，有的很早就生产出来了，而有的却很晚才交货，从而影响了整个装配进度。那些不能同步产出的零部件就形成了等待库存，既消耗了时间，又占用了资金，增加了资金使用成本。

6.4.2.3 物流过程对供应链总库存水平的影响

低水平的物流过程对供应链库存的影响，最典型的就是订货量在供应链上被逐级放大（“长鞭效应”）。这一效应的结果是造成了供应链上各级的库存量越来越大，增加了库存成本，使供应链的总体竞争力下降。当然，造成“长鞭效应”的原因是多种多样的，然而最终都反映在物流过程中。如果能提高物流管理水平，“长鞭效应”就可以减弱乃至消除，供应链总库存水平就会下降。

另外，提高物流过程的管理水平不仅有助于消除或减少“长鞭效应”，而且可以降低各种与此相关的费用。如根据一项研究结果，供应链的库存周转次数每增加一次，就可以得到如表6-5所示的效果。

表6-5 库存周转次数每增加一次的效益

	节省储存费用	节省库存维持费用	节省运输费用
金额/千美元	655	1003	337

6.4.2.4 物流过程对供应链按期交付可靠性的影响

按期交付可靠性是对供应链整体信誉的一种衡量，也是供应链吸引客户的一种有力手段。按期交付可靠性高，容易得到客户的信任，就会有源源不断的订货，反之则会逐渐失去现有客户。因此，这一点也是影响供应链整体竞争力的关键因素。在影响按期交付可靠性的因素中，物流是显而易见的关键因素。在实际经营中，往往由于物流组织落后，造成整个供应链生产不能同步进行。一方面，早生产出来的零部件等待进一步加工（装配）；另一方面，又有不能按时完工零部件的缺货现象，最终影响产品的总装配，进而影响按时交货。因此，增强物流过程在同步制造中的作用，是提高供应链交货可靠性的重要环节。

6.4.2.5 物流过程对供应链服务水平的影响

供应链管理的核心是要向所有提出需求的客户及时提供精确的产品。因此，客户服务质量是构成供应链竞争力的关键要素之一。决定客户服务水平的最重要的业务领域，是称为“配送渠道”的结构。由于物流过程的作业活动必须在任何时间、任何地点、跨越广阔的地域来进行，对服务质量的要求非常高，因为绝大多数物流作业是在监督者的视野之外进行的。由于不正确的物流作业导致重做客户订货所花的费用，远比第一次就正确地履行所花费的费用多，因此物流过程既是体现供应链服务水平的主要组成部分，也是供应链总成本的影响因素。毫不夸张地说，它是一个供应链最终成败的业务战场。

由以上分析不难看出，物流过程管理水平的高低和物流能力的强弱，直接影响供应链的整体竞争力。但是，用传统的物流管理模式管理供应链中的物流过程却难以满足以上要求，因而必须建立现代物流的理念。

6.4.3 物流外包的优势分析

随着社会分工的进一步细化和物流服务业的快速发展，物流业务外包（Logistics Business Outsourcing）逐渐被供需双方（物流服务供应商和需求方）认可。所谓物流外包，即生产或销售等企业为集中精力增强核心竞争能力，而将其物流业务以合同的方式委托给专业的第三方物流企业运作。业务外包是一种长期的战略性的、相互渗透的、互利互惠的业务委托和合约执行方式。据统计，到2005年第三方物流占总物流服务份额的比例德国为23.33%，法国为26.9%，英国为34.4%，意大利为12.77%，西班牙为18%，目前其需求仍呈增长之势。相比之下，我国第一方和第二方物流的比重比西方发达国家高得多。随着生产、流通领域的竞争加剧，第一方和第二方选择第三方承担物流服务的情况将会更加普遍，这也说明国内物流外包市场有较大的发展空间。

在当今竞争日趋激烈和社会分工日益细化的大背景下，将物流外包给专业的第三方物流供应商，可以有效降低物流成本，提高企业的核心竞争力。具体来说，将物流业务外包能够带来以下优势。

（1）解决资源有限的问题，使企业更专注于核心业务的发展。企业的主要资源，包括资金、技术、人力资本、生产设备、销售网络、配套设施等要素，往往是制约企业发展的主要“瓶颈”，特别是在当今时代，技术和需求的变化十分复杂，一个企业的资源配置不可能局限于本组织的范围之内。即使对于一个实力非常强大、有着多年经验积累的跨国企业集团来说，仅仅依靠自身的力量也是不经济的。为此，企业应把主要资源集中于擅长的主业，而把物流等辅助功能留给物流公司。利用物流外包策略，企业可以集中资源，建立自己的核心能力，并使其不断得到提升，从而确保企业能够长期获得较高的利润，并引导行业朝着有利于企业自身的方向发展。

例如，美国通用汽车的萨顿工厂通过与赖德专业物流公司合作，取得了良好的效益。萨顿集中于汽车制造，而赖德管理萨顿的物流事务。赖德接洽供应商，将零部件运到位于田纳西州的萨顿工厂，同时将成品汽车运到经销商那里。萨顿使用电子数据交换技术进行订购，并将信息发送给赖德。赖德从分布在美国加拿大和墨西哥的300个供应商那里进行所有必要的小批量采购，并使用特殊的决策支持系统软件有效地规划路线，使运输成本最小化。

（2）灵活运用新技术，实现以信息换库存，降低成本。随着科学技术日益进步，将物流业务外包给专业的第三方物流企业，可以充分利用第三方物流企业不断更新的信息技术和设备，而普通的单个制造公司通常一时难以更新自己的资源或技能。不同的企业可能有不同的、不断变化的配送和信息技术需求，此时，第三方物流公司能以一种快速、更具成本优势的方式满足这些需求，而这通常都是单一企业难以做到的。同样，第三方物流供应商还具备满足一家企业的潜在顾客需求的能力，从而使企业能够接洽到零售商。如美国赖德专业物流公司向床垫制造商席梦思公司（Simmons）提供一种新技术，使得后者彻底改变了自己的经营方式。在合作前，席梦思公司在每个制造厂储存了2万~5万个床垫来适时满足客户的时尚需求。合作后，赖德在席梦思的制造厂安排了一名现场物流经理。当订单到达时，该物流经理使用特殊的软件设计出把床垫发送给客户的优化顺序和路线。随后这一物流计划被发送到工厂，在那里按照确切的数量、款式和顺序制造床垫，并全部及时发送该项物流合作，从根本上降低了席梦思公司对库存的需求。

（3）减少固定资产投资，加速资本周转。企业自建物流需要投入大量的资金购买物流设备，建设仓库和信息网络等专业物流设备。这些资源对于缺乏资金的企业特别是中小企业是一个沉重的负担。而如果将物流外包，不仅可以减少设施的投资，还消除了仓库和车队方面的资金占用，加速了资金周转。

（4）企业得到更加专业化的服务，降低运营成本，提高服务质量。当企业的核心业务迅猛发展时，也需要企业的物流系统跟上核心业务发展的步伐，但这时企业原来的自营物流系统往往因为技术和信息系统的局限而相对滞后。与企业自营物流相比，将物流外包给专业的第三方物流企业，可以集成小批量送货的要求来获得规模经济效应，在组织企业的物流活动方面更有经验、更专业化，从而降低企业的运营成本，改进服务，提高企业运作的灵活性。

对于委托企业而言，它不可能获得所需要的各方面人才。通过将物流外包给第三方物流企业，委托企业不但可以引入资金和技术，而且可以根据自己的需要引入“外脑”。物流方面的专家或专门人才不一定属于该委托企业，却可以成为企业所使用的有效的外部资源。特别是对于财力、物力有限的小企业而言，通过将物流外包，更容易获得企业所需要的智力资本。

（5）与合作伙伴分担风险。首先，在迅速变化的市场和技术环境下，通过物流业务外包，委托公司可以与合作公司建立起战略联盟，利用其战略伙伴的优势资源，缩短产品从开发设计、生产到销售的时间，减少由于技术和市场需求的变化而造成的产品风险。其次，由于战略联盟的各方都发挥了各自的优势，有利于提高新产品和服务的质量，提高新产品开拓市场的成功率。最后，采用物流外包策略的企业在与其战略伙伴共同开发新产品时共担风险，从而降低了由于新产品开发失败给企业造成巨大损失的可能性。

在我国这样一个资金相对短缺、企业实力相对薄弱的环境中，物流业务外包的传统理由更加具有现实意义，即企业可以通过将物流外包获得第三方物流企业的创新能力和专业技能，以实现自身难以完成的新产品开发和市场开拓。尤其是在我国加入WTO的大背景下，将物流业务外包，减少物流费用支出，提高企业的竞争力已经迫在眉睫。

（6）提高企业的运作柔性。企业选择物流外包的重要原因之一是提高柔性的需要。实行物流外包的委托企业可以更好地控制其经营活动，并在经营活动和物流活动之间找到一种平衡，保持两者的连续性，提高其柔性，使企业由于业务的精简而具有更大的应变空间。

由于大量的非核心业务都由合作伙伴来完成，物流外包的企业可以精简机构中层经理，传统上的监督和协调功能被计算机网络取代，金字塔状的总公司、子公司的组织结构让位于更加灵活的、对信息流有高度应变性的扁平化结构，这种组织结构将随着知识经济的发展而越来越具有生命力。

当然，与自营物流相比，物流外包在为企业提供上述便利的同时，也会给企业带来诸多的不利。主要有：企业不能直接控制物流职能；不能保证供货的准确和及时；不能保证顾客服务的质量和维护与顾客的长期关系；企业将放弃对物流专业技术的开发等。这些原因有可能导致物流外包的失败。

6.4.4 物流外包失败的根源

物流外包作为一个提高物流速度、节省仓储费用和减少在途资金占用的有效手段，确实能够给供需双方带来较多的收益。尽管供需双方均有信心和诚意，但在实践的过程中，物流外包举步维艰，常常出现中断，甚至失败。导致外包失败和黑洞出现的原因有许多，既有体制的制约、人为的失误，也有观念的陈旧和技术的缺陷等。

（1）抵制变化。许多公司，尤其是那些目前财务状况还令人满意的公司，不愿意通过物流外包的方式改变现有的业务模式。此外，寻求物流外包的公司有时还会遇到来自企业内部某些部门的抵制，因为他们目前从事的工作很可能会被第三方物流取代。尤其是一些国有企业，物流外包意味着解雇大批员工，这对企业的领导者来说意味着非常大的风险。通常来讲，企业对第三方物流企业能力的认识程度普遍还很低。第三方物流行业相对来说还很年轻，尤其是在我国，一些领先的物流公司只有不到二十年的历史。更为重要的是，许多公司还远远没有认识到供应链管理的重要性。明显的例子就是还没有哪家公司的高级管理层里有主管物流的人员，甚至物流也是最近十几年才出现的。

（2）害怕失去控制。许多公司都宁愿有一个“小而全”的物流部门，也不愿把对这些功能的控制交给别人。此外，供应链流程的部分功能需要与客户直接打交道，许多公司担心如果失去内部物流能力，会在客户交往和其他方面过度依赖第三方物流企业。这种担心在那些从来没有进行过物流外包业务的公司中更为普遍。大多数已经进行了物流外包的公司表示，它们通过和第三方物流的合作，实际上改善了信息流动，增强了控制力，提高了业务管理能力。另外，物流外包业务自身也有其复杂性。

（3）缺乏合格、专业的物流管理人才。企业在进行物流业务外包时，如果所选择的第三方物流企业缺乏合格、专业的物流顾问，物流外包也会失败。物流服务供应商的运作与生产工厂类似，工厂生存的灵魂是拥有一批有专业技术才能的员工，核心技术一定是公司内部掌控，而不是依靠其他合作伙伴来提供支持。美国著名物流专家杰克·罗泽（Jack Roser）认为，在处理外包时，与技术工人一样，专业物流管理者的作用比企业领导更重要，他能够给项目带来许多领导者所不知的东西，需要去管理维护公司项目设计规划的过程，提供物流需求以及项目数据，而这些事情常常与外包的成败相关联。企业领导者仅仅扮演监督员的角色，如果缺乏拥有项目设计和作业操作技能的专业人才，那么外包将无从谈起。

(4) 工作范围不明确。工作范围即物流服务要求明确，它对服务的环节、作业方式、作业时间服务费用等细节均作出了明确的规定，工作范围的确定是物流外包最重要的一个环节。

工作范围不明确已经成为导致物流外包失败及黑洞出现的首要原因。工作范围是委托企业告诉受托的物流企业需要什么服务并愿意付出什么价格，它是合同的一部分。跨国企业在物流外包方面具有丰富的操作经验，如惠普、IBM 等公司在实施外包时，就要求供应商与其签署两份文件：第一，一般性条款即非操作性的法律问题，如赔偿、保险、不可抗力、保密、解约等内容；第二，工作范围，即对服务的细节进行具体描述。如果供应商曾经与它们合作过且履行过一般性条款，则在以后的合作中不必再签署一般性条款，供应商仅仅需要对新项目的工作范围作出明确的回复。由此可见，惠普、IBM 公司对工作范围的重视程度。

外包失败的出现大多归结为工作范围不明确，如在物流合同中经常出现的“在必要时，供应商将采取加班作业以满足客户的需求”，合同双方虽然对此描述并无异议，但问题就出现在“必要”上；在实际运作中，双方就如何理解“必要”经常产生分歧，委托企业认为“提出需求时即为必要”，物流企业认为“客户提出需求且理由合理时为必要”。类似的例子合作双方经常遇到，起因归结为合作双方没有花费必要的时间和精力明确详细地制订工作范围。

要确保物流外包成功，企业在寻找合作伙伴时，首先，要克服思想和观念的障碍，并积极了解受托的物流企业是否拥有外包项目所需要的实力；其次要与供应商签订必要的法律文件，讨论全部服务项目细节，拟定工作范围。只有这样，才能保证物流外包的顺利进行。

6.4.5 物流管理模式的选择

企业物流管理模式主要有自营物流和外包物流等。企业在进行物流管理模式决策时，应根据自己的需要和资源条件，综合考虑各种因素慎重选择，以提高企业的市场竞争力。

6.4.5.1 物流对企业成功的影响度和企业对物流的管理能力

物流对企业成功的影响度和企业对物流的管理能力，是影响企业物流采取自营模式还是外包模式的最重要因素，决策状态如图 6-4 所示。

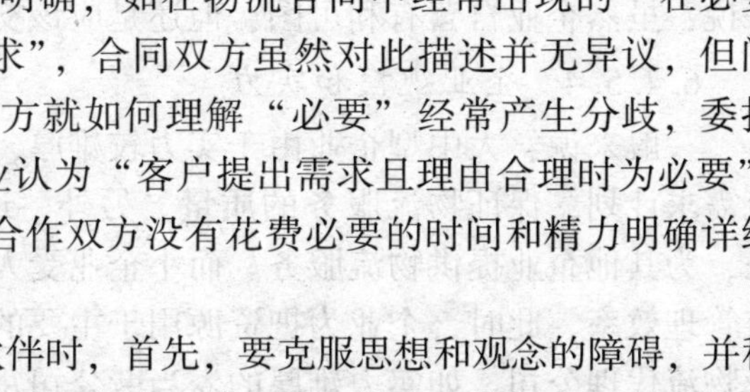

图 6-4 决策状态

如果物流在企业战略中起关键作用，但自身物流管理水平却较低，对这类企业（处于Ⅱ区间）来说，与物流服务方组建物流联盟，形成战略性伙伴关系，将会在物流设施、运输能力、专业管理上收益极大。对于物流在其战略中不占关键地位，但其物流水平很高的企业（处于Ⅳ区间）来说，可以寻找伙伴共享物流资源，通过增大物流量获得规模效益，降低成本。如果企业有很高的顾客服务需求标准，物流成本占总成本的比重极大，且自身物流管理能力强，即处于Ⅰ区间的企业，这类企业一般不会选择外包物流服务，而是采取自营的方式。对于物流在其战略中地位并不太重要，自身物流管理能力也比较欠缺的企业（处于Ⅲ区间）来说，采用外包给第三方物流是比较好的选择，因为这样既可以降低物流成本，同时还能提高服务水平。

6.4.5.2　企业对物流控制力的要求

越是竞争激烈的产业，企业越要加强对供应和分销渠道的控制，此时企业应该自营物流。一般来说，主机厂或最终产品制造商对渠道或供应链过程的控制力比较强，往往选择自营物流，作为龙头企业来组织全过程的物流活动和制订物流服务标准。

6.4.5.3　企业产品自身的物流特点

对于大宗工业品原料的回运或鲜活产品的分销，应利用相对固定的专业物流服务供应商和短渠道物流；对于全球市场的分销，宜采用地区性的专业物流公司提供支援；对于产品线单一或为主机厂做配套的企业，则应在龙头企业的统一领导下自营物流；对于技术性较强的物流服务如口岸物流服务，企业应采用委托代理的方式；对于非标准设备的制造商来说，虽然企业自营有利可图，但还是应该交给专业物流服务公司去做。

6.4.5.4　企业规模和实力

一般来说，大中型企业由于实力较雄厚，有能力建立自己的物流系统，制订合适的物流需求计划，保证物流服务的质量。另外，还可以利用过剩的物流网络资源拓展外部业务，为其他企业提供物流服务。而小企业受人员、资金和管理等资源的限制，难以提高物流管理效率。此时，企业为把资源用于主要的核心业务，就适宜把物流管理交给第三方专业物流代理公司。如实力雄厚的麦当劳公司每天必须把汉堡包等保鲜食品运往中国各地，为保证供货的准确、及时，就组建了自己的货运公司。

6.4.5.5　物流系统的总成本

在选择是自营还是外包物流时，必须弄清两种模式下物流系统的总成本表达公式为：

$$D = T + S + L + FW + VW + P + C$$

式中，D 为物流系统总成本；T 为该系统的总运输成本；S 为库存维持费用，包括库存管理费用、包装费用以及返工费；L 为批量成本，包括物料加工费和采购费；FW 为该系统的总固定仓储费用；VW 为该系统的总变动仓储费用；P 为处理和信息费用，指处理订单和物流活动中的广泛交流等问题所发生的费用；C 为顾客服务费用，包括缺货损失费用、降价损失费用和丧失潜在顾客的机会成本。

这些成本之间存在着二律背反现象：减少仓库数量时，可以降低保管费用，但会带来运输距离和次数的增加，从而导致运输费用增加。如果运输费用的增加部分超过了保管费用的减少部分，总的物流成本反而增大。所以在选择和设计物流系统时，要对物流系统的总成本加以论证，选择成本最小的物流系统。

6.4.5.6　第三方物流的客户服务能力

在选择物流模式时，尽管考虑成本很重要，但第三方物流为本企业及企业顾客提供服务的能力是至关重要的。也就是说，第三方物流满足企业对原材料即时需求的能力和可靠性、对企业的零售商和最终顾客不断变化的需求的反应能力等方面，应该作为首要的因素来考虑。

6.4.5.7　自拥资产和非自拥资产第三方物流的选择

自拥资产第三方物流，是指有自己的运输工具和仓库，从事实实在在的物流操作的专业物流公司。它们有较大的规模、雄厚的客户基础、到位的系统，物流专业化程度较高，但灵活性受到一定限制。非自拥资产第三方物流，是指不拥有硬件设施或只租赁运输工具等少量资产，主要从事物流系统设计、库存管理和物流信息管理等职能，而货物运输和仓储保管等具体作业活动由其他物流企业承担，但对系统运营承担责任的物流管理平台公司。这类公司运作灵活，能制订服务内容，可以自由混合、调配供应商，管理费用较低。企业应根据自己的要求对两种模式加以选择和利用。企业在做出物流模式选择的具体决策时，应从物流在企业中的战略地位出发，在考虑企业物流能力的基础上，充分比较各方面的约束因素，进行成本评价，决策程序如图 6-5 所示。

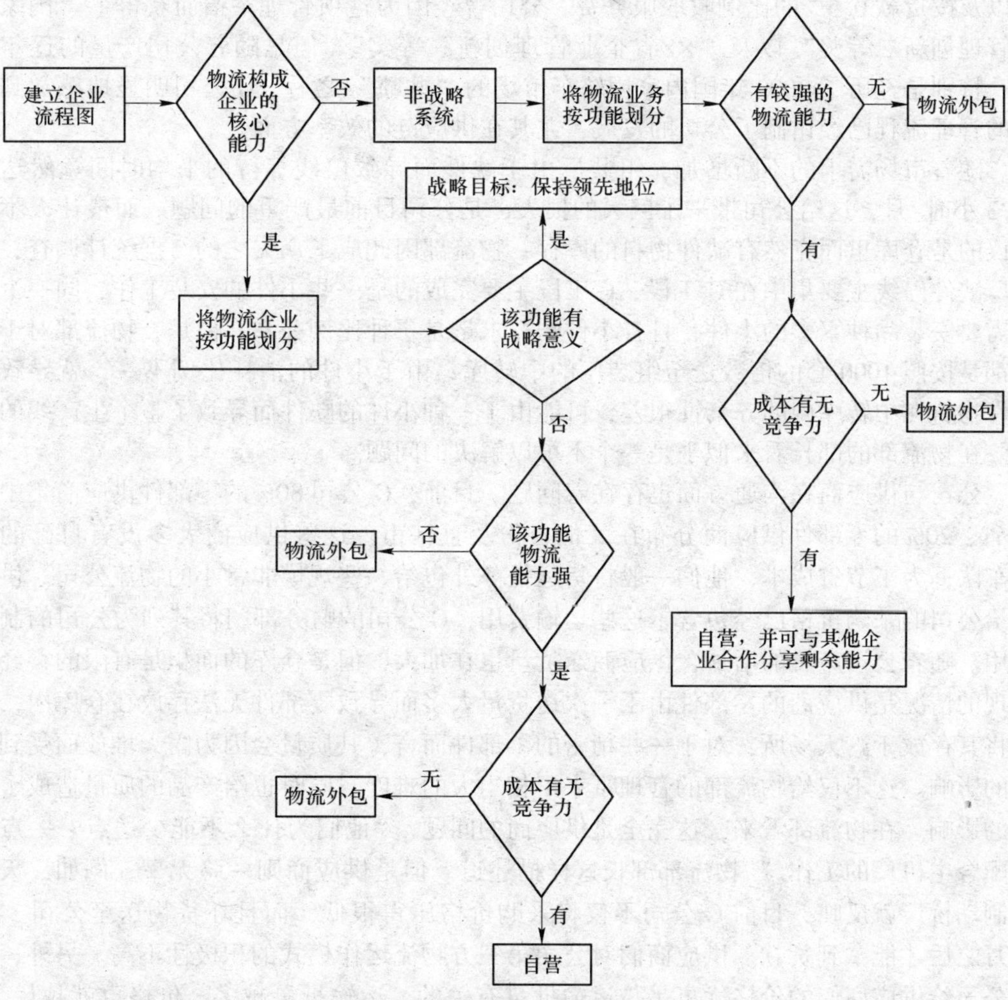

图 6-5　物流模式决策程序

案例分析

G 公司物流部的业务如何处理

G 公司是国内一家著名的家用轿车生产商，经过十几年的快速发展，目前已经具备了发动机、变速箱、制动器等汽车核心零部件以及汽车整车的制造与研发能力。公司的制造系统由冲压、焊装、涂装、组装四大分厂以及物流部、生产部组成。为了提高供应链的效率，公司模拟第三方物流的运行模式，而将物流部从生产部独立出来。在离组装厂大约 10m 处是物流部所管辖的仓库。物流部的主要职责是将仓库内的零部件及时、准确地送至组装厂的中转库，然后零部件再由组装厂的物流科送至装配线相应的工位上去（组装厂分为 A、B、C 三个工段，每个工段大约有 100 多个工位）。仓库是租借给供应商的，在供应商的零部件送至仓库后，物流部负责组织相关人员卸货后，将零部件存放在相应的库区，并为供应商保管这些零部件，公司按每平方米 15 元/月的价格收取租金以及按货款 0.5%的比例收取服务费。公司曾经因为这项管理举措而获得了“国家企业管理创新二等奖”以及“××省企业管理创新一等奖”。但是随着公司产量的逐年增加，特别是经历了 2009 年国内家用轿车市场的“井喷”之后，G 公司明显地感觉到原有的管理流程已经钳制了公司的发展，尤其在供应链的效率方面。

随着市场需求的不断增加，组装厂由于缺件而导致停线等待的平均时间竟然达到 24.3 小时/月，这给公司带来了巨大的损失，是公司目前最严重的问题。而最让人不可思议的是仓库里面竟然有缺件物料的库存，物流部因此成了众矢之的。据统计调查，组装厂缺件停线主要集中在 C 工段，C 工段主要完成的是一些小件的安装工作，同一个工位需要安装品种繁多的小件，且各小件的需求量是一种比例关系。但是，物流部对于小件都是按照 1000 套的倍数送至组装厂的中转库，由于小件的消耗比例不一，就导致了小件物料在中转库内的齐套性很差，可能由于一种小件的缺件而导致了整个生产线的停产。在物流部的部长看来似乎是一个不可以解决的问题。

公司与供应商在沟通方面也存在着问题。目前，G 公司 80%的零部件供应商集中在 xx 省，20%的零部件供应商分布在其他省份及直辖市。这些供应商大多没有自己的运输车队，为了节省成本，他们一般将货运任务外包给一些规模非常小的物流公司。供应商给公司的采购价格已经包含了这些运输费用，G 公司的财务部门将其列为公司的制造费用。随着公司产量的增加，供应商送货量也在加大，但是仓库的面积是有限的，经常出现的情况是供应商的零部件由于一次送货量太多而导致零部件无法存放在仓库内，只好将其存放于露天场所，对于一些精密的零部件而言，其质量会因为露天堆放而受到很大的影响。这不仅给物流部的管理带来了相当大的难度，同时也给产品的质量造成了不良的影响。在物流部看来，这完全是供应商的问题，“他们为什么不能少送点？一点也不配合主机厂的工作。”物流部部长这样描述道。但是供应商则一脸无辜。例如，天津某制动桥厂就反映，目前 G 公司不仅将采购价格压得很低，而且在货物送至公司 3~6 个月之后才能拿到货款。供应商们对公司第三方物流运作模式的积极性不高。另外，物流公司给供应商们的价格优惠是与运输批量有关的，运输批量越多，价格也就越优惠，因此，供应商一般会选择尽量多送一些货物以降低运输成本。2009 年 G 公司的产量是 9 万辆，2010 年 G 公司计划产量是 16 万辆。可想而知，仓库有限的面积在当前的运作模式下很难容纳这么多的零部件！

案例讨论与思考

面对这样的问题，G 公司决定将公司的物流业务外包给一家专业的第三方物流公司。

假如你是一家第三方物流公司的总经理，你是否愿意承接 G 公司的业务？你的解决方案是什么？

思 考 题

6-1 举例说明如何理解物流的定义，讨论物流的发展史。
6-2 举例阐述物流在供应链中的地位，以及供应链管理环境下物流网络的特点。
6-3 如何实现供应链管理与物流网络的整合？
6-4 从广义和狭义两个角度阐述物流管理的基本概念。举例说明物流管理的具体内容。
6-5 企业物流包括哪几个方面？相互之间关系如何？
6-6 分别举例描述流入物流和流出物流的特征和过程。

7 供应链集成

7.1 供应链合作伙伴关系概述

经济全球化的发展极大地推动了全球化市场的形成和发展，但同时也加剧了竞争的激烈化程度。这就要求企业加快对用户需求变化的反应速度，同时加强与合作伙伴的协作；要求企业将自身的业务和合作伙伴的业务集成在一起，站在整个供应链的高度考虑增值过程。为此，许多成功的企业与供应链上其他企业的关系也发生了很大的变化，由附属和对立逐渐转向联盟和合作。

7.1.1 供应链合作伙伴关系的基本概念

7.1.1.1 供应链合作伙伴关系的定义

供应链合作伙伴关系（Supply Chain Partnership，SCP）是一种企业之间的联盟关系，也就是供应商—制造商（Supplier-Manufacturer）关系，或者称为卖主（供应商）—买主（Vendor/Supplier-Buyer）关系、供应商（Supplier Partnership）关系，是供应商与制造商为了实现特定的目标，在一定时期内共享信息、共担风险、共同获利的协作关系。供应链的合作伙伴关系形成于集成化供应链环境下，主要体现在为了特定目标和利益的供应链节点企业之间，并以合作和信任为基础。供应链合作伙伴关系在最终用户需求的拉动下，通过各合作企业之间实现信息共享，以及合作企业在最终产品形成过程中进行功能划分与协作，提高最终产品形成过程的效果与效率。在集成化供应链环境下，供应商和制造商的合作关系主要体现在以下几个方面：

（1）让供应商了解企业（制造商）的生产过程和生产能力，使供应商能够清楚地知道企业所需产品或原材料的期限、质量和数量。

（2）企业向供应商提供自己的经营计划、经营策略及相应的措施，使供应商明确企业的要求和目标。

（3）企业和供应商要明确双方的责任，并各自向对方负责，使双方明确共同的利益所在，并为此团结一致，以达到双赢的目的。

7.1.1.2 供应链合作伙伴关系的产生和发展

从历史上看，企业之间的关系大致经历了三个发展阶段，如图 7-1 所示。

在传统的观念中，企业之间的关系是“买—卖”交易关系，因而企业的管理理念就是以生产为中心，企业之间很少沟通与交流，更谈不上企业之间的战略联盟与合作。在 JIT 和 TQM 等现代管理思想的推动下，企业之间的关系模式开始由以生产为中心向物流关系转变。为了达到生产的均衡化和物流的同步化，企业的各部门间以及企业之间开始沟通与合作，但是这种基于物流关系的合作仅处于运作层或技术层，应用范围比较有限，在信息共享、服务支持、并行工程、群体决策、柔性与敏捷性等方面都已经越来越无法适应客观的需要。企业需要从战略的角度来考虑合作伙伴关系。目前，人们对供应链管理模式的认识中，强调最多的就是企业间的“战略伙伴关系”，这种关系也是近些年来企业关系发展的一个新的动向。供应链管理就是基于这种新型企业关系的新的管理模式。

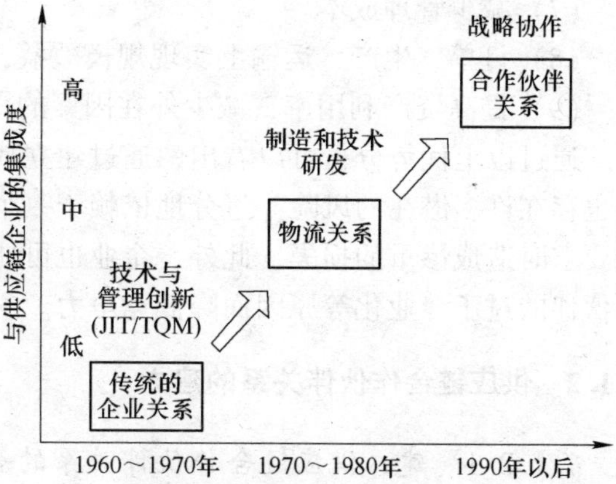

图 7-1 企业关系演变过程

7.1.1.3 建立供应链合作伙伴关系的意义

在新的竞争环境下，先进制造技术和信息技术的广泛使用要求企业将自身的业务与合作伙伴的业务集成在一起，站在整个供应链的角度考虑增值过程，建立供应链合作伙伴关系对于供应商和制造商都具有很重要的意义。

对于制造商来说，建立供应链合作伙伴关系可以起到以下作用：

（1）降低合同成本。

（2）实现数量折扣，获得稳定而有竞争力的价格。

（3）提高产品质量和降低库存水平。

（4）改善时间管理。

（5）缩短交货提前期和提高交货可靠性。

（6）提高面向工艺的企业规划。

（7）更好的产品设计和对产品变化更快的反应速度。

（8）强化数据信息的获取和管理控制。

对于供应商来说，建立供应链合作伙伴关系可以起到以下作用：

（1）保证稳定的市场需求。

（2）对用户需求更好地了解与理解。

（3）提高运作质量。

（4）提高零部件生产质量。

（5）降低生产成本。

（6）提高对买主交货期改变的反应速度和柔性。

（7）获得比非供应链合作伙伴关系更高的利润。

对于供应商—制造商双方来说，建立供应链合作伙伴关系可以起到以下作用：

（1）改善相互之间的交流。

（2）实现共同的期望和目标。

（3）共担风险和共享利益。

（4）共同参与产品和工艺的开发，实现相互间的工艺集成以及技术和物理集成。

（5）降低投机思想和投机几率。

（6）增强解决矛盾冲突的能力。

(7) 减少管理成本。

(8) 订单、生产、运输上实现规模效益，以降低成本。

(9) 提高资产利用率，减少外在因素的影响及其造成的风险。

通过以上优势分析可以看出，通过建立战略合作伙伴关系可以使双方获益，但这种关系也存在许多潜在的风险。过分地依赖于一个合作伙伴可能会导致当合作伙伴不能满足期望要求时造成惨重的损失。此外，企业也可能由于对战略合作关系的失控、过于自信、合作伙伴的过于专业化等原因而降低竞争力。

7.1.2 供应链合作伙伴关系的建立

7.1.2.1 建立供应链合作伙伴关系的影响因素

影响供应链合作伙伴建立的因素包括外部因素和内部因素两个方面。

A 外部因素分析

对外部因素的分析主要涉及外部环境的完善程度和外部竞争的激烈程度两方面。

(1) 外部环境的完善程度。外部环境包括市场环境、产业环境和法律法规的健全程度等，是供应链合作关系能否建立的关键。

(2) 外部竞争的激烈程度。供应链节点企业合作的过程中会不断出现来自外部的竞争力量，对供应链中企业合作关系的维系造成威胁。例如，新的供应商用极低的价格或利用具有更大技术优势的产品、工艺或服务来争取客户；客户为适应市场潮流的变化而快速改变其产品的基本特点，进而需要寻找相应技术的新供应商；客户面对经济衰退的压力，通过降低产量和成本来渡过难关，被迫减少对供应商订单或寻求更低的价格。

B 内部因素分析

影响企业间建立供应链合作伙伴关系的内部因素主要有：

(1) 企业间文化的差异性。在供应链上，不同企业的文化可能存在差异，甚至可能存在冲突。文化之间的差异使得企业在建立供应链合作关系的过程中对供应链理念的认识不同，对信息的接受和理解也不同，从而对供应链合作关系产生不利的影响。

(2) 企业之间的相互依赖性。相互依赖性是指两个主体之间的一种相互作用，其中一方任务的完成依赖于另一方任务的成功进行，它是冲突形成的客观基础。

(3) 信息沟通的有效性。沟通是供应链各成员之间达成一致的必要前提。有效的沟通能够让供应链各方都了解其他各方所掌握的信息、所持有的观点和准备采取的行动，从而选择和调整自身的行为，使得整个供应链更有效、更协调的运作。

(4) 利益分配的合理性。供应链成员企业加入供应链的根本目的是为了获取经济收益。对于整个供应链而言，如何评价各成员对整个供应链的贡献，并在此基础上再分配所带来的合作收益，是一个决定供应链合作成败的关键问题。合理的利益分配可以刺激供应链中企业合作的积极性，对供应链合作关系有积极的促进作用。

(5) 总体目标一致性。供应链合作各方在总体目标上应该是一致的，即让各方所拥有的有限经营资源发挥互补与协同效应，实现所预期的供应链总体目标。在保证总体目标实现的前提下，兼顾各企业自身的利益，在总体目标和个体目标之间寻求平衡点。

（6）信任关系的培养。信任是合作各方在面向不确定的未来时所表现出的彼此间的信赖，在加入供应链时，成员企业需要改变传统的买卖观念和思维方式，要与合作企业共担责任、风险与成本，同时共享成果与收益，这是企业间建立长久信任关系的唯一有效途径。企业间只有建立了信任关系，供应链的运作效率才能得到保证和提高，企业才能赢得长久的竞争优势。

（7）供应链成员间的竞争和合作程度。建立供应链的目的是要建立一种各成员在竞争基础上的合作，但实际上竞争仍然存在，进行合作的企业都有着各自的目的，供应链内部的竞争程度过高将导致合作成本的上升。因此，应尽量降低供应链成员间的竞争程度，减小激烈竞争带来的负面影响，保证各合作方实现均衡的或互补性的收益，提高合作关系的稳定性。

7.1.2.2　供应链合作伙伴的类型

对合作伙伴进行划分的两个主要的维度是合作伙伴在所在行业的竞争力和合作伙伴相对于企业的增值能力。这里的竞争力主要表现为合作伙伴在行业中的集中度、技术完善程度、管理能力的完善程度、价格谈判的能力等；增值能力既表现为合作伙伴的现有产品、储备产品和技术能力对下游企业现有产品的贡献度，也表现为合作伙伴竞争力能否对供应链其他企业未来的产品组合或者业务计划产生深远的影响。

根据以上两个维度，可以把合作伙伴分为四种类型，如图7-2所示。

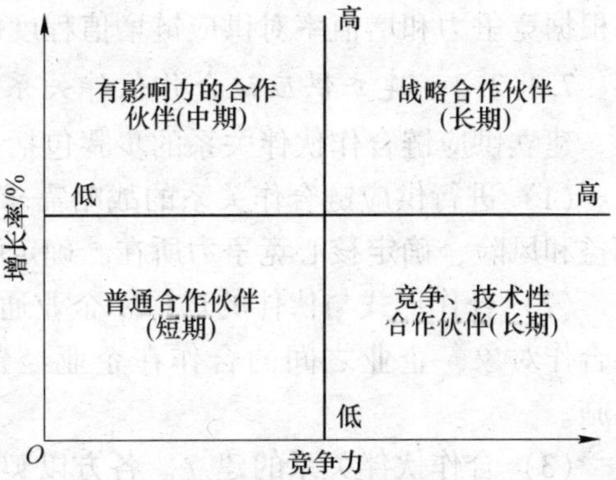

图7-2　合作伙伴的类型

A　普通合作伙伴

这种企业行业竞争力较弱，对下游企业现在和未来产品或业务的贡献也非常有限。企业与这种合作伙伴交易的商品通常是低值标准化产品。交易关系属于单功能界面，主要通过价格来进行选择。

B　竞争性或技术性合作伙伴

这一类伙伴行业竞争力较强，但是对企业的增值性较弱。因此，虽然目前对企业业务或者产品的支持较大，但是缺乏后劲。企业同这种合作伙伴之间的关系属于利用型，由于其产品对企业现有的业务有较大的贡献，所以需要维持一个较长的交易关系。

C　有影响力的合作伙伴

这种合作伙伴虽然目前的竞争力相对较弱，但是它的增值能力较强，具有良好的潜质。它所提供的产品通常是属于定制型、非标准化产品，所以不能靠价格来进行选择。由于这种企业行业竞争力不太强，所以下游企业应当采取适当的支持性策略。

D　战略合作伙伴

这一类的合作伙伴不仅自身在行业中具有较强的竞争力，而且对下游企业的增值能力也表现得非常强劲。它提供的产品不仅有高的附加值，而且是定制的、结构封闭的产品。企业和供应商之间存在相互依赖的倾向，任何一方都不能控制对方，因此双方需要形成双赢的战略合作关系。

表 7-1 所示为不同合作伙伴的特点。

表 7-1 不同类型合作伙伴的特点

比较	普通合作伙伴	竞争、技术性合作伙伴	有影响力的合作伙伴	战略合作伙伴
产品特点	低值一般产品、充分供应、开放性产品结构	偏向开放型产品	定制化、产品结构封闭	完全定制化、产品结构封闭
规制形式	契约	契约+部分专用性投资	契约、专用投资、部分信息供应	专用人才投资、高度信息共享
契约的作用	非常大	较大	较小	很小
管理特点	严格控制	利用型	支持、帮助	战略协同
考虑因素	价格、供货及时性	持续合理供货、价格	多功能界面	多功能界面

在实际运作中，企业应根据不同的目标选择不同类型的合作伙伴。如果是长期合作，要求合作伙伴保持较高的竞争力和增值率，最好选择战略合作伙伴；如果只是短期合作或者是满足某一短期市场，只要选择普通合作伙伴，以保证成本最小化；对于中期合作，可以根据竞争力和增值率对供应链增值程度的贡献的不同，选择不同类型的合作。

7.1.2.3 建立供应链合作伙伴关系的步骤

建立供应链合作伙伴关系的步骤包括：

（1）进行供应链合作关系的战略需求分析。全面评估企业面临的竞争环境及潜在的利益和风险，确定核心竞争力所在，确定哪些业务应该外包。

（2）合作形式与伙伴的选择。企业通过一定的方法和工具从备选伙伴中确定最适合的合作对象，企业之间的合作在企业经营的产、供、销各个环节中可以以不同的形式实施。

（3）合作伙伴关系的建立。各方以契约或协议的方式来正式缔结合作伙伴关系。

（4）合作伙伴关系的控制。在实施过程中要进行控制与协调，随时反馈运行情况，解决在运行过程中出现的问题。

（5）合作伙伴关系的评价。评价包括重新审查供应链合作伙伴的选择标准，进行合作伙伴的再评价与再选择，以保证战略合作关系选择评价的动态性和有效性。

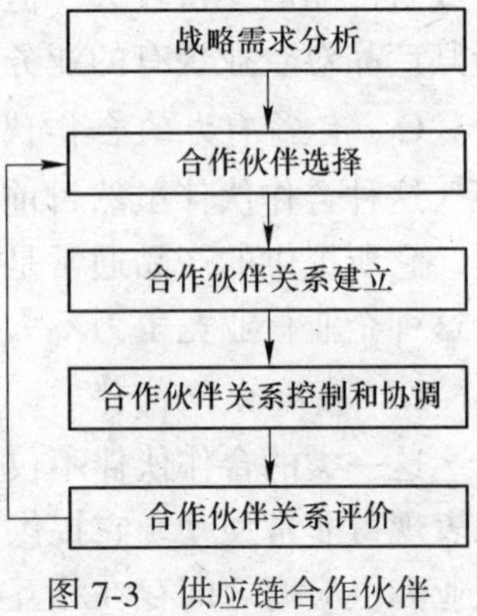

图 7-3 供应链合作伙伴关系的建立过程

具体的建立过程如图 7-3 所示，在构建供应链合作伙伴关系的过程中，应注意以下几点：

（1）在战略分析阶段，需要相互了解企业结构和文化，解决社会、文化之间的障碍，并适当地改变企业的结构和文化，同时在企业之间建立统一的运作模式或体制，解决业务流程或体制上存在的障碍。

（2）在供应链合作伙伴的选择阶段，总成本和利润的分配、文化兼容性、财务稳定性、合作伙伴的能力和定位

(自然地理位置分布)、管理的兼容性等将影响合作伙伴关系的建立。

(3) 在供应链合作伙伴关系建立的实质阶段，需要进行期望和需求分析，相互之间要紧密合作，加强信息共享和相互之间的技术交流和支持。

(4) 在实施阶段，最重要的是相互之间的信任以及良好的愿望、柔性、解决矛盾冲突的技能。另外，业绩评价、有效的技术方法和资源支持等也很重要。

7.2　供应链合作伙伴选择

合作伙伴的评价选择是供应链合作关系运行的基础。合作伙伴的业绩在今天对制造企业的影响越来越大，在交货、产品质量、提前期、库存水平、产品设计等方面都影响着制造商的成功与否。合作伙伴的评价、选择对于企业来说是多目标的，包含许多可见和不可见的多层次的因素。

7.2.1　集成化供应链管理环境下合作伙伴的类型

在集成化供应链管理环境下，供应链合作关系的运作需要减少供应源的数量（短期成本最小化的需要，但是供应链合作关系并不意味着单一的供应源），相互的连接变得更专有(紧密合作的需要)，并且制造商会在全球市场范围内寻找最杰出的合作伙伴。因此，可以把合作伙伴分为两个层次：重要合作伙伴和一般合作伙伴。重要合作伙伴是少而精的，与制造商关系密切的合作伙伴，而一般合作伙伴是相对多的，与制造商关系不是很密切的合作伙伴。供应链合作关系的变化主要影响重要合作伙伴，而对一般合作伙伴的影响较小。

根据合作伙伴在供应链中的增值作用及其竞争实力，可将合作伙伴分成不同的类别，分类矩阵如图 7-2 所示。

在图 7-2 中，纵轴代表的是合作伙伴在供应链中的增值作用。对于一个合作伙伴来说，如果其不能对增值做出贡献，则其对供应链的其他企业就没有吸引力。横轴代表某个合作伙伴与其他合作伙伴之间的区别，主要是设计能力、特殊工艺能力、柔性、项目管理能力等方面的竞争力的区别。

在实际运作中，应根据不同的目标选择不同类型的合作伙伴。对于长期而言，要求合作伙伴能保持较高的竞争力和增值能力，因此最好选择战略性合作伙伴；对于短期或某一短暂市场需求而言，只需选择普通合作伙伴满足需求则可，以保证成本最小化；对于中期而言，可根据竞争力和增值率对供应链的重要程度的不同，选择不同类型的合作伙伴(有影响力的或竞争性/技术性的合作伙伴)。

7.2.2　选择合作伙伴时考虑的主要因素

通过调查数据以及与一些企业管理人员的交谈中发现，我国企业评价、选择合作伙伴时存在较多问题：企业在选择合作伙伴时，主观的成分过多，有时往往根据企业的印象来确定合作伙伴的选择，选择中还存在一些个人的成分；选择的标准不完善、不全面，目前企业的选择标准多集中在企业的产品质量、价格、柔性、交货准时性、提前期和批量等方面，而且往往突出价格因素，以低价取胜，没有形成一个全面的综合评价指标体系，不能对企业做出全面具体、客观的评价。

7.2.2.1 综合评价指标体系的设置原则

（1）系统全面性原则。评价指标体系必须全面反映合作伙伴企业目前的综合水平，并包括反映企业发展前景的各方面指标。

（2）简明科学性原则。评价指标体系的大小也必须适宜，即指标体系的设置应有一定的科学性。如果指标体系过大、指标层次过多、指标过细，势必将评价者的注意力吸引到细小的问题上；而指标体系过小、指标层次过少、指标过粗，又不能充分反映合作伙伴的真实水平。

（3）稳定可比性原则。评价指标体系的设置还应考虑到易于与国内其他指标体系相比较。而随着经济全球化的加深，评价指标体系也应考虑与国际接轨。

（4）灵活可操作性原则。评价指标体系应具有足够的灵活性，以使企业能根据自己的特点以及实际情况，对指标灵活运用。

7.2.2.2 综合评价指标体系结构

根据企业调查研究，影响合作伙伴选择的主要因素可以归纳为四类：企业业绩、业务结构与生产能力、质量系统和企业环境。近年来，随着全球对环保问题的日益关注，企业的可持续发展能力也逐渐成为企业在选择伙伴关系时考虑的主要因素之一。

为了有效地评价、选择合作伙伴，可以框架性地构建三个层次的综合评价指标体系，如图 7-4 所示。第一层次是目标层，包含五个主要因素；第二层是影响合作伙伴选择的具体因素；第三层是与其相关的细分因素。这三个层次的建立需要根据企业所处的不同行业背景和具体情况进行设计。

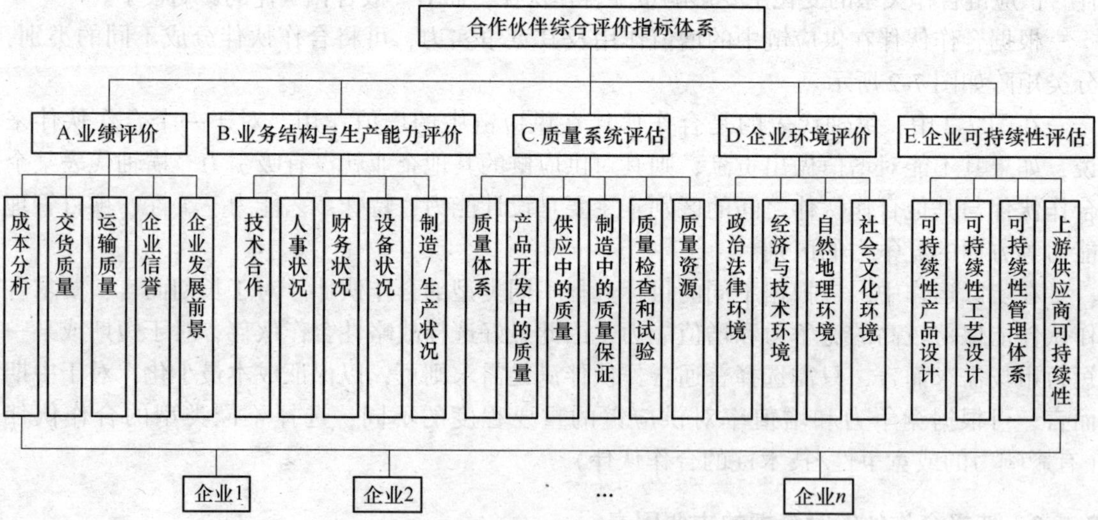

图 7-4 合作伙伴综合评价指标体系结构图

7.2.3 合作伙伴选择方法概述

选择合作伙伴，是对企业输入物资的适当品质、适当期限、适当数量与适当价格的总体进行选择的起点与归宿。选择合作伙伴的方法较多，一般要根据供应商的多少、对供应商的了解程度以及对物资需要的时间是否紧迫等要求来确定。目前国内外较常用的方法有以下几种。

7.2.3.1 直观判断法

直观判断法是根据征询和调查所得的资料并结合人的分析判断，对合作伙伴进行分析、评价的一种方法。这种方法主要是倾听和采纳有经验的采购人员的意见，或者直接由采购人员凭经验做出判断。常用于选择企业非主要原材料的合作伙伴。

7.2.3.2 招标法

当订购数量大、合作伙伴竞争激烈时，可采用招标法来选择适当的合作伙伴。它是由企业提出招标条件，各招标合作伙伴进行竞标，然后由企业决标，与提出最有利条件的合作伙伴签订合同或协议。招标法可以是公开招标，也可以是指定竞级招标。公开招标对投标者的资格不予限制；指定竞标则由企业预先选择若干个可能的合作伙伴，再进行竞标和决标。招标方法竞争性强，企业能在更广泛的范围内选择适当的合作伙伴，以获得供应条件有利的、便宜而适用的物资，但招标法手续较繁杂，时间长，不能适应紧急订购的需要。订购机动性差，有时订购者对投标者了解不够，双方未能充分协商，造成货不对路或不能按时到货的后果。

7.2.3.3 协商选择法

在供货方较多、企业难以抉择时，也可以采用协商选择的方法，即由企业先选出供应条件较为有利的几个合作伙伴，分别与他们进行协商，再确定适当的合作伙伴。与招标法相比，协商方法由于供需双方能充分协商，在物资质量、交货日期和售后服务等方面较有保证。但由于选择范围有限，不一定能得到价格最合理、供应条件最有利的供应来源。当采购时间紧迫、投标单位少、竞争程度小，订购物资规格和技术条件复杂时，协商选择方法比招标法更为合适。

7.2.3.4 采购成本比较法

对质量和交货期都能满足要求的合作伙伴，则需要通过计算采购成本来进行比较分析。采购成本一般包括售价、采购费用、运输费用等各项支出的总和。采购成本比较法是通过计算分析针对各个不同合作伙伴的采购成本，以选择采购成本较低的合作伙伴的一种方法。

7.2.3.5 ABC 成本法

鲁德霍夫（Roodhooft）和科林斯（Jozef Konings）在 1996 年提出基于活动的成本分析法（Activity Based Costing Approach），通过计算合作伙伴的总成本来选择合作伙伴。他们提出的总成本模型为：

$$S_i^{\mathrm{B}} = (p_i - p_{\min}) \times q + \sum_j c_j^{\mathrm{B}} \times D_{ij}^{\mathrm{B}}$$

式中，S_i^{B} 为第 i 个合作伙伴的成本值；p_i 为第 i 个合作伙伴的单位销售价格；$p_{\min}$ 为合作伙伴中单位销售价格的最小值；q 为采购量；c_j^{B} 为因企业采购相关活动导致的成本因子 j 的单位成本；D_{ij}^{B} 为因合作伙伴 i 导致的在采购企业内部的成本因子 j 的单位成本。

这个成本模型用于分析企业因采购活动而产生的直接和间接成本的大小。企业将选择 S_i^{B} 值最小的合作伙伴。

7.2.3.6 层次分析法

层次分析法是 20 世纪 70 年代由著名运筹学家赛惕（T. L. Satty）提出的，韦伯（Weber）等提出利用层次分析法用于合作伙伴的选择。它的基本原理是根据具有递阶结构的目标、子目标（准则）、约束条件、部门等来评价方案，采用两两比较的方法确定判断矩阵，然后把判断矩阵的最大特征根对应的特征向量的分量作为相应的系数，最后综合给出各方案的权重（优先程度）。由于该方法让评价者对照相对重要性函数表，给出因素两两比较的重要性等级，因而可靠性高、误差小，不足之处是遇到因素众多规模较大的问题时，该方法容易出现问题，如判断矩阵难以满足一致性要求，往往难于进一步对其分组。它作为一种定性和定量相结合的工具，目前已在许多领域得到了广泛的应用。

另外，蒂默曼（Timmerman）提出的合作伙伴评价分类法（Categorical Method）、温德（Wind）和罗宾森（Robinson）提出的标重法（Weighted Point Plan）等都可以用于合作伙伴的选择，但应用在供应链环境下，都存在一些问题，因为没有考虑具体的环境，所以不能有效地进行合作伙伴的评价和选择。

7.2.3.7 合作伙伴选择的神经网络算法

人工神经网络（Artificial Neural Network，ANN）是20世纪80年代后期迅速发展起来的一门新兴学科。ANN可以模拟人脑的某些智能行为，如知觉、灵感和形象思维等，具有自学习、自适应和非线性动态处理等特征。

这里将ANN应用于供应链管理环境下合作伙伴的综合评价选择，意在建立更加接近于人类思维模式的定性与定量相结合的综合评价选择模型。通过对给定样本模式的学习，获取评价专家的知识、经验、主观判断及对目标重要性的倾向，当对合作伙伴做出综合评价时，该方法可再现评价专家的经验、知识和直觉思维，从而实现了定性分析与定量分析的有效结合，也可以较好地保证合作伙伴综合评价结果的客观性。

基于人工神经网络的合作伙伴综合评价选择的处理总体流程结构模式如图7-5所示。

图7-5 基于人工神经网络的合作伙伴综合评价选择流程结构模式

在选定评价指标组合的基础上，对评价指标做出评价，得到评价值之后，因各指标间没有统一的度量标准，难以进行直接的分析和比较，也不利于输入神经网络计算。因此，在用神经网络进行综合评价之前，应首先将输入的评价值通过隶属函数的作用转换为[0，1]之间的值，即对评价值进行标准无纲量化，作为神经网络的输入，以使ANN可以处理定量和定性指标。

评价值输入模块处理功能结构如图7-6所示。

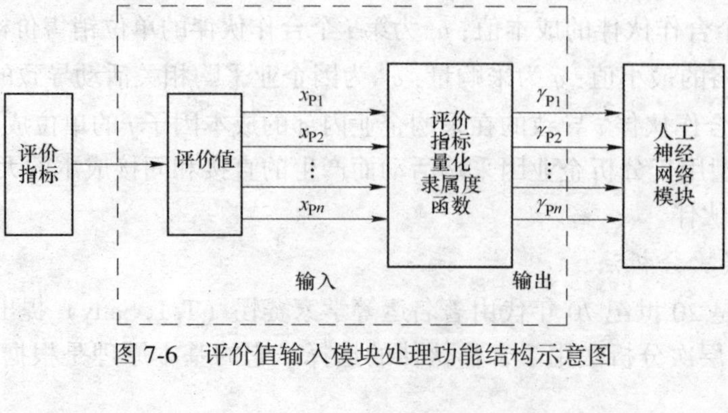

图7-6 评价值输入模块处理功能结构示意图

其中，x_{pi} 表示第 i 个指标的评价值（输入值）；γ_{pi} 表示第 i 个指标经量化后的评价值（输出值），它是 B-P 人工神经网络（以下简称 B-P 网络）的输入值。

人工神经网络模块是综合评价系统的重要组成部分，由 B-P 网络组成，主要完成网络结构的定义、样本的学习和通过 B-P 算法进行合作伙伴的综合评价计算等功能。

用于合作伙伴评价选择的 B-P 人工神经网络可以采用具有一个输入层、一个隐含层和一个输出层的网络结构。各层具有多个节点，每相邻两层之间单方向互连，如图 7-7 所示。

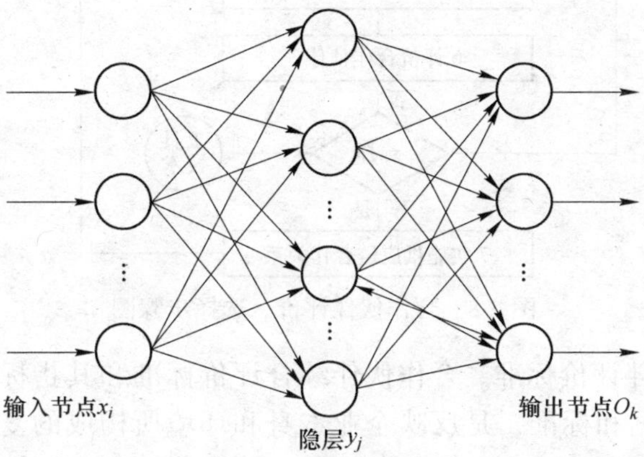

图 7-7 B-P 网络结构

B-P 网络结构参数的选择是一个十分重要的工作，输入层和隐含层个数的增加会增强网络的表达能力，但也会影响其收敛速度。B-P 网络结构参数可在网络运行前进行设置定义，相应设置存于网络结构文件。

在通过计算得到网络的权值和阈值后，就可将经过初始化的企业评价值作为网络输入进行计算，得到评价输出。

7.2.4 合作伙伴综合评价、选择的步骤

供应链合作伙伴的综合评价、选择可以归纳为以下几个步骤，如图 7-8 所示，企业必须确定各个步骤的开始时间，每一个步骤对企业来说都是动态的（企业可自行决定先后和开始时间），并且每一个步骤对于企业来说都是一次改善业务的过程。

（1）分析市场竞争环境（需求、必要性）。市场需求是企业一切活动的驱动源。建立基于信任、合作、开放性交流的供应链长期合作关系，必须首先分析市场竞争环境，目的在于找到针对哪些产品市场开发供应链合作关系才有效。必须知道现在的产品需求是什么，产品的类型和特征是什么，以确认用户的需求，确认是否有建立供应链合作关系的必要。如果已建立供应链合作关系，则根据需求的变化确认供应链合作关系变化的必要性，从而确认合作伙伴评价、选择的必要性。同时，分析现有合作伙伴的现状，分析、总结企业存在的问题。

（2）建立合作伙伴选择目标。企业必须确定合作伙伴评价程序如何实施，信息流程如何，谁负责，而且必须建立实质性、实际的目标。其中降低成本是主要目标之一。合作伙伴评价、选择不仅仅是一个简单的评价、选择过程，它本身也是企业自身和企业与企业之间的一次业务流程重构过程，实施得好，它本身就可带来一系列的利益。

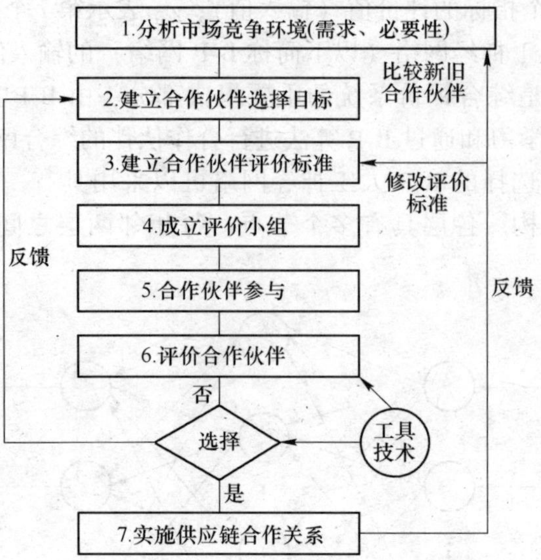

图 7-8　合作伙伴评价、选择步骤图

（3）建立合作伙伴评价标准。合作伙伴综合评价标准和其指标体系是企业对合作伙伴进行综合评价的依据和标准，是反映企业本身和环境所构成的复杂系统不同属性的指标，是按隶属关系、层次结构有序组成的集合。企业应该根据系统全面性、简明科学性、稳定可比性、灵活可操作性的原则，建立集成化供应链管理环境下合作伙伴的综合评价指标体系。值得注意的是不同行业、不同企业、不同产品需求、不同环境下的合作伙伴评价应是不一样的。但都涉及合作伙伴的业绩、设备管理、人力资源开发、质量控制、成本控制、技术开发、用户满意度、交货协议以及可持续发展能力等可能影响供应链合作关系的方面。

（4）成立评价小组。企业必须成立一个小组以控制和实施合作伙伴评价。组员主要来自采购、质量、生产、工程等与供应链合作关系密切的部门，组员必须有团队合作精神、具有一定的专业技能。评价小组必须同时得到制造商企业和合作伙伴企业最高领导层的支持。

（5）合作伙伴参与。一旦企业决定实施合作伙伴评价，评价小组必须与初步选定的合作伙伴取得联系，以确认它们是否愿意与企业建立供应链合作关系，是否有提高业绩水平的愿望。企业应尽可能早地让合作伙伴参与到评价的设计过程中来。然而，因为企业的力量和资源是有限的，企业只能与少数的、关键的合作伙伴保持紧密合作，所以参与的合作伙伴不能太多。

（6）评价合作伙伴。评价合作伙伴的一个主要工作是调查、收集有关合作伙伴的生产运作等各方面的信息。在收集合作伙伴信息的基础上，就可以利用一定的工具和技术方法进行合作伙伴的评价了（如前面提出的用人工神经网络技术进行评价）。

在评价的过程最后，有一个决策点，根据一定的技术方法选择合作伙伴，如果选择成功，则可开始实施供应链合作关系，如果没有合适的合作伙伴可选，则返回（2）重新开始选择。

（7）实施供应链合作关系。在实施供应链合作关系的过程中，市场需求将不断变化，可以根据实际情况及时修改合作伙伴评价标准，或重新开始合作伙伴评价、选择。在重新选择合作伙伴的时候，应给予旧合作伙伴以足够的时间适应变化。

7.2.5 处理好供应链节点企业合作关系的若干问题

供应链的良好运作是以供应链成员企业相互间充分信任和相互合作为基础的。供应链上的企业甚至可以了解到另一个合作企业的生产作业计划，由此可见供应链中的企业相互间是相当信任和相互合作的。缺乏这种信任和强烈的合作愿望，供应链的有序运作是不可能实现的。但是，供应链合作伙伴之间不可能永远是一团和气。供应链中的企业都是独立的利益个体，虽然相互间存在战略伙伴关系，但也同时存在自身的利益，而这些企业加入供应链的最根本的出发点也正是为了获得更多的利益。由于存在利益的分配问题，不免存在着异议、矛盾，甚至冲突。要保证供应链良好的信任和合作，就必须意识到这些问题的客观存在并找到相应的解决办法。

目前供应链中企业间的连接手段主要是合同，并由核心企业充当事实上的链管中心。这种运作方式虽然表现很好，但是在实际运作中仍然存在许多问题。首先是在法律上存在许多问题使得供应链的信任和合作缺乏有力的保障，其次是由于对信任和合作没有良好的保障不免损失了供应链的功效。具体地讲，供应链节点企业间合作关系中存在以下几个方面的问题。

7.2.5.1 合同问题

供应链节点企业间的合同有两种：一种为长期合同，即原则性合同，确立两企业间的长期合作；另一种是短期合同，如订货合同，这种合同几乎每天都会发生。这两类合同从根本上规范了供应链节点企业间的行为。但是，由于这两类合同仍然存在一些设计上的缺陷，所以有时会让合作双方都对对方不满，而同时双方又都感到自己做出了牺牲。这是需要进一步研究解决的问题。

7.2.5.2 知识产权问题

由于供应链和知识产权各自的特点，知识产权问题是供应链中所涉及的一个重要法律问题。供应链中的知识产权包括商标权的使用、专利权的使用、专属知识产权等。

在供应链上，当一项专利被分解成产品在几个企业之间生产时，如何保护专利所有人的利益？因为一个企业使用某专利的一部分进行生产的产品不仅仅只提供给一家企业，而是同时提供给许多家企业。这种利用某部分专利的专利使用者如何分担总的专利使用费？如果不考虑以上这种情况，单纯的一个生产流的几个共同使用某专利的企业也存在如何分摊专利使用费的问题。除了专利使用费问题外，一些企业也存在没有申报专利的核心技术(如可口可乐的配方至今没有申请专利）在供应链中使用的问题。在这种情况下，核心技术需要严格保密。在保护机密时，如何做到信息充分共享而不致损害合作关系，降低供应链的功效？

商标共用现象在供应链中普遍存在。产品到用户手中时只会有一个商标品牌。这个品牌在名义上属于一个特定的企业，但它需要所有参与生产该产品的企业共同去维护。这样谁去真正承担商标的保护？如何承担？当外侵出现时，对商标的保护比较容易——一致对外；当出现内扰时如何控制？特别是在保护策略不同、商标具体属于某个企业时，如何去要求其他企业共同维护这一资源？

在如今的电子产品、软件产品中，企业往往拥有自己的专属知识产权。专属知识产权在这些企业中相当于核心能力。但是由于要和其他企业实现信息共享，专属知识产权必须在供应链节点企业间公开，特别是电子产品、软件产品在制造与开发中，如何保护？如果企业间不了解信息、共享不充分将有损合作，降低供应链的功效。

7.2.5.3 利益协调问题

供应链上合作企业之间的产品传递时必须有一个合理的价格。目前商品定价有两条基本原则：一是成本价，即以成本为基础制定价格；二是市场价，即依市场竞争结果而形成价格。供应链从根本上说也是一个市场，供应链上产品传递价格理应以市场价为准。但供应链上产品成本构成清晰，交易双方相互间极为了解，隐藏成本价也常常被使用。然而，成本定价对一些优势企业是极为不利的，特别是掌握了某些稀缺资源（核心技术）的企业，想获得一些超额利润很可能不被供应链认可。

供应链定价反映共同利润在企业间的合理分配。在供应链环境下，各个企业在战略上是相互合作关系，但是各个企业的利益不能被忽视。供应链获得一个总的利润需要在供应链中各个企业间进行合理的分配，这种合理的分配主要体现在价格上。产品传递价格的高低实质反映企业分配利润的多少，这个原则是什么？

在供应链上，有时会出现以下两种情况：其一，为了积极配合，一个企业总是为另一个企业提供无偿服务，总是付出而得不到任何回报；其二，因供应链优化的需要使得某些企业承担额外支出，而另一些企业得到额外收益。例如，物流优化时将本应放在 B 仓库的产品放在 A 仓库，这种优化的结果使 B 仓库节省了库存费用而 A 仓库却增加了额外支出。如果实际情况只是如此简单的话，将 B 仓库节省的支出补给 A 仓库即可解决问题。事实上情况比这要复杂得多，首先一般涉及多个企业，其次支出与收益的对象、数量均不易辨别。这两种情况反映了供应链在运行过程中出现利益矛盾时需要进一步协调的问题。

在涉及相互间利益协调问题时，相互间利益如何划分？由谁或何机构去划分？

7.2.5.4 供应链自身的法律定位问题

供应链在认识上是作为一种生产组织模式，或者是一种管理方式，但在运作时却表现出很多的如同一个企业的实体特性，比如作为一个整体与其他供应链竞争、有统一的计划、有与外界的边界等。

关于企业的法律非常多，主要有国有企业法、集体企业法、公司法、独资企业法和合伙企业法等。同样，供应链也需要得到法律的承认，需要法律来规范，即供应链的法律定位问题。

在一个法制社会，任何活动没有法律的规范是不可想象的。但是到如今仍然没有关于供应链的法律。在解决供应链的问题时更多的是借用关于企业的法律，或是将企业法延伸至供应链层次，但是这种做法毕竟有许多局限性。因此，必须解决供应链的法律定位问题，并使供应链得到法律的认可。

7.2.5.5 供应链在不同国家法域的协调问题

供应链的全球化已经是客观事实了，供应链的运作涉及许多国家，跨越众多法域。国家不同，政策、法律就不同。每个国家都有自己的海关，都有自己的关税政策。供应链是众多企业一体化的产物，不能因为国界的阻隔和法域的障碍而固守自闭。供应链的正常运行必须面对这些现实问题。

前些年，一些国际集团利用某些发展中国家对保税区的特殊政策进行合法逃税。这些集团先在某国的保税区设立一个企业，然后以母公司无利润的极低价格将产品卖给这家企业进行交易，再以一个非常高的价格买回这些产品或加工后的产品。这样，母公司根本不盈利，只需交纳非常少的税或者根本不交纳任何税；而保税区的企业盈利极高，但由于保税区的免税政策而不用纳税，从而达到逃税的目的。

7.2.6 供应链节点企业之间合作的策略模式

供应链节点企业之间的合作策略模式可以根据其合作的时间长短和关系密切程度分为长期战略性合作、中期策略性合作、短期临时性合作。

7.2.6.1 长期战略性合作模式

供应链节点企业强调企业之间的战略性合作关系，考虑供应链的战略问题，认为它是趋向于操作性的。但是如果不考虑供应的战略问题，可能会导致成本和服务之间产生不平衡，开发供应链管理的机会将丧失，企业也将得不到相应的竞争优势，不可能获得长远利益。因此，必须从长远的观点、战略的观点来考虑供应链管理问题，特别是战略合作伙伴关系应引起重视。

在战略合作模式中，通过与合作伙伴的战略合作，使得双方都把各自的资源投入到共同的任务（诸如共同的研究开发项目）中，这样不仅可以使企业分散开发新产品的风险，同时，也使企业可以获得比单个企业更高的创造性和柔性。

通常形成战略合作关系的企业之间主要是为了实现在产品、资本、研究开发市场、销售等方面的优势互补。Altera 公司与竞争者 Intel 公司的合作就是一个最好的例证。Altera 公司是一个高密 CMOS 逻辑设备的领头企业，当时它有了一个新的产品设想，但是它没有其中硅片的生产能力，而作为其竞争者的 Intel 公司能生产，因此，他们达成一个协议：Intel 公司为 Altera 公司生产这种硅片，Altera 公司授权 Intel 公司生产和出售 Altera 的新产品。这样两家都通过合作获得了单独所不可能获得的竞争优势，Altera 获得了 Intel 的生产能力，而 Intel 获得了 Altera 的新产品的相关利益。

尤其是在高科技领域，企业要获得竞争优势，就必须尽可能提高柔性，并尽可能地在合作过程中与其他企业采用长期的战略性合作模式。

7.2.6.2 中期策略性合作

介于长期和短期两种模式之间的是一种中期策略性合作模式。合作的规模比长期战略性合作小，但是比短期临时性合作大，是基于一定项目的合作。合作中一般不考虑长期的战略性影响。在市场产生一定的市场需求时，需要企业之间形成一定的策略性合作，企业之间一般采用中期的策略性合作模式，以快速地应对急剧变化的市场机会，在市场需求消失后这种合作即告结束。动态性是这种合作模式的主要特点。供应链节点企业会在不同市场需求环境下不断更换合作对象，这也是形成供应链动态性的原因之一。

7.2.6.3 短期临时性合作

一些企业在完全控制他们的主导产品生产过程的同时，会外包一些诸如自助餐厅、邮件管理、门卫等辅助性、临时性的服务，从而在企业与外包服务企业之间形成一种临时性的合作模式。临时性合作模式的优势在企业需要有特殊技能的职工或需要短期的设备或资源而又不需永久拥有，或在企业有超额工作时尤为显著。这种模式可以让企业缩减过量的经常性开支，降低固定成本，同时提高劳动力的柔性，提高生产率。

供应链合作策略模式的选择对于企业的长期发展战略具有重要影响。据报道，肯德基推出的“墨西哥鸡肉卷”在中国近700家肯德基餐厅一上市，就大受欢迎。但是令人遗憾的是，这个看似简单的肉卷除调料“莎莎酱”进口外，外面那层薄薄的面皮也要进口。实际上，肯德基一直致力于在国内寻找供应商，不过在整个中国却找不到一家合格的面皮供应商。因为所有的面皮都要做到大小、厚度、规格、韧性、温度控制一模一样，而且要求保证每日的供应数量和质量持续和长期稳定，其背后更深层次的要求是供应商整个生产的所有环节和物流过程标准、高效、精确和安全，因而要求供应商要有长期的战略考虑。这对国内的面皮供应商而言是一个很好的机会，但遗憾的是，国内很多供应商更看重的是短期利润，不能致力于长期的标准和稳定发展，不愿下功夫整合供应链系统，因此肯德基在国内找不到合适供应商的情况下，不得不从美国和澳大利亚进口面皮。国内面皮供应商与肯德基失之交臂。

7.3　供应链合作伙伴关系管理

客户关系管理和供应商关系管理是在供应链管理环境下提出的强调企业与企业之间的合作关系的一种管理模式。为了满足客户的个性化需求，企业界和理论界开始提出和强调客户关系管理。当供应链管理思想提出以后，尤其是随着供应商管理库存等先进方法的提出和应用，越来越多的企业和学者开始重视供应商关系的管理。

7.3.1　客户关系管理

客户关系管理（Customer Relationship Management，CRM）起源于20世纪80年代初提出的“接触管理”（Contact Management），即专门收集整理客户与公司联系的所有信息。到20世纪90年代初期则演变成为包括电话服务中心与支援资料分析在内的客户服务（Customer Care）。经历了30多年的不断发展，客户关系管理不断演变、发展并趋向成熟，最终形成了一套完整的管理理论体系。

7.3.1.1　CRM提出的时代背景

蒸汽机革命使得人类社会从农业经济时代进入到工业经济时代。历时两个多世纪的工业经济时代，整个社会的生产能力不足、商品匮乏。为此，企业依据亚当·斯密的“劳动分工”原理组织规模化大生产，以取得分工效率和最大限度地降低成本，同时通过建立质量管理体系以控制产品质量，从而取得市场竞争优势。可以说，工业经济时代是以产品生产为导向的卖方市场经济，也可以说是产品经济时代。产品生产的标准化及企业生产的规模大小决定其市场竞争地位，“大鱼”可以吃掉“小鱼”。企业管理最重要的指标就是成本控制和利润最大化。

工业经济时代生产力的不断发展，逐步改变了全社会生产能力不足和商品短缺的状况，并导致了全社会生产能力的过剩，商品极大地丰富并出现过剩。在这种情况下，客户选择空间及选择余地显著增大，客户需求开始呈现出个性化特征。只有有效满足客户需求的产品才能实现更好的市场销售，市场竞争变得异常残酷。因此，企业管理不得不从过去的产品导向转变为客户导向，只有快速响应并满足客户个性化与瞬息万变的需求，企业才能在激烈的市场竞争中得以生存和发展。标准化和规模化生产方式不得不让位于多品种、小批量的生产方式，企业取得市场竞争优势最重要的手段不再是成本而是技术的持续创新，企业管理最重要的指标也从成本和利润转变为客户满意度。

为了提高客户满意度，企业必须完整掌握客户信息，准确把握客户需求，快速响应个性化需求，提供便捷的购买渠道、良好的售后服务与经常性的客户关怀等。在这种时代背景下，客户关系管理理论不断完善，并随着 Internet 技术的广泛应用而出现客户关系管理软件系统。

7.3.1.2 CRM 的核心管理思想

CRM 的核心管理思想主要包括以下几个方面。

A 客户是企业发展最重要的资源之一

企业发展需要对自己的资源进行有效的组织与计划。随着人类社会的发展，企业资源的内涵也在不断扩展，早期的企业资源主要是指有形的资产，包括土地、设备、厂房、原材料、资金等。随后，企业资源概念扩展到无形资产，包括品牌、商标、专利、知识产权等。再后来，人们认识到人力资源成为企业发展最重要的资源。时至工业经济时代后期，信息又成为企业发展的一项重要资源，乃至人们将工业经济时代后期称为“信息时代”。由于信息存在一个有效性问题，只有经过加工处理变为“知识”才能促进企业发展，为此，“知识”成为当前企业发展的一项重要资源，信息总监（CIO）让位于知识总监（CKO），这在知识型企业中尤显重要。

在人类社会从产品导向时代转变为客户导向时代的今天，客户的选择决定着一个企业的命运，因此客户已成为当今企业最重要的资源之一。CRM 系统中对客户信息的整合、集中管理体现出将客户作为企业资源之一的管理思想。在很多行业中，完整的客户档案或数据库就是一个企业颇具价值的资产。通过对客户资料的深入分析并应用销售理论中的 2/8 法则将会显著改善企业营销业绩。

B 对企业与客户之间的各种关系进行全面管理

企业与客户之间的关系，不仅包括单纯的销售过程所发生的业务关系，如合同签订、订单处理、发货、收款等，而且包括在企业营销及售后服务过程中发生的各种关系。如在企业市场活动、市场推广过程中与潜在客户发生的关系，在与目标客户接触的过程中内部销售人员的行为、各项活动及其与客户接触全过程所发生的多对多的关系，还包括售后服务过程中，企业服务人员对客户提供关怀活动、各种服务活动、服务内容、服务效果的记录等。对企业与客户间可能发生的各种关系进行全面管理，将会显著提升企业的营销能力，降低营销成本，有效控制营销过程中可能导致客户抱怨的各种行为，这是 CRM 系统的另一个重要管理思想。

C 进一步延伸企业供应链管理

20 世纪 90 年代提出的 ERP 系统，原本是为了满足企业的供应链管理需求，但 ERP 系统的实际应用并没有达到企业供应链管理的目标。这既有 ERP 系统本身功能方面的局限性，也有信息技术发展阶段的局限性，最终 ERP 系统又退回到帮助企业实现内部资金流、物流与信息流一体化管理的系统。

CRM 系统作为 ERP 系统中销售管理的延伸，借助 Web 技术，突破了供应链上企业间的地域边界和不同企业之间信息交流的组织边界，建立起企业自己的 B to B（Business to Business）网络营销模式。CRM 与 ERP 系统的集成运行才真正解决了企业供应链中的下游链管理，将客户、经销商、企业销售部全部整合到一起，实现企业对客户个性化需求的快速响应。同时也帮助企业清除了营销体系中的中间环节，通过新的扁平化营销体系，缩短响应时间，降低销售成本。

7.3.1.3 CRM 的四大功能

客户关系管理就是要通过对企业与客户间发生的各种关系进行全面管理，以赢得新客户，巩固、保留既有客户，并提高客户利润贡献度。

客户关系管理的功能主要分为四大部分，概述如下。

A 客户信息管理

整合记录企业各部门、每个人所接触的客户资料，进行统一管理，这包括对客户类型的划分、客户基本信息、客户联系人信息、企业销售人员的跟踪记录、客户状态、合同信息等。

B 市场营销管理

制订市场推广计划，并对各种渠道（包括传统营销、电话营销、网上营销）接触的客户进行记录、分类和辨识，提供对潜在客户的管理，并对各种市场活动的成效进行评价。CRM 营销管理最重要的是实现“一对一营销”，实现从“宏营销”到“微营销”的转变。

C 销售管理

销售管理功能包括对销售人员电话销售、现场销售、销售佣金等进行管理，支持现场销售人员的移动通信设备或掌上计算机设备接入。进一步扩展的功能还包括帮助企业建立网上商店、支持网上结算管理及与物流软件系统的接口。

D 服务管理与客户关怀

服务管理与客户关怀功能包括产品安装档案、服务请求、服务内容、服务网点、服务收费等管理，详细记录服务全程进行情况，支持现场服务与自助服务，辅助支持实现客户关怀。

CRM 可以集成呼叫中心（Call Center）技术，以快速响应客户需求。CRM 系统中还可应用数据仓库和数据挖掘技术进行数据收集、分类和数据分析，以实现智能营销。

7.3.1.4 CRM 应用的四大要点

随着时代的转变，企业应用 CRM 系统势在必行，但 CRM 系统的应用必须注意以下四个方面。

(1) 转变管理思想，建立新的管理理念。CRM 系统的应用不仅仅是一项技术工程，而且要在系统应用之前，接受 CRM 系统中的管理思想，建立以客户为导向的管理理念，不断提升企业的客户满意度。

(2) CRM 应用成功的关键在于营销体系重组。众所周知，业务流程重组（BPR）是 ERP 应用成功的前提，而 BPR 又可以有两种方式：一是渐进改良，二是彻底重新设计。

同样，CRM 应用成功的前提也取决于 BPR 工作。不同的是，在应用 CRM 过程中的 BPR 必须对企业原有的营销体系进行一次彻底的重新设计，因为 CRM 应用将要帮助企业建立一套崭新的 B to B 扁平化营销体系，这将会涉及企业原有分公司/办事处岗位、职能的重新定位，销售体系与物流体系的分离，第三方物流的引入与银行结算体系的设计，供应链上分布库存控制策略的调整以及企业营销组织架构的重新设计等。CRM 应用能否取得成效在很大程度上取决于 BPR 工作，这是 CRM 应用成功中的难点之所在。

CRM 应用成功也意味着企业成功实现了营销电子化，并为企业未来进入网上电子市场（E-Marketplace），迎接电子商务时代的到来做好了准备。

（3）企业内部 ERP 系统是 CRM 应用的基础。CRM 系统的应用主要是提升企业营销能力，改善销售绩效，因此 CRM 应用会给企业带来直接经济效益，这一点不同于关注内部成本控制与工作效率的 ERP 系统应用。CRM 系统作为 ERP 系统销售管理功能的延伸，一般要求企业应在 ERP 实施成功之后再应用 CRM 系统。但由于 ERP 在中国企业的应用普及率尚不到 1%，这会导致很多企业先采用 CRM 再考虑 ERP，可能的风险将是企业从网上接收众多订单而难以靠人工方式进行高效处理，甚至会造成业务的混乱。当然，仅仅实现销售自动化而不建立网上商店的 CRM 是可以独立运行的，否则应在 ERP 系统的基础上扩展应用 CRM 系统。

（4）CRM 应用宜采用 ASP 模式。在 CRM 应用帮助企业建立 B to B（同时支持 B to C）的营销模式的情况下，由于第二个 B 或 C 的访问数量较多，而要求企业有一定的带宽接入，才能保证 CRM 系统的正常运行。为此，大多数企业会将自己的服务器托管到 ISP 处。换句话说，既然企业考虑了托管自己的服务器，则 ASP 模式应是 CRM 应用的最佳选择。基于 ASP 模式的 CRM 系统在企业防火墙之外运行，透过防火墙与企业内部 ERP 系统集成运行是 CRM 系统应用的主导模式。

7.3.2 供应商关系管理

7.3.2.1 基本概念

SRM 是供应商关系管理（Supplier Relationship Management）的英文缩写。正如当今流行的 CRM 用来改善与客户的关系一样，它是一种用来改善企业与供应商关系的管理理念和软件系统。管理的重点是如何与供应链的上游企业实现业务往来的紧密联系和协同运作，如何既经济又准确地获得最好的策略资源，如何与其结成长期、稳固的战略伙伴，使供应商及其资源能够更有效地参与到自己的产品设计和生产制造，甚至是投放市场的过程中，降低成本，减少库存，缩短产品开发、生产和投放市场的周期。

7.3.2.2 供应商关系管理思想的提出

企业业务对外的两个最重要的出口就是广义的“买”和“卖”。在“卖”的方面，在 20 世纪末，管理软件供应商纷纷推出了 CRM 产品，企业也开始利用这种管理思想和工具来更好地开拓市场、提高客户的忠诚度，争取新客户和维护老客户。

然而，在“买”的方面，在与供应商的关系方面，却一直未能引起企业的重视，这也许是由于是买方市场，买家认为只要我有购买需求，就会有卖家找上门来，企业无须下太多的工夫去关心与供应商之间的关系。

在 21 世纪，随着资源在全球范围内更自由的调配，众多企业发现彼此的贡献可以融合成一种新能力并产生综合效益，这隐含着与供应商之间的合作与创意共享。这种与供应商合作创造的市场价值，是供应链业务合作中的一个重要问题。

在20世纪80年代末的西方市场，服装与食品配销业的供应链都在运作模式上共谋合作。例如，快速反应（Quick Response）和ECR完全改造了交货品质和响应能力。今天，就像与客户之间的伙伴关系一样，与其供应商之间的伙伴关系转变了企业间彼此合作的方式。例如，当微软与英特尔集成力量共同开发微机芯片与操作系统时，它们一起改写了微机行业的版图；许多零售商和分销商，以及制造商等合作伙伴之间高效率地运用高科技支持供应链管理，使得诸如从剪羊毛到成衣挂到衣架上这样的业务过程只需很少的步骤和很短的时间。

企业的首席采购执行官们（Chief Procurement Officer，CPO）经常负责管理企业数亿乃至数十亿美元的预算。经济全球化也使得采购过程发生了巨大的变化，导致传统的管理方法和工具似乎已变得力不从心。现在，影响采购业务流程的因素有利润问题、采购提前期问题、业务外包问题、企业的兼并和重组问题、产品生命周期问题等。

如何选择供应商、控制库存量，在降低库存的同时又能为生产不同产品提供保障？如何使供应商积极参与到产品的早期设计过程中，为工程更改提供快速的响应支持，以不断加快产品创新的节奏、缩短产品从研发到投放市场的时间？如何在动态环境中面对组织结构、业务流程的不断变化，实现快速适应和调整？这些都是企业需要设法加以解决的问题。同时，企业财务上的压力比以往更大。这就要求在条件合适的情况下，企业尽可能采用外包方式以便将主要精力集中在核心技能上，从而保持资产的精练和对市场状况的敏捷反应。降低成本和保障供应依然是CPO的首要目标，同时他们的肩上又多了一些新的担子，其中包括增加收入。这些影响因素都需要CPO们使出浑身解数来应对，并确保由供应市场实现创新。

实现所有这些目标的基础，就是要有效地利用供应商关系。有关机构对《财富》前1000家公司的大量研究表明，在新产品推介过程中，越早让供应商参与其中，整个项目所节省的资金也就越多。因此，一些公司积极寻求机会，与其供应商建立合作关系，共享计划、产品设计和规范信息，以及改进运作方式；只要有利，就采取外包的方式。这样的公司已经取得了明显的竞争优势。随着产品生命周期的缩短，从一开始就做好设计、货源组织计划制订和物料生产，已变得至关重要。通过开拓更广泛、更灵活、响应更积极的供应商关系，主导公司获得了新的增长点，同时也建立起了能够增加盈利的新商业模式。这些在全世界居于主导地位的公司，将优秀的采购管理能力视为保持持续性竞争优势的一种原动力。表7-2做了相应对比分析。

表7-2　业绩最好的公司与总体平均水平的比较

比较项目	业绩最好的公司	总体平均水平
平均资产回报率	40%	18%
总资产周转率	9.8倍	2.9倍
运营费用节约	27%	6%

为了取得突破性成绩，这些业绩最好的公司采取了一系列广泛的货源组织策略，包括批量采购、评估最优价格、全球货源组织、联合制订产品规格、改进经营流程，以及关系

重组。这些管理思想上的先行者，已经得到了实实在在的、可以计算的回报。

7.3.2.3 供应商关系管理的重要性

对许多组织而言，与其供应商之间的伙伴关系已然成为物品与服务传送的主要模式。研究表明，至少有两个理由强烈支持这种模式。

A 效率与规模经济

人们发现，供应商可以通过与同业的伙伴关系，运用科技的力量合力削减成本与改善效率，这在零售业中尤其盛行。例如，J. C. Penny 把其存货控制和产品补充系统与其他供应商整合在一起，这样供应链上的企业可以利用各自的能力与资源，减少重叠的成本。

B 新市场价值

在某些产业中，供应链上的企业之间的伙伴关系进入了一个更新的层次——结合力量创造更多的市场价值。也就是说，企业之间结合彼此的核心能力，研发新的产品或推出新的方案，在最高的层次中，这种核心能力的结合甚至会扭转整合产业的方向，例如苹果、IBM 与摩托罗拉之间合作共同创造 Power PC 以及其他产品。

7.4 供应链环境下的业务流程重组

在当今信息化时代，经济全球化趋势不断加强，市场竞争呈现为多层面竞争。面对复杂的市场环境，要能适应外界环境的迅速变化，在激烈竞争中求生存、求发展，不仅需要采用先进的技术方法，而且要尽快改变与现代生产经营不相适应的管理方法，使企业建立起能够对外部环境变化作出灵活、快速反应的管理机制和组织结构。业务流程重组作为一种新的管理思想，被视为一种获得竞争优势的重要战略方法，已得到学术界和企业界的高度重视。

7.4.1 业务流程重组产生的背景

20 世纪初，亨利·福特（Henry Ford）将“分工理论”应用于福特公司形成了汽车制造的“流水线作业模式”，使生产效率倍增；阿尔弗雷德·斯隆（Alfred Sloan）将“分工理论”用于通用汽车公司的组织经营管理，形成了层层上报的金字塔式组织结构，加强了对部门的管理和控制。至此，“分工”逐渐形成了日臻完善的理论体系。

但是，进入 20 世纪 80 年代，基于“分工理论”构建企业组织、开展业务运作的经营管理模式日益显露出弊端。首先，分工强化致使企业管理组织的工作效率下降。基于分工理论构建的组织机构具有自我膨胀功能，组织设置、人员配备和企业业务活动完全脱离。一项业务往往要经过若干个部门、环节的处理，从而使整个管理过程运作时间长、成本高。其次，分工强化使得企业运作面向组织而不是市场中的顾客，从而丧失对市场变动的反映，最终导致经营效率下降。最后，精细的分工增加了员工工作单调性，降低了员工的积极性和主动性，过于精细的分工反而使企业运作成本增加、效率低下。以上几个问题严重阻碍了现代企业的生存和发展，人们迫切需要新的管理理论。这样，基于“分工理论”和专业化的传统组织理论与流程已经不再适应供应链管理的需求，企业需要根据具体情况对业务流程进行重组。

7.4.2 业务流程重组的概念及方法

1990年，Micheal Hammer在《哈佛商业评论》上发表了《再造：不是自动化，而是重新开始》一文，首先提出了业务流程重组（Business Process Reengineering，BPR）的概念。他认为，在新的环境下，要想提高企业的效率和效益，必须首先分析企业的业务流程，剔除无效的活动，并对它进行重新设计。

1993年，伴随着Micheal hammer和James Champy的《重组企业——企业革命的宣言》一书的出版，业务流程重组掀起了高潮。从此，业务流程重组迅速成为美国企业界的流行语，并成为近几十年企业管理研究和实践的热点。

7.4.2.1 业务流程重组的定义

Micheal hammer和James Champy将业务流程重组定义为：业务流程重组是对企业业务处理的核心过程从根本上进行重新思考和彻底的重新设计，使企业的多项关键性能，如成本、质量、服务及速度，同时获得显著的改善，从而满足当今不同顾客对质量、速度、服务的需要，使企业能最大限度地适应以顾客、竞争和变化为特征的现代企业经营环境。

7.4.2.2 业务流程重组的核心内容

A 根本性

根本性再思考表明业务流程所关注的是企业的核心问题，如“我们为什么要做现在这项工作；为什么要采用这种方式来完成这项工作”等。通过对企业运营最根本性问题的思考，企业将会发现自已赖以生存的商业假设是过时的，甚至是错误的。

B 彻底性

彻底性再设计表明业务流程重组应对事物追根溯源。对已经存在的事物不是进行肤浅的改变或调整性修补完善，而是抛弃所有的陈规陋习，并且不需要考虑一切已经规定的结构和过程，而是创新完成工作的方法。

C 流程性

业务流程重组关注的要点是企业的业务流程，并围绕业务流程展开重组工作。业务流程是指一组共同为顾客创造价值而又相互关联的活动。哈佛商学院的Michael Porter教授将企业的业务流程描绘为一条价值链（Value Chain），他认为竞争并不是发生在企业之间，而是发生在企业各自的价值链之间。只有对价值链的各个环节（业务流程）实行有效管理的企业才有可能真正获得市场上的竞争优势。

D 显著性

显著性改善表明业务流程重组追求的不是一般意义上的业绩提升或者是略有改善，而是使企业的业绩有显著的增长、极大的飞跃和产生戏剧性的变化。例如，花旗银行在1990年年初进行业务流程重组。在原有的流程下，信贷分析师需要花大量的精力去处理文书工作，而花在寻找商机上的时间只有9%，流程经重新设计后，信贷分析师用于寻找商机的时间增加至43%，两年后公司的利润增加了7.5倍。又如，IBM信用卡公司通过业务流程重组，使信用卡的发放周期由原来的7天缩短至4h，生产能力提高了100倍。柯达公司对新产品开发实施业务流程重组，使35mm焦距一次性相机从产品概念构思到产品生产所需要的时间缩短到原来预计的一半。

7.4.3 供应链环境下的业务流程重组

供应链环境下的业务流程重组就是借助于业务流程重组技术，进一步优化供应链管理体系，整合供应链网络中的资源，实现高效、低成本的产品生产，在供应链体系中应该打破企业之间的界限，建立包含企业内、外活动的优化组合，将企业内的价值链转换成增值能力更强的企业间的价值链。

7.4.3.1 供应链环境下企业业务流程的主要特征

在新的市场条件下，供应链环境下企业业务流程具有以下几个特点：

(1) 制造商与供应商之间业务流程的变化。在供应链管理环境下，制造商与供应商、制造商与分销商、供应商与供应商之间通常借助于因特网或者 EDI 进行业务联系，由于实施了电子商务交易，一些中间业务环节就可以舍去，从而引起业务流程的变化。过去，供应商是在接到制造商的订货要求以后再进行生产准备工作，生产周期很长。在供应链环境下，供应商可以通过因特网方便地获取制造商生产进度的实时信息，从而可以主动地做好供应或出货工作。例如，供应商可以通过因特网了解制造商配件的消耗情况，在库存量即将达到订货点时，就可以在没有接到制造商订单前主动做好准备工作，缩短供货周期，由于这种合作方式的出现，原来那些为处理订单而设置的部门、岗位和流程就需要进行重新设计。

(2) 企业内部业务流程的变化。供应链管理的实施提高了企业管理信息化的程度。借助于先进的信息技术和供应链管理思想，企业内部的业务流程也发生了很大的变化。例如，生产部门和采购部门的业务流程关系，在应用人工进行处理时属于顺序工作方式。生产管理人员制订出生产计划后，再由物资供应部门编制采购计划，还要经过层层审核，才能向供应商发出订货需求。由于流程较长，流经的部门较多，因而不可避免出现脱节、停顿、反复等现象，导致一项业务要花费较长的时间才能完成。在供应链管理环境下，由于有信息平台的支持，数据可以实现共享，因而原来的顺序处理方式也发生了相应的变化。当生产部门制订好生产计划后，采购部门就可以通过数据库读取计划内容，计算需要消耗的原材料、配套件数量，并迅速制订出采购计划。通过查询数据库中的供应商档案，获取最佳的供应商的信息，就可以迅速向有关厂商发出订货单。更进一步，还可以通过因特网或 EDI 直接将采购信息发布出去，直接由供应商接受处理。

(3) 支持业务流程技术手段的变化。供应链管理促进了信息技术在企业管理中的应用，使并行工作成为可能。在信息技术比较落后的条件下，企业之间或企业内部各个部门之间信息传递都要借助于纸质媒介，而现在由于有了信息平台的支持，借助于数据库和网络系统，供应链节点企业可以快速交换各类信息。共享支持企业不同业务及其并行处理的相关数据信息为实现同步运作提供了可能。实现了供应链管理的企业，其对内和对外信息处理技术都发生了巨大的变化，这一变化直接促使企业业务流程也不同程度地发生了变化。

7.4.3.2 供应链环境下业务流程重组的原则

供应链管理模式下，企业业务流程重组应遵循以下原则：

(1) 企业业务流程重组必须坚持以客户为中心。业务流程重组坚持以客户为中心的原则，即要按照为客户提供最方便和最优质服务的思路重新设计业务流程，建立能以最快的速度响应和满足客户不断变化的需求的运营机制及相关业务流程，并将决策点定位于业务流程执行的地方，在业务流程中建立控制程序，从而大大消除原有企业间、部门间及职能之间的摩擦，降低管理费用和管理成本，减少无效劳动，提高企业的市场竞争能力。

（2）重流程，不重企业、部门和职能。业务流程重组要强调“流程中的企业”，而不是“企业中的流程”。业务流程重组首先应该确定供应链中的各种业务流程，再根据流程的需要设置相应的职能部门，将目前分拆开来的部门进行归并和整合，去除企业间行使相同功能的环节，取消对流程运行不利的多余、重叠，甚至起阻碍作用的部门。

（3）“突破性”重组与“连续性”改进相结合。“突破性”重组就是从根本上重新考虑产品或服务的提供方式，零起点设计新流程非常强调根本性、突破性、彻底性的重组。这种方法的目标流程往往同过去联系不大，如果实施成功，通常能够带来绩效的飞跃式提高。但是，采用这种方法，企业面对的不确定性很多，风险较大。“连续性”改进就是在分析理解现有流程的基础上，系统地重组企业的业务流程。其优点在于可以不断积累经验，收效迅速，并且风险较小。对正常企业业务流程重组方法的选择应根据外界环境的情况并结合企业的实际进行。由于供应链的组成很复杂，对于企业间流程重组，应尽量选择连续性改进，至于企业内部可根据具体情况进行选择。

（4）共同改善和整体优化。共同改善是供应链管理模式下企业业务流程重组的一个指导思想。这一原则要求企业在明确外界对流程产出的要求后，把这些要求分解到各个环节，形成不同职能、部门企业的共同改善。供应链管理模式下，企业管理人员在决策中考虑问题的范围也从“单一地区、单一个体扩散到全球”。供应链提供给企业的是一个整体思考结构，使公司知道自己的定位，知道问题出在何处，知道应该采取何种业务流程重组，这是取得业务流程重组成功的关键方法，以及最需要在哪个环节进行业务流程重组，这是取得业务流程重组成功的关键。

7.4.3.3 供应链环境下业务流程重组的过程

供应链环境下企业业务流程重组一般涉及六个阶段，即构思设想阶段、项目启动阶段、分析诊断阶段、流程设计阶段、流程重组阶段和评估改进阶段，如图 7-9 所示。

A 构思设想阶段

（1）确定目标，获取支持。在分析企业所面临的竞争形势、企业所拥有的能力和资本的基础上，对企业的战略目标作出准确的定位，如企业需要哪些产品或者服务、如何提供这些产品或者服务等。

（2）寻找重组机会。在决定流程重组对象之前，高层管理者需要从战略的角度对产业的整体经营状况进行分析。在此基础上，分析和评估企业的各项业务流程在企业整体战略中的重要程度，从而确定需要重组的候选业务流程。

（3）确定 IT 结构。在分析信息技术时，首先，应拟定企业应用信息技术的规划，从当前可能提供的最新技术出发，重点考虑那些可能提高企业内部运作效率、增加客户满意度以及打破部门边界、增进协调的信息技术；其次，确认企业的战略目标与信息技术结构之间的关系。支持流程重组的典型信息技术有局域网（LAN），面向对象的系统（Object-Oriented System）、电子数据交换（EDI）、专家系统（Expert System）、服务器—客户机结构（Client-Server Architecture）、工作组技术（Workgroup Technique）以及决策支持系统（DSS）等。

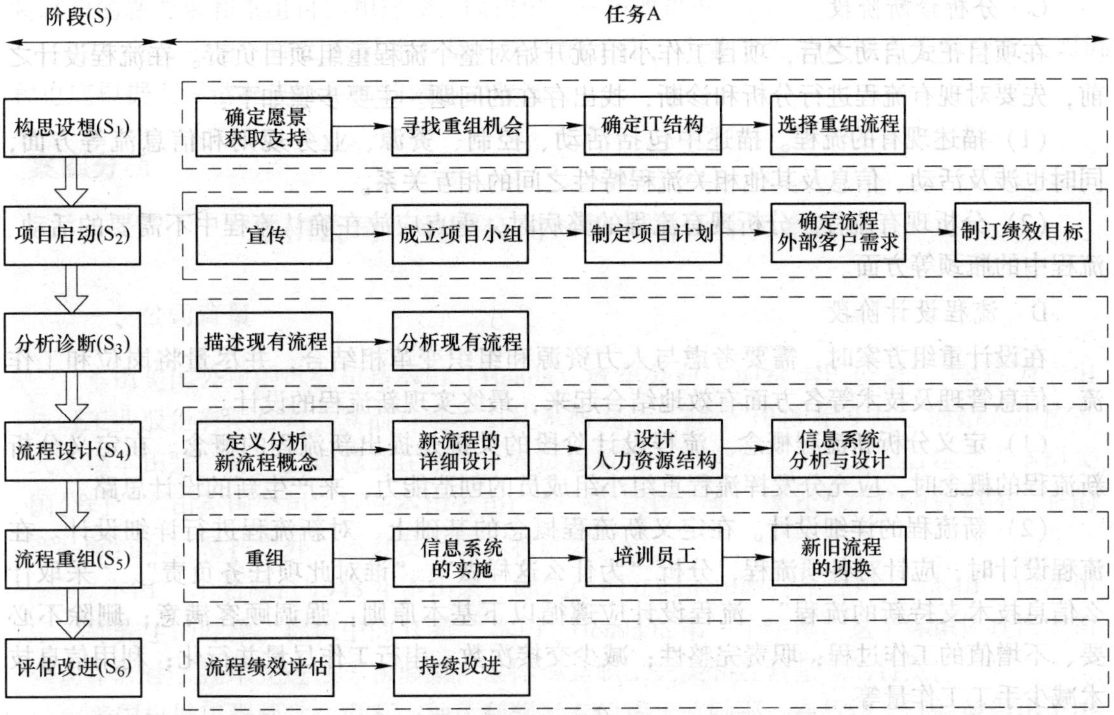

图 7-9　业务流程重组的 S-A 模型过程图

(4) 选择重组流程。在充分分析和评估了各个被选流程后，按照企业的战略目标支持系统（DSS）等信息技术的可行性、风险的大小等指标对各个被选流程进行排序，通过排序选出进行流程重组的对象。

B　项目启动阶段

项目启动阶段标志着流程重组工作正式开始。该阶段的主要任务包括宣传、成立项目小组、制订项目计划、确定流程外部客户需求以及制订绩效目标等。

(1) 宣传。企业在着手进行业务流程重组时，要向股东、企业内部的所有员工以及相关的供应商和客户进行必要的有关流程重组的宣传工作，获取来自各方面的理解和支持。

(2) 成立项目小组。首先，由高层管理者委任流程重组负责人，对整个流程重组活动负责；然后，再确定流程重组项目组成员。一般来说，项目小组成员包括企业内部实际从事现有流程工作的人员以及来自企业外部的咨询人员，人数在 5~10 人。在选择成员时，要考虑人员的战略策划经验，全面质量管理经验，工业工程技能以及财务、销售或项目管理等方面的经验。

(3) 制订项目计划，流程重组项目小组的第一项任务是制订重组项目的日程表确定重组的计划，大致确定项目的资源需求、预算、历程以及要达到的目标。

(4) 确定流程外部客户需求。流程重组的一切工作应以客户满意为中心，项目小组需要分析、理解流程外部客户对流程的实际需求，确保流程目标支持客户需求。

(5) 确定绩效目标。项目小组在项目启动阶段需要制订流程重组需要实现的目标。在制订绩效目标时，应以行业领先企业为准确定标杆，同时也要考虑可行性。

公司的汽车年产量在日本已占第三位，而它的摩托车产量是日本的当然霸主。

本田公司素有日本汽车技术发展的“排头兵”之称。本田公司的电子陀螺仪是世界上最先应用在汽车上的导航装置。它可以在荧光屏上显示地图以及行车路线，还可以确定汽车的位置。其研制的四轮防侧滑电子控制器、自动控制车身设计电子装置和符合涡流调整燃烧发动机都是世界上汽车高技术的领先成果。与此同时，本田汽车也是日本第一个达到美国标准的汽车公司。

二、本田美国公司与供应商的合作伙伴关系

本田美国公司通过与供应商建立合作伙伴关系，实现各方利润的持续增长。位于俄亥俄州的本田美国公司，十分强调与供应商之间的长期战略合作伙伴关系。公司总成本的大约80%都是用在向供应商的采购上，这在全球范围是最高的。因为它选择离制造厂近的供应源，所以与供应商能建立更加紧密的合作关系，能更好地保证 JIT 供货。制造厂库存的平均周期不到3h。

1982 年，27 个美国供应商为本田美国公司提供价值 1400 万美元的零部件，而到了1990 年，有 175 个美国的供应商为其提供超过 22 亿美元的零部件。大多数供应商与它的总装厂距离不超过 50 英里（80. 5km）。在俄亥俄州生产的汽车零部件本地率达到90%（1997 年），只有少数的零部件来自日本，强有力的本地化供应商的支持是本田美国公司成功的原因之一。

本田美国公司与供应商之间是一种长期相互依赖的信任关系，如果供应商达到本田美国公司的业绩标准就可以成为它的终身供应商。本田美国公司也在以下几个方面提供支持帮助，使供应商成为世界一流的供应商：2 名员工协助供应商改善员工管理；40 名工程师在采购部门协助供应商提高生产率和质量；质量控制部门配备 120 名工程师解决进厂产品和供应商的质量问题；注塑技术、焊接、模铸等领域为供应商提供技术支持；成立特殊小组帮助供应商解决特定的难题；直接与供应商上层沟通，确保供应商的高质量；定期检查供应商的动作情况，包括财务和商业计划等；外派高层领导人到供应商所在地工作，以加深本田美国公司与供应商相互之间的了解与沟通。

本田美国公司与 Donnelly 公司的合作关系就是一个很好的例子。本田美国公司从1986 年开始选择 Donnelly 为它生产全部的车内玻璃，当时 Donnelly 的核心能力就是生产车内玻璃。随着合作的加深，相互的关系也越来越密切（部分原因是相同的企业文化和价值观），本田美国公司开始建议 Donnelly 生产外玻璃（这个不是 Donnelly 的强项）。在本田美国公司的帮助下，建立了一个新厂生产本田美国公司需要的外玻璃。他们之间的交易额在第一年为 500 万美元，到 1997 年就达到 6000 万美元。

在俄亥俄州生产的汽车是本田美国公司在美国销量最好、品牌忠诚度最高的汽车。事实上，它在美国生产的汽车已经部分摊销日本。本田美国公司与供应商之间的合作关系无疑是它成功的关键因素之一。

三、本田美国公司合作伙伴的新发展

随着各汽车公司进行了一系列改革，其模具供应商也必须相应地作出调整。本田美国公司希望节约成本，因此大幅削减了公司内部的塑料技术投入，而将更多的设计及工

程业务交给模塑生产商去完成。本田美国公司还要求加快产品开发时间，要求模具生产商将生产周期从原来的几个月缩短至几周。来自低成本国家的激烈竞争也迫使模具生产商调整自身的生产模式，有战略性地雇用技术工人，同时也提升其自动化程度。

2003年，Unique Tool & Gauge Inc. 公司，Rapid Die & Engineering Inc. 公司和其他模具生产商受邀出席本田美国公司召开的一次会议。本田美国公司告诉这些模具生产商，自己正在寻找能长期合作的优秀伙伴，要求是能为本田美国公司提供独到的市场见解及专业技术，当然对方同时也能从本田美国公司的业务发展中获益。

Unique Tool & Gauge Inc. 公司总部位于加拿大安大略省 Windsor，它有70名员工，已成功参与本田美国公司合作管理项目。在和本田美国公司合作之前，Unique Tool & Gauge Inc. 公司已采用了一项具体的长期战略与亚洲汽车生产商共同发展并大力投资技术及扩大产能，帮助提升自己的竞争力。本田美国公司不只是单纯地按照公司规模大小来寻找合作伙伴，而更注重企业是否具备符合其业务模式的思想意识，找到最合适、最符合其产品特性的企业。Unique Tool & Gauge Inc. 公司通过调整来适应变化，向北美汽车生产商提供他们需要的模具，但同时也大力提高其对亚洲汽车生产商的供货能力。Unique Tool & Gauge Inc. 公司新添了两台可熄灯作业的炭切割机，同时让技术工对模具进行了细致的手工修整，该公司还努力学习如何提升内部工程技术能力，大力投资软件和设计，同时与客户进行密切合作，使新产品的推出更快捷顺畅。本田美国公司帮助 Unique 提高其生产效率，调整其经营规划。

Rapid Die & Engineering Inc. 公司总部位于美国底特律附近，共有85名员工，成立于1946年。Rapid Die 公司成为本田美国公司的供应商已有10多年，它帮助本田美国公司在正式采用新的设计工程之前找出程序中的漏洞。Rapid Die & Engineering Inc. 公司还投资购入了新设备，扩建了8600平方英尺的厂房，大大提高了生产速度。本田美国公司的长期承诺为 Rapid Die & Engineering Inc. 公司的高效决定提供了支持，但这家模具生产商仍必须不断以具有竞争力的价格和高质量标准为本田美国公司供货。不过，除合约本身外，这些模具生产商还能获得其他长远利益。

案例讨论与思考

7-1 结合案例，分析本田伙伴型供应商关系选择有什么特点？

7-2 试分析案例中本田战略合作伙伴关系选择主要考虑了哪些因素？

思 考 题

7-1 详细说明供应链合作伙伴关系的含义，讨论一般合作关系与战略性合作伙伴关系之间的区别，并举例说明。

7-2 讨论供应链合作伙伴关系与传统供应商关系的区别，并讨论供应链战略合作关系对于企业的益处。

7-3 供应链节点企业之间合作的根本基础是什么？

7-4 分析建立供应链合作伙伴关系的步骤，并以案例进行说明。

7-5 建立供应链合作伙伴关系的制约因素有哪些？如何降低这些因素的影响？

7-6 如何建立伙伴选择的评价指标体系？描述一些可以用于选择合作伙伴的技术方法。

7-7 在选择供应商时，考虑供应商的可持续发展能力和企业社会责任是否会与传统的注重质量、成本、时间的评估体系有冲突，为什么？

7-8 比较客户关系管理与供应商关系管理之间的异同，说明它们的特点分别是什么。并用例子来说明如何进行相应的管理工作。

7-9 CRM 的核心管理思想包括哪几点？

参 考 文 献

[1] 霍佳震. 物流与供应链管理［M］. 北京：高等教育出版社，2012.
[2] 马士华. 供应链管理［M］. 3 版. 北京：中国人民大学出版社，2017.
[3] 邹安全. 物流流程再造：集成化模式与应用［M］. 北京：科学出版社，2009.
[4] 王忠伟，庞燕. 供应链管理［M］. 北京：中国物资出版社，2009.
[5] 董海，苏莹莹，张天瑞. 基于网络化制造的供应链优化技术［M］. 沈阳：东北大学出版社，2015.
[6] 马士华. 企业物流管理［M］. 北京：中国人民大学出版社，2011.
[7] 张成海. 供应链管理技术与方法［M］. 北京：清华大学出版社，2002.
[8] 霍佳震，马秀波，朱琳婕. 集成化供应链绩效评价体系及应用［M］. 北京：清华大学出版社，2005.
[9] 董海. 网络化制造模式下供应链设计与优化技术［M］. 北京：冶金工业出版社，2017.
[10] 陈荣秋，马士华. 生产运作管理［M］. 4 版. 北京：机械工业出版社，2013.
[11] 尤西·谢菲. 物流集群［M］. 王微，译. 北京：机械工业出版社，2015.
[12] 马士华，林勇. 供应链管理［M］. 4 版. 北京：高等教育出版社，2014.
[13] 董海，靖可，王宛山. 网络化制造环境下供应链运作管理技术［M］. 沈阳：东北大学出版社，2009.
[14] 华莱士·霍普. 供应链管理：获取竞争优势的科学方法［M］. 徐婕，译. 北京：机械工业出版社，2015.
[15] 鲁晓春. 仓储自动化［M］. 北京：清华大学出版社，2002.
[16] 董海，王宛山. 网络化制造环境下供应链优化与控制技术［M］. 沈阳：东北大学出版社，2007.
[17] 丁立言. 仓储规划与技术［M］. 北京：清华大学出版社，2002.
[18] 廖巍，刘勤. 供应链设计与管理［M］. 北京：中国物资出版社，2007.
[19] 马士华，林勇. 供应链管理［M］. 5 版. 北京：机械工业出版社，2016.
[20] 道格拉斯·M·兰伯特. 供应链管理——流程、伙伴和业绩［M］. 3 版. 北京：电子工业出版社，2012
[21] 马丁·克里斯托弗. 物流与供应链管理［M］. 4 版. 何明珂，等译. 北京：电子工业出版社，2012.
[22] 董海. 网络化制造环境下供应链库存优化控制研究［M］. 北京：冶金工业出版社，2017.
[23] Paul Myerson. 精益供应链与物流管理［M］. 梁峥，等译. 北京：人民邮电出版社，2014.